行政争訟入門

事例で学ぶ個別行政法

【第2版】

神山 智美

[著]

文眞堂

はしがき

「社会に出る前に知っておきたい行政争訟」「公務員になる人も，会社員になる人も，起業する人も，家庭内ライフイベントにも必読の書！」，これらが本書の目指すところであった。今となっては，実際に出来上がった本が，そうなっていることを切に願うばかりである。

　行政法総論の教科書の多くは，理論本位で組み立てられている。民法等の対比できる分野を持たず，実生活で行政法を実感することも少ない学生に，最初から抽象論として行政法を教えるのは難しいと感じていた。

　行政法講義の冒頭部は，筆者が学部で受講した講義のまねをして，朝起きてから大学の講義室に来るまでに多くの行政法に触れていることを示してきた。例として，朝起きて，水を飲む（水道法（上水道），下水道法），電気をつける（電気事業法），朝食を作るためにガスを使う（ガス事業法），パンを食べきったので包装紙を捨てる（廃棄物の処理及び清掃に関する法律），家を出て駅まで歩く（道路法，道路交通法），電車に乗る（鉄道営業法）等である。この他，国家の行為から司法と立法を控除した残りが行政である（控除説）と考え，この行政特有の活動について，私人相互の関係とは異なる規律をする国内法と考えれば，行政法の範囲が広いことは学生でもイメージできやすい。中央省庁をみても，内閣府，復興庁，総務省，法務省，外務省，財務省，文部科学省，厚生労働省，農林水産省，経済産業省，国土交通省，環境省，防衛省，国家公安委員会（警察庁）の1府11省2庁があり，これらそれぞれの活動に行政法が存在するのである。もちろん，警察や消防などの分野も忘れてはならない。直接的か間接的かを問わないならば，現代社会において，行政および行政法と無縁の生活を過ごす日は皆無と言ってよい。

　ただしここまでである。行政法は世の中に多く存在し身近なものであるとまでは示せても，その内容を的確に把握できるまでの教育は，筆者には難しいの一言に尽きる。

　一方，公務員職を志望する学生は，毎年一定数存在する。地元の公務員職従事者を輩出することは，地方国立大学にとっては，ある意味一つの使命ともいえる。彼らの基本的な行政法的思考力の形成に対しての責任も踏まえねばならない。一方，企業に勤務するにも，起業するにも，ライフイベントにあっても，行政法とかかわらずに生きていくことができないのも現実である。よって，学生にはそれを実感してほしいとも願っていた。

　そこで，抽象論をもって議論するボリュームを減らし，学んだ抽象論を具体的な行政分野の事例および裁判例の中で確認するという学びを重視したいと思うに至った。個別の行政法の特

徴をふまえ，身近な話題も含めてその領域の特徴的な争訟を丁寧に教えた方が，学生にはわかりやすいのではないかと考えて，教材集としてまとめたのが本書である。取り上げる【事例】もできるだけ身近なものとした。例えば，「子どもが『待機児童』になりそう！どうしよう」「税金の支払い請求額ってこれで正しいの？」「旅先で路上喫煙したら喫煙禁止区域だった。2,000円の過料だって。そんなの知らなかった！」「虐待をしていると疑われたけど，どう対処すればいいの？」「しつこいクレイマーにつかまった！」「補助金を返せと言われたけど，返さなきゃならないの？」「出生届を出そうとしたら，子どもの名前はこれではいけないといわれた」等，学生が社会に出る前に，行政機関で勤務する前に，企業で勤務する前に，家庭内でおきるライフイベントに対応するために，一読いただきたい内容を盛り込んだ。

　そのため，残念ながら学派や理論の比較検討等を求めた読者には，物足りない以外の何物でもないと思われる。取り上げる裁判例（判例）も最高裁判決ではなく地裁・高裁判決が多くなった。だが，お手にとって興味をもっていただけた方々には，是非，現代行政法を個別領域から全体像を捉えるためにお役立ていただきたくお願い申し上げる。

　本書の出版にあたり，株式会社文眞堂の前野隆社長，前野眞司専務および校正を手伝ってくれた夜間主ゼミ生である杉本氏，樋口氏，宮崎氏他ご助力を頂いた多くの方に厚くお礼申し上げる。

2018年1月

神山智美

　初版刊行から3年を経過した。時間の流れと学生および筆者の興味関心を踏まえ，内容をアップデートするための改訂をさせていただけることになった。ご尽力いただけている皆様とりわけ株式会社文眞堂の山崎勝徳氏には，感謝申し上げる。

　筆者は，行政法の理解には，総論・救済法に加え個別行政法の学習が必須との思いを強くしているし，日本国憲法との関連も踏まえながら公法領域における卒業論文テーマ選定にも，ひきつづき本書を役立てていただきたいと考えている。

2021年4月

神山智美

目　次

凡例：正文に条文見出しがある法令については，条文見出しは省略した。

　　　正文に項番号が付いていない法令については，算用数字で項番号を付けた。

第1章

福祉行政―児童福祉，子育て支援

はじめに

　児童福祉も社会福祉の一つであるから，主に，日本国憲法第13条（幸福追求権）と第25条（生存権）の実現を目的としている。それらに加えて，憲法26条（教育権）の実現も児童福祉の目的である。つまり，児童福祉の目的は，憲法に定める幸せに生きる権利，育つ権利，守られる権利を保障することであり，これを具体化するのが児童福祉法をはじめとする各種児童福祉関係法である。

　児童福祉は，児童の権利（人権）の実現がその根本にある。「児童の権利条約（児童の権利に関する条約）」は，18歳未満を「児童」と定義し，国際人権規約において定められている権利を児童について敷衍し，児童の権利の尊重および確保の観点から必要となる事項を規定したものである（日本は1994年に批准）。同条約では，「生きる権利」，「育つ権利」，「守られる権利」，および「参加する権利」の四つの権利を遵守するよう締約国に義務づけている。「参加する権利」とは，自分の思いや願いを，自由に所持し，表現し，表明し，仲間を集めることのできる権利である。この権利の実現が課題とされている。さらに，「武力紛争における児童の関与に関する児童の権利条約選択議定書」（日本は2004年に批准），および性的搾取などから児童を保護する「児童の売買等に関する児童の権利条約選択議定書」（日本は2005年に批准）もある。

日本国憲法
第13条　すべて国民は，個人として尊重される。生命，自由及び幸福追求に対する国民の権利については，公共の福祉に反しない限り，立法その他の国政の上で，最大の尊重を必要とする。
第25条　すべて国民は，健康で文化的な最低限度の生活を営む権利を有する。
2　国は，すべての生活部面について，社会福祉，社会保障及び公衆衛生の向上及び増進に努めなければならない。
第26条　すべて国民は，法律の定めるところにより，その能力に応じて，ひとしく教育を受ける権利を有する。
2　すべて国民は，法律の定めるところにより，その保護する子女に普通教育を受けさせる義務を負ふ。義務教育は，これを無償とする。

待機児童問題について

【事例1】

　Aは，市役所に行って，Aの子であるBにつき，保育所への入所申込みをしたところ，処分行政庁である市長から保育所入所を承諾しない旨の（行政）処分を受けた。この処分に不服がある場合，Aにはどのようなことができるのだろうか。

　Aは，児童福祉法（1947（昭和22）年法律164号）24条2項に基づき，「保育所入所申込書」により入所のための「申請」をした。その結果，入所不承諾処分を受けた。これは，行政手続法（1993（平成5）年法律88号）の「第二章　申請に対する処分」に該当する。「（行政）処分」とは，「行政庁の法令に基づく行為のすべてを意味するものではなく，公権力の主体たる国または公共団体が行う行為のうち，その行為によつて，直接国民の権利義務を形成しまたはその範囲を確定することが法律上認められているものをいう」（最一小判昭和39年10月29日・判時395号20頁）とされる。

　なお，児童福祉法24条2項の規定は以下のとおりである。保育の契約手続に関する規定であり，保護者と施設間の公的契約を規定する。

> 児童福祉法
> 第24条　2　市町村は，前項に規定する児童に対し，認定こども園法第2条第6項に規定する認定こども園（子ども・子育て支援法第27条第1項の確認を受けたものに限る。）又は家庭的保育事業等（家庭的保育事業，小規模保育事業，居宅訪問型保育事業又は事業所内保育事業をいう。以下同じ。）により必要な保育を確保するための措置を講じなければならない。

　この場合にAがとりうる手段としては，，児童福祉法に個別の規定がないため，行政不服審査法（2014（平成26）年法律68号）2条による審査請求が挙げられる。「この処分に不服がある場合には，この処分があったことを知った日の翌日から起算して3か月以内に，○○市長に対して審査請求をすることができる。」等というように処分庁（ここでは市役所担当課）で教示を受けることが可能であり，またはこの旨が入所不承諾通知等に記されている。「3月（3か月）」という審査請求期間の定めは，行政不服審査法18条に規定がある。

　審査請求の仕組みは次の図1-1のようになっている。

　次に，入所不承諾処分に対してAがとりうる手段としては，行政事件訴訟法（1962（昭和37）年法律139号）第2章第1節の取消訴訟がある。以下の裁判例【事例2】を見てみよう。

図 1-1　審査請求の流れ

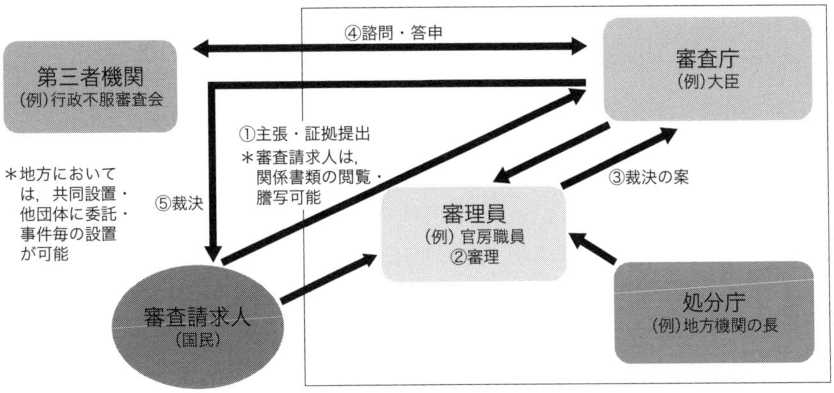

（出所）筆者作成。

【事例２】　保育園入園不承諾処分取消請求事件

　市長が，児童の保護者である市民からその居住地区外に所在する保育園への入園申込みであるいわゆる広域入所の申込みを受け，当該保育園の所在する東京都の特別区の区長に対し保育の実施願いをした。同区長はこれを不承諾とした。よって保護者は，原告として，前記申込みについてした保育園入園不承諾処分を取り消すように争った。

　【事例２】は，さいたま地判平成 14 年 12 月 4 日・判自 246 号 99 頁である。福祉施設の利用関係が，制度改革により措置から契約へ変わる前の争いである。結論として，棄却された。すなわち前記申込みについてした保育園入園不承諾処分は，適法と判断されている。もう少し詳しく見てみよう。

　X（父親）は，Y1 市長に対し，当時の児童福祉法 24 条 1 項に基づき，その子（0 歳児）につき，自己の居住地区外である東京都 Y2 区に所在する私立保育園）への入園申込み（いわゆる広域入所の申込み）をした。

　この入園申込みを受けた Y1 市長は，訴訟参加人である東京都 Y2 区長に対し，当該保育園への保育の実施願い（入所協議）をした。

　Y2 区長は，X の申込みにつき，いわゆる母指数方式（特に母親の状態に着目して指数化した数値により，入所の可否を判定するもの）を用いて選考した結果（児童福祉法 24 条 3 項），当該児童は，希望者多数により入所可能な順位に達しないとの理由で，Y1 市長に対し，上記入所協議を不承諾とする旨を回答した。上記回答を受けた Y1 市長は，X に対し保育園入園不承諾処分をした。その処分理由は，「定員に比較して入所希望者が多く入所可能な順位に達しないため」というものであった。

　本件は，X が，本件につき実施された母指数方式による選考は児童福祉法 24 条 3 項所定の「公正な方法で選考」したものとはいえず，したがって，本件処分は違法であると主張して，

Y1市長に対し，本件処分の取消しを求めた事案である。被告らは，これを争い，上記選考方法は公正なものであると主張している。本件の争点は，児童福祉法24条3項との関係における本件処分の違法性に関する双方の主張の当否である。

　なお，平成13（2001）年当時の児童福祉法24条1項および3項は以下のようになっている。

児童福祉法
旧第24条　市町村は，保護者の労働又は疾病その他の政令で定める基準に従い条例で定める事由により，その監護すべき乳児，幼児又は第39条第2項に規定する児童の保育に欠けるところがある場合において，保護者から申込みがあつたときは，それらの児童を保育所において保育しなければならない。ただし，付近に保育所がない等やむを得ない事由があるときは，その他の適切な保護をしなければならない。
3　市町村は，一の保育所について，当該保育所への入所を希望する旨を記載した前項の申込書に係る児童のすべてが入所する場合には当該保育所における適切な保育の実施が困難となることその他のやむを得ない事由がある場合においては，当該保育所に入所する児童を公正な方法で選考することができる。

　本件の前提として，地方分権改革に伴う保育所入所措置を担う機関の変更と，保育所入所基準についてふれておきたい。

　いわゆる事務整理合理化法（地方公共団体の執行機関が国の機関として行う事務の整理及び合理化に関する法律・1986（昭和61）年法律109号）の制定により，保育所入所措置に関する事務が機関委任事務から市町村等の団体委任事務に改められ，1987（昭和62）年4月1日から実施されることになった。地域の事情や住民のニーズ等を的確に反映させ，より自主的な行政運営を行うことが可能となった。児童福祉法24条は，これを受けた改正がなされ，市町村は政令で定める基準に従い条例で定めるところにより，保護者の労働または疾病等の事由により，児童の保育に欠けることがあると認めるときは児童を保育所に入所させて保育する措置をとらなければならないものとされた。

　入所の措置基準に関して，厚生省（当時）は，1961（昭和36）年，保育所の入所の措置基準を定め，同年度から実施するに際し，その運用の留意点を示すため，知事および指定都市市長宛の児童局長通知を発した（「児童福祉法による保育所への入所の措置基準について」1961（昭和36）年2月20日・児発129号）。同通知によると，「市町村長が，児童福祉法第24条本文の規定により保育所への入所の措置をとる場合においては，事前にその家庭の状況を実施につき十分調査，把握し，その家庭構成の状況とくに保育担当者である母親の労働形態，家庭環境その他の状況等を十分勘案し，入所の可否を決定すること。」として，母親の状態に着目して保育に欠ける程度を判断するという解釈が示されている。

　その後，上記の事務整理合理化法制定に係る児童福祉法24条改正にあわせて発せられた知事および指定都市市長宛の厚生省児童家庭局長通知（「児童福祉法施行令等の一部を改正する政令（児童家庭局関係）の施行等について」1987（昭和62）年1月13日・児発21号）は，上記昭和36年通知を廃止してはいたが，その内容は，「政令で定める措置の基準は，法が趣旨

としている入所措置の要件を法律の規定とあいまって明確にするものであって，その基本的な考え方は，昭和36年通知をもって示していた考え方を変更するものではない」としていた。そのため，昭和36年通知において示されていた，母親の状態に着目して保育に欠ける程度を判断するという法の解釈には変更がないとの趣旨に解されるものであった。

　裁判所は，論点(1)から(3)について概ね以下のように検討した。
(1)　児童福祉法24条3項所定の「公正な方法」について
　　「児童福祉法は，上記の選考の具体的な方法については，その実施に当たる市町村等の合理的な裁量に委ねているものと解するのが相当である。」「本件においては，選考の判断基準が予め設定公表されているものであるところ（行政手続法5条参照），この解釈運用が，社会通念上著しく妥当性を欠き，上記趣旨からみた合理的裁量権の範囲を逸脱し，又は，これを濫用しているものと認められない限り，その判断基準に基づいてされた選考は，法24条3項所定の『公正な方法』でされたものと評価すべきものと解される。」
(2)　区条例等の解釈運用として母指数方式を採用したことの違法性について
　　「（昭和36年）通知に示されていること等からみて，上記昭和62年の法改正後においても，母親の状態に着目して保育に欠ける程度を判断することを許容する法の解釈が維持されていると理解することは不合理とはいえないものというべきである。」「Y2区長が・・・選考において，区規則別表第1を，父母が存在する世帯については母を指すものとして解釈運用したことは合理的であり，社会通念上著しく妥当性を欠くとみることはできないものというべきである。」
(3)　母指数方式自体の違法性について
　　「そのほかの選考方式も児童福祉法の解釈として許容され得るものであるとしても・・・△△区において，母指数方式を採用したことは，合理的であって，社会通念上著しく妥当性を欠くということはできないものというべきである。」

　よって，本件処分の適法性については，「Y2区長のした選考が法24条3項所定の『公正な方法』で実施されたものであって，瑕疵のない適法なものと認められるのであるから，それに基礎をおく本件処分は，当然，適法なものというべきである」と判示した。ここでは，行政手続法5条に基づく審査基準が公にされてきていることも，審査の適法性を担保している。
　なお，申請拒否処分をする場合には，行政手続法8条に基づき，理由付記の義務がある。処分理由については，「何を」「どう」書くべきかについては明確な指針はないものの，単なる根拠法規の摘記は理由記載に当たらない（最三小判平成23年6月7日・判時2121号38頁における田原裁判長補足意見）。あらかじめ用意した定型文のものでは，内容不十分として理由の開示の不備を指摘される可能性もある。そのため，申請者の位置づけ（得点）と申請承諾者のなかでの最低得点者との差異等についての言及もあるほうが望ましい。

児童虐待について

【事例1】

　Yは，児童相談所の所長である。Yは，X1とX2（以下両名を「X夫婦」という）の子である X3 が，自宅において負った火傷とその治療について，X夫婦とX3に不適切な関わりの疑いを抱いている。そのため，調査の必要があるとして，児童福祉法33条2項に基づきX3を一時保護するとの決定をした（以下「本件一時保護決定」という）。Yは，同日，この決定に基づき，保育園において，登園していたX3を一時保護した。

　児童相談所職員は，翌月，大学医学部法医学教室のA教授にアポイントメントを取り，X3の火傷の受傷機転（いつ，どこで，どんなもので，どのように受傷したか）に関する医学相談を行った。結果が出るまでにはまだ時間を要するようであった。また，医療機関に対してX3の受診状況やカルテの調査を行い，保育園に対しても調査を行う必要もあると考えている。そのうえで，X3の監護を原告夫婦に委ねてもX3の福祉が害されることがないことを認識できることを確認してから，本件一時保護決定を解除したいというのがYおよび児童相談所職員の見解である。

　幸いにも X3 は，児童相談所職員にも保護されている児童養護施設職員にもなつき，周囲の子どもたちと穏やかな日々を過ごしている。

　しかし一時保護は，暫定的な処分であり，保護児童の権利のほか親の権利も制限するものであるから，その目的達成に必要な最小限の期間に留めなければならない。一時保護開始からそろそろ2か月が経過しようとしている。X夫婦は，毎日，児童相談所に電話をかけ，「虐待ではない」「X3を返してくれ」と訴えてくるし，X3が滞在する児童養護施設にも毎週訪ねてくる。

　Yはこのまま一時保護を継続してよいのだろうか。

　児童相談所長Yには，児童福祉法27条1項ならびに33条1項，2項および4項に基づき，児童虐待を受けたと思われる児童に一時保護を行い，または適当な者に委託して一時保護を行わせる権限が委任されている。さらに，一時保護を加えるか否かの判断や保護の期間，特に2か月を超えて一時保護を行うか否かの判断が，その合理的な裁量に委ねられている。

> 児童福祉法
> 第27条　都道府県は，前条第1項第1号の規定による報告又は少年法第18条第2項の規定による送致のあつた児童につき，次の各号のいずれかの措置を採らなければならない。
> 　一　児童又はその保護者に訓戒を加え，又は誓約書を提出させること。
> 　二　児童又はその保護者を児童相談所その他の関係機関若しくは関係団体の事業所若しくは事務所に通

　　　わせ当該事業所若しくは事務所において・・・児童福祉司，知的障害者福祉司，社会福祉主事，児童委員若しくは当該都道府県の設置する児童家庭支援センター若しくは当該都道府県が行う障害者等相談支援事業に係る職員に指導させ・・・委託して指導させること。
　　三　児童を小規模住居型児童養育事業を行う者若しくは里親に委託し，又は乳児院，児童養護施設，障害児入所施設，情緒障害児短期治療施設若しくは児童自立支援施設に入所させること。
　第33条　児童相談所長は，必要があると認めるときは，第26条第1項の措置を採るに至るまで，児童の安全を迅速に確保し適切な保護を図るため，又は児童の心身の状況，その置かれている環境その他の状況を把握するため，児童の一時保護を行い，又は適当な者に委託して，当該一時保護を行わせることができる。
　2　都道府県知事は，必要があると認めるときは，第27条第1項又は第2項の措置を採るに至るまで，児童の安全を迅速に確保し適切な保護を図るため，又は児童の心身の状況，その置かれている環境その他の状況を把握するため，児童相談所長をして，児童の一時保護を行わせ，又は適当な者に当該一時保護を行うことを委託させることができる。
　3　前2項の規定による一時保護の期間は，当該一時保護を開始した日から二月を超えてはならない。
　4　前項の規定にかかわらず，児童相談所長又は都道府県知事は，必要があると認めるときは，引き続き第1項又は第2項の規定による一時保護を行うことができる。

　では次に，X夫婦が，Yに対し，国家賠償法（1947（昭和22）年法律125号）1条1項に基づき，それぞれ慰謝料等の支払いを求めた事件（東京地判平成27年3月11日・判時2281号80頁）を見てみよう。

【事例2】　児童相談所長一時保護継続措置に対する損害賠償請求事件
　児童相談所長Yがその裁量を逸脱しまたは濫用して，X夫婦の子であるX3の一時保護を必要な期間を超えて継続したとして，X夫婦が，Yに対し，国家賠償法1条1項に基づき，それぞれ慰謝料等の支払いを求めた。

　【事例2】に関して，裁判所は，児童相談所長等の合理的裁量に委ねられていると解すべきであり，裁量を逸脱しまたは濫用した場合に限り違法となり，一時保護が必要最小限の期間を超えて継続されたことにより直ちに国家賠償法上違法と評価されるものではないとして，X夫婦の訴えを棄却した。
　Yは，X夫婦の発言に反して，一時保護中もX夫婦によるX3への虐待の存在を疑い続けていたのであり，一時保護から児童福祉法28条1項の措置に切り替えようと試みた。そのため，平成23年9月9日，東京家庭裁判所に対し，児童福祉法28条1項に基づく児童福祉施設入所の承認を求める審判を申し立てたが，同申立ては，平成24年1月6日に却下された。その後，Yは，同月23日，東京高等裁判所に対し，即時抗告したが，同年4月9日，同抗告は棄却された。そこでYは，平成24年4月10日，本件一時保護決定を解除し，翌11日，X3に関し，児童福祉法27条1項2号に基づく児童福祉司指導の措置決定をした。以下で，児童福祉法28条1項の措置を確認しよう。

児童福祉法

第28条　保護者が，その児童を虐待し，著しくその監護を怠り，その他保護者に監護させることが著しく当該児童の福祉を害する場合において，第27条第1項第3号の措置を採ることが児童の親権を行う者又は未成年後見人の意に反するときは，都道府県は，次の各号の措置を採ることができる。
　一　保護者が親権を行う者又は未成年後見人であるときは，家庭裁判所の承認を得て，第27条第1項第3号の措置を採ること。
　二　保護者が親権を行う者又は未成年後見人でないときは，その児童を親権を行う者又は未成年後見人に引き渡すこと。ただし，その児童を親権を行う者又は未成年後見人に引き渡すことが児童の福祉のため不適当であると認めるときは，家庭裁判所の承認を得て，第27条第1項第3号の措置を採ること。

　【事例2】に係る審理は，X夫婦の家族構成，火傷受傷以前のX3の怪我等，本件火傷およびその治療の経緯，本件一時保護決定前の本件相談所の調査等，本件一時保護決定および本件一時保護，本件一時保護開始後の本件相談所の調査等，本件審判事件の手続経過等に及んだ。

　結論として，裁判所は，「本件相談所長が本件一時保護を行ったこと自体に違法があるとは認められない」と判断した。そのうえで，Yが，「本件一時保護が開始された平成23年5月30日から約二か月が経過した同年8月3日には児童福祉法28条1項に基づく申立てを行うことを決定して，被告の児童福祉協議会に諮問を行い，同月24日に申立てを適当とする答申を得て，同年9月9日に本件審判事件を申し立てている」ことを踏まえ，Yが本件一時保護を継続したことが違法となるには，「X3を保護者である原告夫婦の監護に委ねても，X3の福祉が侵害されるおそれがあるとはいえないこと，すなわち本件一時保護を解除すべきであると判断すべき基礎となる事実が存在し，かつ，本件相談所長が当該事実を認識していたか，あるいは児童相談所として通常行う調査をすることにより認識することができたと認められることが必要である」ため，国家賠償法上の違法があるとは認められないと判示した。児童福祉法33条4項は，「必要があると認めるとき」は引き続き一時保護を行うことができるとしていることからも，同法における一時保護の目的を汲み取った判断である。

　後を絶たない児童虐待問題への対応を強化するため，親権者などによる体罰を禁止する「改正児童虐待防止法（児童虐待の防止に関する法律，2000（平成12）年法律82号）」と，児童相談所（児相）の体制整備を定めた「改正児童福祉法」が，2020（令和2）年4月から一部を除き施行された。両改正法のポイントを，改正条文とともに確認しておこう。

　両改正法のポイントは，家庭内で親権者などによる体罰の禁止を明確に規定した点である。改正にあたり論点となったのは，家庭内で「しつけ」を名目に行われる体罰も禁止の対象とするかどうかであった。厚生労働省の有識者会議は2020（令和2）年2月，体罰に当たる行為について次のような指針をまとめた（図1-2）。

　家庭内でしつけを名目に行われる体罰は，虐待につながっている事例も多い。また，子ども

図 1-2　体罰等によらない子育てのために（素案・概要）

Ⅱ　しつけと体罰は何が違うのか

○　たとえしつけのためだと親が思っても，身体に，何らかの苦痛を引き起こし，又は不快感を意図的にもたらす行為（罰）である場合は，どんなに軽いものであっても体罰に該当し，法律で禁止されます。これは親を罰したり，追い込むことを意図したものではなく，子育てを社会全体で応援・サポートし，体罰によらない子育てを社会全体で推進することを目的としたものです。

○　しつけとは，子どもの人格や才能を伸ばし，社会において自律した生活を送れるようにすること等の目的から，子どもをサポートして社会性を育む行為です。子どもにしつけをするときには，子どもの発達しつつある能力に合う方法で行う必要があり，体罰で押さえつけるしつけは，この目的に合うものではなく，許されません。どうすればよいのかを言葉や見本を示す等の本人が理解できる方法で伝える必要があります。

（出所）厚生労働省「体罰等によらない子育ての推進に関する検討会」。

◎　こんなことしてしまっていませんか
・言葉で3回注意したけど言うことを聞かないので，頬を叩いた。
・大切なものにいたずらをしたので，長時間正座をさせた。
・友達を殴ってケガをさせたので，同じように子どもを殴った。
・他人のものを取ったので，罰としてお尻を叩いた。
・宿題をしなかったので，夕ご飯を与えなかった。
・掃除をしないので，罰として雑巾を顔に押しつけた。
　→これらは全て体罰です。

○　ただし，罰を与えることを目的としない，子どもを保護するための行為（道に飛び出しそうな子どもの手を掴む等）や，第三者に被害を及ぼすような行為を制止する行為（他の子どもに暴力を振るうのを制止する事）等は，体罰には該当しません。

○　また，体罰以外にも，怒鳴りつけたり，子どもの心を傷つける暴言等も，子どもの健やかな成長・発達に悪影響を与える可能性があります。子どもをけなしたり，辱めたり，笑いものにするような言動は，子どもの心を傷つける行為で子どもの権利を侵害します。

が虐待されている家庭では，DV（配偶者などからの暴力）が起きている事例が少なくない。そこで，婦人相談所などDV対策を担う機関と児相との連携を強め，問題を早期に発見し，暴力から親子を守ることが必要とされた。あわせて，改正点の実効性を高めるには，親権者や関係機関への周知徹底が大切となる。

さらに，児相の重要性と負担の増大を踏まえ，その体制も強化する必要がある。具体的には，虐待が疑われる家庭から子どもを一時保護するなどして引き離す「介入」と，親権者への支援を行う職員を分けることが求められる。職員が親権者との関係を考慮して子どもの保護をためらうのを防ぐためである。

なお，親権者が子どもを戒めることを認める民法（1896（明治29）年法律89号）822条の「懲戒権」については，法施行後2年をめどに，あり方を検討するとなった。

児童虐待防止法
第3条　何人も，児童に対し，虐待をしてはならない。
第14条　児童の親権を行う者は，児童のしつけに際して，体罰を加えることその他民法（略）第820条の規定による監護及び教育に必要な範囲を超える行為により当該児童を懲戒してはならず，当該児童の親権の適切な行使に配慮しなければならない。
2　児童の親権を行う者は，児童虐待に係る暴行罪，傷害罪その他の犯罪について，当該児童の親権を行う者であることを理由として，その責めを免れることはない。

民法
第820条　親権を行う者は，子の利益のために子の監護及び教育をする権利を有し，義務を負う。
第822条　親権を行う者は，第820条の規定による監護及び教育に必要な範囲内でその子を懲戒することができる。

コラム1　虐待やDVの加害者にしたてあげられたら？

　児童虐待，ドメスティック・バイオレンス，およびデートDV等は深刻かつ表面化しづらい問題である。ゆえに，勇気をもって口に出した人の発言を信じられやすい傾向にある。しかし，発言のすべてが正確なものとはいえない。

　DV加害者というあらぬ疑いをかけられた人はどうすればいいのだろうか。

　東京地判平成27年10月29日・LEX/DB文献番号25532102が参考になる。本件は，Xを加害者とする支援措置の実施申出およびその後の更新手続は，何の根拠もなくされたものであるからXに対する不法行為に当たり，Xは本件支援措置によって加害者扱いを受け計り知れない精神的苦痛を被ったとして，不法行為等による損害賠償を請求した事件である。裁判所は，Yの支援措置実施申出につき，Z区が理由ありと判断した結果，本件支援措置がとられたものであって，Yがその申出を行ったことには何らの違法性はないと判断し，Xの訴えを棄却した。

　今後検討すべき点として以下の2点を挙げる。1点目に，市区町村長がその判断をするに当たって，「加害者」と申し出られた者の意見を聴く機会は設けられていないことである。加害者とされた者が，後に名誉を回復する機会は，人権保障の観点からも必要であろう。2点目に，いわゆる配偶者暴力（DV）防止法（配偶者からの暴力の防止及び被害者の保護等に関する，2001（平成13）年法律31号）1条は，「配偶者からの暴力」を「配偶者からの身体に対する暴力…又はこれに準ずる心身に有害な影響を及ぼす言動」としていることである。すなわち「暴力」には言葉の暴力を含むため，DV被害者として認定しやすいことにある。

配偶者暴力（DV）防止法
第1条　この法律において「配偶者からの暴力」とは，配偶者からの身体に対する暴力（身体に対する不法な攻撃であって生命又は身体に危害を及ぼすものをいう。以下同じ。）又はこれに準ずる心身に有害な影響を及ぼす言動（略）をいい，配偶者からの身体に対する暴力等を受けた後に，その者が離婚をし，又はその婚姻が取り消された場合にあっては，当該配偶者であった者から引き続き受ける身体に対する暴力等を含むものとする。

コラム2　女性や子どもだけが虐待の被害者じゃない！

　DVや虐待という表現からは，女性，子ども，老人等が被害者としてイメージされやすい。それゆえに，男性を被害者とするケースには，十分に対応できていない側面がある。

　逆DVといわれるものや，男性への性的虐待等も存在する。

　男性被害者によれば，被害者対象の相談センターに行っても，「相談員がすべて女性でした」「仕方がないので所長（男性）と話してきました」「男でしょう！（男のくせに）という目で見られている気がして辛い」という感想を漏れ聞く。

　ダイバシティ（多様性）という表現もかなり浸透してきた。この語は，「可変性」という意味も持つ。真にダイバシティとなるべく，われわれの意識も組織も変化していく必要がある。

福祉行政―介護，高齢者福祉

はじめに

　高齢者福祉も社会福祉の一つであるから，主に，日本国憲法第13条（幸福追求権）と第25条（生存権）の実現を目的としている。少子化は進む一方であり，本格的少子高齢社会となっている昨今，これらの高齢者の「尊厳を保ちながら」，誰がどのように支えていけばよいのかが，改めて問われている。憲法25条が，国民に生存権を保障するために，これを具体化する十分な社会保障制度の確立を国に求めている。とりわけ高齢者福祉の実現のためには，老人福祉法（1963（昭和38）年法律133号），老人保健法（1982（昭和57）年法律80号），成年後見法（成年後見制度の利用の促進に関する法律，2016（平成28）年法律29号），2000（平成12）年に施行された介護保険制度を規定する介護保険法（1997（平成9）年法律123号），介護労働者雇用管理改善法（1992（平成4）年法律63号）等が制定されている。

　老人福祉法の2条，3条には，高齢者福祉の基本理念が規定されている。これらの基本理念は，①老人は，多年にわたり社会の進展に寄与してきた者として，かつ，豊富な知識と経験を有する者として敬愛されるとともに，生きがいを持てる健全で安らかな生活を保障されるものとすること，および，②老人は，老齢に伴って生ずる心身の変化を自覚して，常に心身の健康を保持し，または，その知識と経験を活用して，社会的活動に参加するように努めるものとすること，という考え方に基づき，1990（平成2）年度に一部改正され現在に至っている。

老人福祉法
第1条　この法律は，老人の福祉に関する原理を明らかにするとともに，老人に対し，その心身の健康の保持及び生活の安定のために必要な措置を講じ，もつて老人の福祉を図ることを目的とする。
第2条　老人は，多年にわたり社会の進展に寄与してきた者として，かつ，豊富な知識と経験を有する者として敬愛されるとともに，生きがいを持てる健全で安らかな生活を保障されるものとする。
第3条　老人は，老齢に伴つて生ずる心身の変化を自覚して，常に心身の健康を保持し，又は，その知識と経験を活用して，社会的活動に参加するように努めるものとする。
2　老人は，その希望と能力とに応じ，適当な仕事に従事する機会その他社会的活動に参加する機会を与えられるものとする。

介護保険問題について

【事例1】

　X（45歳）は，東京で働いている。岐阜の実家にはXの父であるA（73歳）が一人暮らしをしている。先日，実家の近くに住む民生委員からXに，「お父さんの調子が悪そうなので，様子を見てあげてください」との連絡があった。Xが週末に駆けつけて周囲の方から話を聞くと，やはり何らかの介護サービスを活用した方がいいと言われた。

　そこで，市役所に行って，いわゆる要介護認定を受けることにした。結果は，要支援1という最も低いランクのものであった。Aが判定の段階での問診に，「できる」「大丈夫だ」と言ってしまうらしい。これでは適切な援助が受けられないと判断したXは判定の修正を求めた。

　Xにはどのような手段があるだろうか。

　介護保険は，介護保険法に基づく制度である。健康保険は被保険者証を受診した医療機関で提示するだけで保険給付を受けられるのに対して，介護保険は事前にいわゆる要介護認定（要支援認定および要介護認定のこと）を受けなければならない。

　要介護認定の必要性は，介護保険法19条に規定されている。要介護認定の審査，判定，認定および通知については同法27条に，要支援認定のそれらについては同法32条にそれぞれ規定されている。

介護保険法

第19条　介護給付を受けようとする被保険者は，要介護者に該当すること及びその該当する要介護状態区分について，市町村の認定（以下「要介護認定」という。）を受けなければならない。

2　予防給付を受けようとする被保険者は，要支援者に該当すること及びその該当する要支援状態区分について，市町村の認定（以下「要支援認定」という。）を受けなければならない。

第27条　要介護認定を受けようとする被保険者は，厚生労働省令で定めるところにより，申請書に被保険者証を添付して市町村に申請をしなければならない。この場合において，当該被保険者は…当該申請に関する手続を代わって行わせることができる。

2　市町村は，前項の申請があったときは，当該職員をして，当該申請に係る被保険者に面接させ，その心身の状況，その置かれている環境その他厚生労働省令で定める事項について調査をさせるものとする。（以下略）

5　認定審査会は，前項の規定により審査及び判定を求められたときは，厚生労働大臣が定める基準に従い，当該審査及び判定に係る被保険者について，同項各号に規定する事項に関し審査及び判定を行い，その結果を市町村に通知するものとする。（以下略）

7　市町村は，第5項前段の規定により通知された認定審査会の審査及び判定の結果に基づき，要介護認定をしたときは，その結果を当該要介護認定に係る被保険者に通知しなければならない。この場合において，市町村は，次に掲げる事項を当該被保険者の被保険者証に記載し，これを返付するものとする。

　一　該当する要介護状態区分

　二　第5項第2号に掲げる事項に係る認定審査会の意見

第32条　要支援認定を受けようとする被保険者は，厚生労働省令で定めるところにより，申請書に被保険者証を添付して市町村に申請をしなければならない。（以下略）

6　市町村は，第4項前段の規定により通知された認定審査会の審査及び判定の結果に基づき，要支援認定をしたときは，その結果を当該要支援認定に係る被保険者に通知しなければならない。この場合において，市町村は，次に掲げる事項を当該被保険者の被保険者証に記載し，これを返付するものとする。

　一　該当する要支援状態区分

　二　第4項第2号に掲げる事項に係る認定審査会の意見

　要介護状態および要支援状態の定義は介護保険法2条1項および2項に規定があり，詳細は省令（要介護認定等に係る介護認定審査会による審査及び判定の基準等に関する省令（1999（平成11）年厚生省令58号））1条1項および2条1項により，おおむね以下のように規定されている。

2条1項	要支援1	要介護認定等基準時間 25分以上32分未満
	要支援2	32分以上50分未満（要支援状態）
1条1項	要介護1	32分以上50分未満（要介護状態）
	要介護2	50分以上70分未満
	要介護3	70分以上90分未満
	要介護4	90分以上110分未満
	要介護5	110分以上

　申請から結果の通知は，次の図のような流れになる。

図2-1　要介護認定審査の流れ

介護保険法（以下「法」という。）条文を示す。

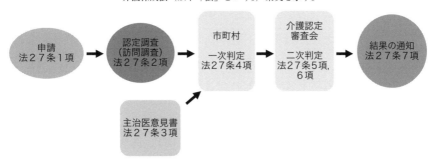

（出所）筆者作成。

　申請拒否処分をする場合には，行政手続法8条に基づき理由付記の義務がある。厚生省令に大まかな基準があるとはいえ，あらかじめ用意された定型文を記すのみでは，申請者自身がどの点を満たしていないためその結果になったのか等が判別できない。よって，より具体的に述べられることが求められる。

　では，Xのように要介護認定結果に不服のある人にはどのようなことができるのであろうか。まず，介護保険法183条の定めに従い，審査請求が可能となる。これは，処分庁以外の「介護保険審査会」（介護福祉法184条で設置）に請求するものであり，行政不服審査法5条1項の事例に該当する。

介護保険法
第183条　保険給付に関する処分（被保険者証の交付の請求に関する処分及び要介護認定又は要支援認定に関する処分を含む。）又は保険料その他この法律の規定による徴収金（略）に関する処分に不服がある者は，介護保険審査会に審査請求をすることができる。
2　前項の審査請求は，時効の中断に関しては，裁判上の請求とみなす。
第184条　介護保険審査会（以下「保険審査会」という。）は，各都道府県に置く。

　また，審査（申請に対する処分）は，30日以内にしなければならず（介護保険法27条11項），申請から30日以内に結果通知がされず延期通知もないときは，申請が却下されたものとみなし，審査請求をすることができる（同条12項）。なお，同法196条の規定により審査請求前置主義がとられているため，上記に基づき審査請求を経た後でなければ取消訴訟を提起することはできない。

介護保険法
第27条　12　第1項の申請をした日から30日以内に当該申請に対する処分がされないとき，若しくは前項ただし書の通知がないとき，又は処理見込期間が経過した日までに当該申請に対する処分がされないときは，当該申請に係る被保険者は，市町村が当該申請を却下したものとみなすことができる。
第196条　第183条第1項に規定する処分の取消しの訴えは，当該処分についての審査請求に対する裁決を経た後でなければ，提起することができない。

　申請者が，都道府県に設置された介護保険審査会へ審査請求して，要望を認容する裁決が下された場合には，申請者にとってはその不服申立てが認められたため「めでたしめでたし」で終わることとなるであろう。しかし，市町村にとっては，都道府県の介護保険審査会によって市町村等がした判定を覆されてしまったということになる。そのため【事例2】のような争訟も生じている。

【事例2】　田辺市要介護認定県審査会裁決取消請求事件

　処分行政庁であるX市が，Aにおいて，X市のした「要介護状態区分1」の要介護認定を不服として裁決行政庁に対して審査請求をしたところ，X市の事実認定の誤り等を理由として審査請求を認容する裁決（「要介護状態区分2」と認めた。以下「本件裁決」という。）をしたことから，その取消しを求めた。つまり，本件訴訟は，介護保険事業の保険者である市町村（X市）が，要介護認定処分に対する審査請求を認容した介護保険審査会（Y県）の裁決が違

法であるとして，その取消しを求めた抗告訴訟である。

　裁判所は，本件訴訟は，行政主体である市町村が，自己の法令の解釈ないし適用に関する判断の貫徹を目的とするものであって，被保険者である住民の権利の保護を目的とするものではないから，抗告訴訟の性質に反する不適法なものであり，X市には原告適格がないとして，訴えを却下した。

　【事例2】は，和歌山地判平成24年5月15日・LEX/DB文献番号25481779である。もう少し詳しく論点ごとに見てみよう。

　本件裁決は，Aの審査請求に対して下されたものである。その裁決の取消しの訴えについて，X市に原告適格（行政事件訴訟法9条1項）があるかが争点であった。

　裁判所は，「抗告訴訟は，行政主体による公権力の行使に対する国民の権利を保護するために設けられた主観訴訟である。本件訴訟は，介護保険事業の保険者である市町村が，要介護認定処分に対する審査請求を認容した介護保険審査会の裁決が違法であるとして，その取消しを求めた抗告訴訟であり，行政主体である市町村が，自己の法令の解釈ないし適用に関する判断の貫徹を目的とするものであって，被保険者である住民の権利の保護を目的とするものではない。」「本件訴訟は，抗告訴訟の上記性質に反するものである。」と判断した。

　つまり，介護保険事業は地方自治法（昭和22年法律67号）2条9項1号の規定する第1号法定受託事務（介護保険法203条の4（当時は203条の3））に分類される。介護保険審査会が保険者である市町村の上級行政庁ではないとしても，そのような行政内部における行政機関相互の関係は，保険者である市町村を私人と同視し，または近接したものとして扱う理由になるものではない。介護保険事業は，国の社会保障制度の一環であり，その実施は行政作用にほかならないから，その保険者の地位を私的な保険事業における保険者の地位と同視することはできない。よって，このような保険者の権利の救済は問題にならず，保険者が本件裁決について争うことを，法は認めていないというのである。

　また，この介護保険審査会の裁決は，関係行政庁である保険者の市町村を拘束する（旧行政不服審査法43条1項）。さらに，介護保険審査会が設置され，要介護認定処分の取消しの訴えについて審査請求前置が要求されている趣旨は，訴訟によらずに行政の第三者機関（介護保険法184条から190条）による処分の是正を可能とし，被保険者の簡易迅速な権利救済を図ることにある。

　したがって，X市が，原告として本件裁決を訴訟により争うことは，これらの制度趣旨に反するものであると判示した。

旧行政不服審査法（2014（平成26）年改正前，現52条1項）
第43条　裁決は，関係行政庁を拘束する。

高齢者虐待について

【事例1】

　Yは，A市の職員である。A市内には，特別養護老人ホームBヴィラがあり，ここのショートステイ（短期入所生活介護）制度を利用するXがいる。本件ホームから，Xの身体に痣（あざ）があることを発見した旨および同人が家族により虐待を受けている可能性がある旨の通報がA市になされた。Yは，その後得られた情報をもとに，Xが家族により虐待を受けている可能性があると判断した。Yは何をすべきか。

　高齢者虐待に関しては，「高齢者虐待の防止，高齢者の養護者に対する支援等に関する法律」（高齢者虐待防止法，2005（平成17）年法律124号）に規定されている。Yがすべきことおよびできることを見てみよう。

　同法2条3項によれば，高齢者虐待には，養護者によるものと養介護施設従事者等によるものがあり，その内容は同条4項，5項によれば概ね① 身体的虐待，② 養護を著しく怠る（ネグレクト），③ 心理的虐待，④ 性的虐待，⑤ 経済的虐待である。

　養護者による虐待防止施策として，「養護者による高齢者虐待の防止，養護者に対する支援」が同法第2章に規定されている。7条1項，2項で，養護者による高齢者虐待を受けたと思われる高齢者を発見した者は，速やかに通報しなければならないと規定する。その後，立入調査などの事実確認（11条），そして当該虐待の切迫性，非代替性，一次性の度合いによって，一時保護（9条，10条）や面会制限（13条）等の措置が取られる。

高齢者虐待防止法
第7条　養護者による高齢者虐待を受けたと思われる高齢者を発見した者は，当該高齢者の生命又は身体に重大な危険が生じている場合は，速やかに，これを市町村に通報しなければならない。
2　前項に定める場合のほか，養護者による高齢者虐待を受けたと思われる高齢者を発見した者は，速やかに，これを市町村に通報するよう努めなければならない。
第9条　市町村は，第7条第1項若しくは第2項の規定による通報又は高齢者からの養護者による高齢者虐待を受けた旨の届出を受けたときは，速やかに，当該高齢者の安全の確認その他当該通報又は届出に係る事実の確認のための措置を講ずるとともに，第16条の規定により当該市町村と連携協力する者（略）とその対応について協議を行うものとする。
2　市町村又は市町村長は，第7条第1項若しくは第2項の規定による通報又は前項に規定する届出があった場合には，当該通報又は届出に係る高齢者に対する養護者による高齢者虐待の防止及び当該高齢者の保護が図られるよう，養護者による高齢者虐待により生命又は身体に重大な危険が生じているおそれがあると認められる高齢者を一時的に保護するため迅速に老人福祉法第20条の3に規定する老人短期入所施設等に入所させる等，適切に…措置を講じ，又は，適切に，同法第32条の規定により審判の請求をするものとする。

第11条　市町村長は，養護者による高齢者虐待により高齢者の生命又は身体に重大な危険が生じている
　　おそれがあると認めるときは，介護保険法第115条の46第2項の規定により設置する地域包括支援セ
　　ンターの職員その他の高齢者の福祉に関する事務に従事する職員をして，当該高齢者の住所又は居所に
　　立ち入り，必要な調査又は質問をさせることができる。
3　第一項の規定による立入り及び調査又は質問を行う権限は，犯罪捜査のために認められたものと解釈
　　してはならない。
第13条　養護者による高齢者虐待を受けた高齢者について老人福祉法第11条第1項第2号又は第3号の
　　措置が採られた場合においては，市町村長又は当該措置に係る養介護施設の長は，養護者による高齢者
　　虐待の防止及び当該高齢者の保護の観点から，当該養護者による高齢者虐待を行った養護者について当
　　該高齢者との面会を制限することができる。

　一方，「養介護施設従事者等による高齢者虐待の防止等」は同法第3章に規定されている。
通報は，速やかに市町村に（21条），次いで都道府県への報告（22条）もなされねばならな
い。その後，市町村による老人福祉法（1963（昭和38）年法律133号）および介護保険法の
規定の権限を適切に行使して事実確認が行われる（24条）。都道府県も，監督権限の適切な行
使をもって対処し，毎年度，必要な情報公開をすることになっている（25条）。

高齢者虐待防止法
第24条　市町村が第21条第1項から第3項までの規定による通報若しくは同条第4項の規定による届出
　　を受け，又は都道府県が第22条第1項の規定による報告を受けたときは，市町村長又は都道府県知事
　　は，養介護施設の業務又は養介護事業の適正な運営を確保することにより，当該通報又は届出に係る高
　　齢者に対する養介護施設従事者等による高齢者虐待の防止及び当該高齢者の保護を図るため，老人福祉
　　法又は介護保険法の規定による権限を適切に行使するものとする。
第25条　都道府県知事は，毎年度，養介護施設従事者等による高齢者虐待の状況，養介護施設従事者等
　　による高齢者虐待があった場合にとった措置その他厚生労働省令で定める事項を公表するものとする。

　訴訟として散見されるのは，養護者による市町村がとった虐待防止施策に係る事例である。

【事例2】 高齢者虐待防止法に基づく処分取消請求事件（甲事件），国家賠償請求事件（乙事件）

　原告Xは，実母であるAと同居し，Aを養護する養護者である。Xは，被告Y1（Y町）
職員らがX宅の敷地に立ち入った行為（以下「本件立入行為」という。）について，高齢者虐
待防止法11条による立入調査がなされたと主張し，さらにY2町長がAに対して行った高齢
者虐待防止法9条2項による保護の措置（以下「本件保護」という。）および13条に基づく面
会制限（以下「本件面会制限」という。）について，これらの行政処分がいずれも事実誤認に
よる違法な処分であるとして，上記各処分の取消しを求めた（甲事件）。

　さらに，これらの違法な処分により精神的苦痛を受けたとして，Y1に対し，国家賠償法1
条1項に基づき120万円の損害賠償（慰謝料100万円と弁護士費用20万円）の支払いを求め
た（乙事件）。

　裁判所は，本件立入行為につき，高齢者虐待防止法11条1項の「立入調査」に当たらず取消しの対象となる行為が存在しない，また，本件立入行為は事実行為としての調査であって，行政事件訴訟法3条2項の「処分」に該当しないとの理由により，また，本件保護につき，Xはその取消しを求める原告適格を欠くとの理由により，甲事件のうち本件立入行為および本件保護の各処分の取消しを求める訴えを却下し，本件面会制限の処分は適法であるとして，その取消請求を棄却するとともに，乙事件に係る国家賠償請求も棄却した。

> 行政事件訴訟法
> 第3条　2　この法律において「処分の取消しの訴え」とは，行政庁の処分その他公権力の行使に当たる行為（次項に規定する裁決，決定その他の行為を除く。以下単に「処分」という。）の取消しを求める訴訟をいう。

　【事例2】は，宮崎地判平成26年12月3日・LEX/DB文献番号25540937である。もう少し詳しく見てみよう。

　Xの実母Aは，平成20年頃に，脳内出血のため入院した。平成21年頃から，認知症によりX宅（自宅）周辺を徘徊して警察に保護されることもあった。Aは，脳内出血で倒れた後，認知症が進み，認知症の「行動・心理症状」いわゆるBPSD（Behavioral and Psychological Symptoms of Dementia）のいくつかの症状を呈しており，Xはかなりの介護疲れの状態であったと推測される。

　具体的なAの行動としては，火の付いたマッチが畳に落ちても気付かなかった，ガスコンロで湯を沸かしたまま空焚きになる等のことがあった。そのため，Xは，マッチを家の中に置かないようにし，ガスボンベの栓を閉める等して，Aが火を使わないようにしていたが，さらに，AがX不在の間に火を使うことを心配して，自らが外出する際にはAを自宅の外に出し，自宅に鍵をかけ，Aをそこに置いたまま外出するようになった。また，Aは，夜中に大きな声を出すこともあり，Xがなだめても興奮が収まらないことから，Xは，Aを静かにさせるため，Aを自宅の外に出すこともあった。さらに，Aは，日常生活において，Xを責めることもしばしばあった。AとXが喧嘩をし，近隣の住民から，Aが「殺される，叩かれる。」などと大声で叫んでいた旨の通報が警察にされたこともあった。

　甲事件は，取消請求の訴訟要件の有無が論点になる。

(1)　本件立入行為が高齢者虐待防止法11条にいう「立入調査」に当たるか，当たるとすれば，本件立入行為は処分性を有するか。

　　「法11条1項に基づく調査・質問は，法に基づく各種措置を迅速・円滑に行うことを可能にするために，対象者から情報を収集する目的で行われる行政調査の一種と解される」「Y1は…Aに関する情報を収集し，法に基づき，Aを分離・保護するとの方針に基づいてX宅を訪問し，本件立入行為に及んでいて，これ以上Aから情報を収集する目的で本件立入行為に及んだわけではない。」「本件立入行為は，（高齢者虐待防止）法11条1項に

いう『立入調査』に当たるとはいえず，Xによる本件立入行為の取消しを求める訴えは，取消しの対象となる行為がそもそも存在しない。」「法11条に基づく立入調査は，事実行為としての調査にとどまり，何ら国民の権利義務の形成やその範囲の確定を内容とするものではない。」

(2) 本件保護について原告がその取消しを求める原告適格を有するか。

「本件保護はあくまで『高齢者』を名宛人とするものであり，その目的も高齢者の生命，身体の安全等の権利利益の保護にあるから，本件保護によって養護者が何らかの不利益を受けることがあったとしても，その不利益はあくまで事実上の反射的，付随的なものにすぎないと考えるべきである。」

(3) 本件面会制限は処分性を有するか。また，本件面会制限について原告がその取消しを求める原告適格を有するか。

「法13条に基づいて市町村長等により面会制限が行われると，高齢者を虐待した養護者は，当該高齢者との面会ができなくなるから，面会制限が高齢者を名宛人とするものであったとしても，養護者に一定の法律上の制限をもたらすことになる。」「したがって，本件面会制限は，行政庁が直接に国民の権利を制限する行為として，行政事件訴訟法3条2項にいう『処分』に当たるというべきであ」り，「かつXはその取消しを求めるにつき法律上の利益を有するから，Xによる本件面会制限の取消しを求める訴えは適法である。」

乙事件は，行政事件訴訟法16条の関連請求であり，国家賠償請求について検討した。具体的には，本件立入行為，本件保護および本件面会制限の適法性が問題となる。裁判所は，Xの行為は，その態様や行われた際の状況，Aの年齢等に照らして，高齢者虐待防止法2条4項1号イの「高齢者の身体に外傷が生じ，又は生じるおそれのある暴行」，同号ロの「高齢者を衰弱させるような…長時間の放置」，同号ハの「高齢者に対する著しい暴言」に該当するものと評価せざるを得ない。」

裁判所は，「本件面会制限は適法であり，原告による本件面会制限の取消請求には理由がない。」と判断し，Xは，Y1に対し，国家賠償法1条1項に基づく損害賠償を請求することはできないと判示した。

Y2は，立入調査等を行うという事前通知をXにしながら，Y1らは，訴訟では当該立入行為は立入調査ではないと主張した。よって，改めて，立入調査の法的性質が問われるといえる。

【事例2】の控訴審（福岡高判平成27年6月17日・LEX/DB文献番号25540938）では，Xが，Y1らがAに対して行った保護措置につき，同措置の実施期間を変更し，高齢者虐待対応の終結決定までとした行政処分を取り消す請求も加えた。しかし，控訴審は，「保護の措置は，その趣旨からすれば，保護の必要性がある限り継続すべきものであり，本件においては，本件保護の必要性が失われたことの立証はないから，Xの主張は採用できない」と判示した。

コラム3 後期高齢者（原則75歳以上）の医療制度

　高齢者の医療に関しては「高齢者の医療の確保に関する法律（高齢者医療確保法，1982（昭和57）年法律80号）が規定されている。2008（平成20）年4月1日から，従来の老人保健制度が「後期高齢者医療制度」に変わり，同法の第4章には後期高齢者医療制度について明記されることとなった。

　この制度では，財政基盤の安定化を図るため，後期高齢者医療制度の運営を，都道府県ごとにすべての市町村が加入する後期高齢者医療広域連合が行うことが同法48条に規定された。

　広域連合は，長の公選制も議会もなく，民主的統制の働きづらい仕組みである。とりわけ条例制定のプロセスには疑問も多い。そのため，できるだけパブリックコメント（意見公募）の仕組みを，広域連合も市民も活用していくことが求められる。

コラム4 JR東海認知症事件最高裁判決について

　高齢者は，ドライバーとして交通事故を起こしても，交通事故の被害者になっても，とかく「高齢者は…」という論調で議論される。なかでも，認知症の高齢者が徘徊中に踏切事故を起こしてしまい，遺族には莫大な賠償金が残されることが一つの問題となっている。

　第三小判平成28年3月1日・判時2299号32頁は，認知症にり患したA（当時91歳）が原告であるJR東海の駅構内の線路に立ち入り，原告の運行する列車に衝突して死亡した事故に関し，原告が損害賠償を求めた上告審である。第1審では，Aの妻である第1審被告Y1（当時85歳）およびAの長男であるY2に対し，本件事故により列車に遅れが生ずるなどして損害を被ったと主張して，民法709条または民法714条に基づき，損害賠償責任を負うと判断したため，第1審被告らが控訴した。控訴審では，被告Y1のみに損害賠償責任を負うと判断された。そのため，被告および原告の双方が上告したところ，最高裁は，被告Y1およびY2は，民法714条1項に基づく「責任無能力者を監督する法定の義務を負う者」に当たる精神障害者であるAの法定の監督義務者に準ずべき者ということはできないとし，損害賠償責任を否定した。

　本件ではこうした判決が下されたが，依然として，認知症の高齢者の徘徊による踏切事故の損害賠償リスクが，家族には重くのしかかっている。こうしたリスクが高い自治体である神奈川県大和市では，全国で初めて，自治体が「個人賠償責任保険」契約を負担するという取り組みが2017（平成29）年から始まった。

民法
第714条　前二条の規定により責任無能力者がその責任を負わない場合において，その責任無能力者を監督する法定の義務を負う者は，その責任無能力者が第三者に加えた損害を賠償する責任を負う。ただし，監督義務者がその義務を怠らなかったとき，又はその義務を怠らなくても損害が生ずべきであったときは，この限りでない。

第3章

社会保障行政—健康保険，生活保護

はじめに

　生活保護制度は，憲法25条の「生存権」の理念に基づき，生活保護法（1950（昭和25）年法律144号）によって，憲法が保障する「健康で文化的な最低限度の生活」を権利として具体化したものである。国が生活に困窮するすべての国民に対し，その困窮の程度に応じ必要な保護を行い，最低限の生活を保障するとともに，その自立を助長することを目的とした制度である。そのため，その受給は，恥ずかしいことや隠さなければいけないことではない。資産や能力を活用しても，生活を維持できないとき，権利行使として生活保護制度を利用できる。

　憲法25条1項の「健康で文化的な最低限度の生活を営む権利」の法的性質については，憲法制定当初から議論があった。辻村みよ子（『憲法　第6版』日本評論社）によれば，25条は，国民の生存を確保すべき政治的・道義的義務を国に課したにとどまり個々の国民に対して法的権利を保障したものではないという「プログラム規定説」，生存権を法的権利と解しつつ，これを具体化する法律によってはじめて具体的な権利となる，と考える「抽象的権利説」があった。そして，生存権の具体的権利性が論じられるようになってからは，何らかの法的権利（国の法的義務）を認めようとする「具体的権利説」が出現したと整理される。

　朝日訴訟上告審判決（最大判昭和42年5月24日・判時481号9頁）によれば，「なお，念のために，本件生活扶助基準の適否に関する当裁判所の意見を付加する。」として，傍論ながら，「憲法25条1項は，『すべて国民は，健康で文化的な最低限度の生活を営む権利を有する。』と規定している。この規定は，すべての国民が健康で文化的な最低限度の生活を営み得るように国政を運営すべきことを国の責務として宣言したにとどまり，直接個々の国民に対して具体的権利を賦与したものではない。」と判示した。そのため，判例は①プログラム規定説をとっていると解される。

　また，堀木訴訟上告審判決（最大判昭和57年7月7日・判時1051号29頁）では，「25条1項の権利の内容は国会の裁量で決まる（ただし，立法府の裁量は憲法の規定によって制約され，そして立法府の裁量は合理的なものでなければならず，合理的裁量の範囲を超えると違憲問題を生ずる）」とする④立法裁量論が出てきた。

健康保険について

【事例1】

　次のような相談には，どのように回答すべきだろうか。

　「現在19歳の学生（大学2年生）です。今までは父親の扶養に入っており，父の会社の健康保険に加入していました。しかし，新年度から保険を自分で払わなくてはならなくなりました。前年度の収入は100万円程度で，103万円すら届いていない状況ですが，父の会社の保険だと18歳を超えていて年収入60万程度で扶養の対象外になってしまうと，先日，母から伝えられたのです。どのような手続きをすればよいでしょうか。」

　日本の健康保険制度は，「国民皆保険制度」というものである。貧富の差がなく，全国民が等しく医療を受けることができる。この制度を保障しているのが健康保険法，および国民健康保険法（1958（昭和33）年法律192号）であり，確立したのが1961年の国民健康保険法の改正時とされている。

　医療保険には，①被用者保険（職域保険）の政府管掌健康保険（主に中小企業），組合管掌健康保険（主に大企業），船員保険，国家公務員共済組合，地方公務員共済組合，私立学校職員共済組合，②地域保険といわれ被用者保険の被保険者以外が加入する国民健康保険がある。その他，前述コラム3（20頁）の年齢要件から被保険者を決定する後期高齢者医療制度（高齢者医療確保法）もある。

> 高齢者医療確保法
> 第50条　次の各号のいずれかに該当する者は，後期高齢者医療広域連合が行う後期高齢者医療の被保険者とする。
> 　一　後期高齢者医療広域連合の区域内に住所を有する75歳以上の者
> 　二　後期高齢者医療広域連合の区域内に住所を有する65歳以上75歳未満の者であつて，厚生労働省令で定めるところにより，政令で定める程度の障害の状態にある旨の当該後期高齢者医療広域連合の認定を受けたもの

　日本国内に住む20歳以上の人は，公的年金制度に加入することが義務付けられている。一方，年齢を問わず，民間企業や団体などに雇用されて働くサラリーマン等は，「厚生年金保険（第3章を参照のこと）」と「健康保険（前述の①被用者保険）」に加入することが義務付けられており，これらを「社会保険」という。

　2016年9月末までは，一般的に週30時間以上働く人が社会保険の加入対象とされており，パートやアルバイトなどの短時間労働者は，労働時間の要件を満たさなければ社会保険の加入対象にはなっていなかった。その後，2016年10月1日からは，社会保険の適用が拡大され，

「①従業員が 501 人以上の会社で，②週 20 時間以上働く人，③雇用期間が 1 年以上見込まれ，④賃金の月額が 88,000 円以上である人」まで加入対象が広がった。

生徒または学生は，この適用拡大においても，社会保険の適用対象外となっている。ただし，卒業見込証明書を有する人で卒業前に就職し，卒業後も引き続き同じ事業所に勤務する予定の人や，休学中の人，大学の夜間学部や高校の夜間等の定時制の課程の人等は加入対象となるため，留意が必要である。このように社会保険の適用が拡大されることで，より多くの人が，より手厚い保障を受けられるようになった。

よって，【事例1】には，「父親の勤務先の健康保険組合等から保険の資格喪失の書類をもらい，それを持って住んでいる管轄の協会けんぽ窓口へ行って，国民健康保険への加入手続をとる」という回答が一般的であろう。その他，諸事象を踏まえ（年収や家庭の状況，大学によっては独自の健康保険組合制度を有するところもある。），検討してもらいたいと申し添える。

【事例２】　健康保険組合被扶養者の地位保全仮処分命令申立事件

健康保険組合（Y 組合）の組合員である X が，X の母（A）について健康保険被扶養者（異動）届を提出し，A について被扶養者認定するよう申請したところ，Y 組合が A を被扶養者と認定できない旨を通知した。

そこで，X は，A について X の健康保険組合契約上の被扶養者としての権利を有することを仮に定める旨の民事上の仮処分を申し立てた事例である。

【事例２】は，東京地判平成 25 年 6 月 25 日・賃金と社会保障 1638 号 43 頁および東京高判平成 25 年 8 月 15 日・賃金と社会保障 1638 号 48 頁である。裁判所は，被扶養者の認定は公権力の行使に当たる行為であるから，本件申立ては行政事件訴訟法 44 条に反し不適法であるとして，本件申立てを却下した。もう少し詳しく見てみよう。

健康保険法（1922（大正 11）年法律 70 号）および健康保険法施行規則における被保険者および被扶養者を移管する規定は，以下のとおりである。

健康保険法

第1条　この法律は，労働者又はその被扶養者の業務災害（略）以外の疾病，負傷若しくは死亡又は出産に関して保険給付を行い，もって国民の生活の安定と福祉の向上に寄与することを目的とする。

第3条　この法律において「被保険者」とは，適用事業所に使用される者及び任意継続被保険者をいう。ただし，次の各号のいずれかに該当する者は，日雇特例被保険者となる場合を除き，被保険者となることができない。（以下略）

7　この法律において「被扶養者」とは，次に掲げる者をいう。ただし，後期高齢者医療の被保険者等である者は，この限りでない。

一　被保険者（略）の直系尊属，配偶者（略），子，孫及び兄弟姉妹であって，主としてその被保険者により生計を維持するもの（以下略）

健康保険法施行規則（1926（大正 15）年内務省令第 36 号）

第 38 条　被保険者は，被扶養者を有するとき，又は被扶養者を有するに至ったときは，五日以内に，次
　　に掲げる事項を記載した被扶養者届を事業主を経由して厚生労働大臣又は健康保険組合に提出しなけれ
　　ばならない。
　　一　被扶養者の職業，収入，住所，氏名，性別，生年月日，個人番号（個人番号を有する者に限る。）
　　　　及び被保険者との続柄
　　二　被扶養者が被保険者の直系尊属，配偶者，子，孫及び弟妹以外の者であるときは，同一の世帯に属
　　　　した年月日及び扶養するに至った理由
　2　前項に掲げる事項に変更があったときは，その都度，事業主を経由して厚生労働大臣又は健康保険組
　　合に届け出なければならない。

　被保険者の資格，標準報酬または保険給付に関する処分に不服がある場合の対応は健康保険
法の以下の条文に則る。審査請求前置が規定されている。

健康保険法

第 189 条　被保険者の資格，標準報酬又は保険給付に関する処分に不服がある者は，社会保険審査官に対
　　して審査請求をし，その決定に不服がある者は，社会保険審査会に対して再審査請求をすることができ
　　る。
　2　審査請求をした日から二月以内に決定がないときは，審査請求人は，社会保険審査官が審査請求を棄
　　却したものとみなすことができる。
　3　第一項の審査請求及び再審査請求は，時効の中断に関しては，裁判上の請求とみなす。
　4　被保険者の資格又は標準報酬に関する処分が確定したときは，その処分についての不服を当該処分に
　　基づく保険給付に関する処分についての不服の理由とすることができない。
第 192 条　第 189 条第 1 項に規定する処分の取消しの訴えは，当該処分についての審査請求に対する社会
　　保険審査官の決定を経た後でなければ，提起することができない。

　【事例 2】では，第一審および控訴審ともに，X と Y 組合の関係は，X が Y 組合の組合員
である事業所の従業員となったことによって発生するものであり，その資格消滅事由も法律で
定められていること，事業者は，健康保険法に基づいて債権者に支給すべき給与から保険料を
徴収することができるとされていることなどからすると，保険者である X と，被保険者であ
る Y 組合との関係を，いわゆる私法上の権利関係であると認めることはできないと判断して
いる。つまり，被扶養者の認定は，公権力の行使に当たる行為であると認めるのが相当である
のであるから，本件申立ては，行政事件訴訟法 44 条に反し，不適法となると判断された。

行政事件訴訟法

第 44 条　行政庁の処分その他公権力の行使に当たる行為については，民事保全法（略）に規定する仮処
　　分をすることができない。

【事例３】　国民健康保険被保険者証不交付処分取消請求事件

　他人名義の旅券を用いて我が国に不法に入国し在留資格を有しない外国人Ｘは，Ｙ特別区に対して，国民健康保険被保険者証の交付申請を行った。それに対し，Ｙ特別区は，同人は国民健康保険法５条が被保険者資格取得の要件として定める同区の区域内に住所を有する者に当たらないとして不交付処分をした。

　【事例３】（東京地判平成７年９月27日・判時1562号41頁）について，裁判所は，以下のように判断した。Ｙ特別区は，同条にいう「住所」は，民法（明治29（1896）年法律89号）22条にいう人の生活の本拠，すなわち，その者の生活全般の活動の中心となる本拠を意味すると解される。外国人が我が国で社会生活を営み活動するためには，我が国に適法に入国したものであることを要し，また，国民健康保険制度の持つ相互扶助および社会連帯の精神からしても，国民健康保険法上，同制度に強制加入させる対象者となる被保険者は，我が国の社会の構成員として社会生活を始めることができる者であることが前提とされている。ゆえに，不法に入国した外国人を保険に強制加入させることは予定されていないと解されるから，外国人が同法５条にいう「住所」を有するといえるためには，少なくともその者が適法に我が国に入国し在留し得る地位を有していることが必要である。それゆえ，Ｘは，特別区の区域内に事実上継続的に居住する場所を有していたとしても，同条にいう同区域内に住所を有する者に当たらないとして，Ｙ特別区による不交付処分を適法と判断した。

> 民法
> 第22条　各人の生活の本拠をその者の住所とする。
>
> 国民健康保険法
> 第5条　市町村又は特別区（以下単に「市町村」という。）の区域内に住所を有する者は，当該市町村が
> 　行う国民健康保険の被保険者とする。

　米国にも，わが国同様にかなりの数の不法滞在者が存在する。しかし，米国では，真逆ともいえる判決が下された。この不法滞在者とその子どもへの医療や教育が州によって提供されていたが，1975年，テキサス州はその教育法を改正して，不法入国者の子どものための教育費支出を廃止し，また，地方教育区にその子どもの登録拒否の権限を与えたため，多くの訴訟が起きた。これに対して，連邦最高裁（Plyler v. Doe, 457 U.S. 202（1982））は，不登録外国人はその移民の地位ゆえに「『テキサス州の管轄区域内』の人」ではないというテキサス州の主張を退けた。連邦最高裁は，不登録外国人はまさしく「人」であり，その居留が不法であっても憲法修正５条および修正14条の適正手続きが保障される「人」であると明確に示した。そのうえで，入国が違法であることをもって，「居住」という単純な事実を否定することはできないと判示した（高藤昭　特別研究　季刊労働法180号117頁）。

生活保護について

【事例1】

　Xは，事故によって右下肢機能障害を負い，生活保護を受給していた。その後，事故の加害者らがXに対し合計して約5千万円の支払義務を認める等の裁判上の和解（以下「本件和解」という。）が成立し，損害賠償の範囲等が確定した。そこで，A市Y福祉事務所長（以下「処分庁」という。）は，既に給付した生活保護について，Xは資力があるにもかかわらず保護を受けたものであるとして，生活保護法63条に基づいて返還決定をした。

　Xは，生活保護を受けた時点では資力がなかったと主張したいと考えている。Xが行うべき生活保護争訟とはどのようなものか。

　生活保護とは，生活保護法1条の目的に基づき，給付，提供および貸与等するものの総称であり，その項目は同法11条1項に規定される。

> 生活保護法
> 第1条　この法律は，日本国憲法第25条に規定する理念に基き，国が生活に困窮するすべての国民に対し，その困窮の程度に応じ，必要な保護を行い，その最低限度の生活を保障するとともに，その自立を助長することを目的とする。
> 第11条　保護の種類は，次のとおりとする。
> 　一　生活扶助
> 　二　教育扶助
> 　三　住宅扶助
> 　四　医療扶助
> 　五　介護扶助
> 　六　出産扶助
> 　七　生業扶助
> 　八　葬祭扶助
> 2　前項各号の扶助は，要保護者の必要に応じ，単給又は併給として行われる。

　【事例1】では，同法63条に基づき，Xに返還請求がなされた。同法69条に審査請求前置が明記されている。よって，Xは，審査請求を経た後に返還決定の取消訴訟等を提訴することが可能である。

> 生活保護法
> 第63条　被保護者が，急迫の場合等において資力があるにもかかわらず，保護を受けたときは，保護に要する費用を支弁した都道府県又は市町村に対して，すみやかに，その受けた保護金品に相当する金額の範囲内において保護の実施機関の定める額を返還しなければならない。

> 第69条　この法律の規定に基づき保護の実施機関又は支給機関がした処分の取消しの訴えは，当該処分についての審査請求に対する裁決を経た後でなければ，提起することができない。

【事例2】　生活保護国籍要件事件（大分県）

　永住者の在留資格を有する外国人であるＸが，夫とともに駐車場や建物の賃料収入等で生活を送っていたところ，Ｘ宅に引っ越してきた義弟から暴言を吐かれる，預金通帳等を取り上げられる等の虐待を受け，生活に困窮したことから，生活保護を申請したが，却下処分を受けた。そこで，Ｙ市に対し，主位的にその取消しと保護開始の義務付けを求め，予備的に保護の給付と保護を受ける地位の確認を求めた。

　第一審（大分地判平成22年10月18日・判自386号83頁）は，生活保護法の適用対象を日本国籍を有する者に限り，永住資格を有する外国人を保護の対象に含めなかった生活保護法の規定が憲法25条および14条1項に反するとはいえないとして，Ｘの訴えを一部却下し，請求を一部棄却した。

　控訴審（福岡高判平成23年11月15日・判自386号88頁）は，一定範囲の外国人も生活保護法の準用による法的保護の対象になるものと解するのが相当であって，永住的外国人であるＸがその対象となることは明らかであるとした。その上で，本件認定事実によれば，申請当時，Ｘには生活保護法4条3項所定の急迫した事由が存在したことが認められ，これに基づいて生活保護を開始すべきであったものとし，生活保護法による保護申請却下処分を取り消した。

　上告審（最二小判平成26年7月18日・判自386号78頁）は，生活保護法の適用の対象につき定めた生活保護法1条および2条にいう「国民」とは，日本国民を意味するものであって，外国人はこれに含まれないと解されることなどからすると，外国人は，行政庁の通達等に基づく行政措置により事実上の保護の対象となり得るにとどまり，生活保護法に基づく保護の対象となるものではなく，同法に基づく受給権を有しないものというべきであるとした。よって，当該却下処分は，生活保護法に基づく受給権を有しない者による申請を却下するものであり適法であるとして，原判決中Ｙ敗訴部分を破棄し，Ｙ敗訴部分につき，Ｘの控訴を棄却した。

　控訴審は，Ｘに生活保護法4条3項の「急迫した事由」があると認定した。また，上告審は，外国人は生活保護法に基づく保護の対象とならない，と判示した。すなわち生活保護法1条および2条にいう「国民」とは日本国民を意味するものであって，外国人はこれに含まれない。よって，外国人は，行政庁の通達等に基づく行政措置により事実上の保護の対象となり得るにとどまり，同法に基づく保護の対象となるものではなく，同法に基づく受給権を有しない

と判断したのである。同法2条の「国民」について確認してみよう。

> 生活保護法
> 第2条　すべて国民は，この法律の定める要件を満たす限り，この法律による保護（以下「保護」という。）を，無差別平等に受けることができる。
> 第4条　保護は，生活に困窮する者が，その利用し得る資産，能力その他あらゆるものを，その最低限度の生活の維持のために活用することを要件として行われる。
> 2　民法（明治29年法律第89号）に定める扶養義務者の扶養及び他の法律に定める扶助は，すべてこの法律による保護に優先して行われるものとする。
> 3　前2項の規定は，急迫した事由がある場合に，必要な保護を行うことを妨げるものではない。

　なお，【事例2】は，審査請求前置の要件を満たさない部分もある。つまり，審査請求を事前に行ったとはみなされていない部分も含みつつ提訴された案件である。そのため，審査請求を経なければ提訴できない部分については，裁判所は，「不服申立てがされておらず，当審の審理の対象とされていない」等として判断の対象から除外している。

【事例3】　居住用不動産買換え・保護停止事件

　生活保護法による保護を受けていたXが，保有が認められていた住宅用不動産を買い換えたことが，生活保護法27条に基づく指導または指示に従う義務に違反するとして，処分行政庁（Y）から上記保護を停止する処分を受けた。そこで，Xはその取消しを求め提訴した。

> 生活保護法
> 第27条　保護の実施機関は，被保護者に対して，生活の維持，向上その他保護の目的達成に必要な指導又は指示をすることができる。
> 2　前項の指導又は指示は，被保護者の自由を尊重し，必要の最少限度に止めなければならない。
> 3　第一項の規定は，被保護者の意に反して，指導又は指示を強制し得るものと解釈してはならない。

　第一審（さいたま地判平成27年10月28日・判時2304号31頁）では，上記指導または指示は，必要最少限度を超えてXの自由を過度に制限するか，処分行政庁の裁量権を逸脱，濫用してなされたものである等として，上記停止処分の違法を理由にその取消しを求めた。Xの行った買換えについて，購入したマンションの売却を内容とする本件指導は，原告に対する保護の目的の達成のための必要最少限度のものではないか，またはその判断の過程および手続きにおいて，Xもしくはその世帯の特殊事情や買換えと生活保護の申請の経緯等に対する十分な考慮を欠き，社会通念に照らして妥当性を欠いたものと認められることから違法というべきであり，また，停止処分も違法であるとして，原告の請求を認容した。

　控訴審（東京高判平成28年3月16日・賃金と社会保障1662号62頁）では，保有が認められていた居住用不動産について買換えがなされた場合であっても，買換えがやむを得ない事由に基づくものであり，買換えにより取得された居住用不動産が従前と同様に最低限度の生活維

持のために活用され，かつ，これを処分するよりも保有している方が生活維持および自立の助長に実効があがると評価される場合には，当該買換えに基づく居住不動産の取得は，補足性の原則に反するものではなく，買換え前の居住用不動産の売却代金を買換え後の居住用不動産の取得代金に充てることをもって生活保護法4条1項にいう資産の「活用」として認めることができると解するのが相当であるとして，Yの処分を違法とした原判決を相当とした。

　生活保護法4条1項は，保護は，「生活に困窮する者が，その利用し得る資産，能力その他あらゆるものを，その最低限度の生活の維持のために活用することを要件として行われる」と規定する。

　【事例3】のXは，転居したため，居住用の不動産を買い換えた。Yは，「居住用不動産の買換えは，生活保護法4条1項に定める補足性の原則に反する行為」であると主張した。

　Yの主張は以下のようなものである。「同法4条1項にいう資産の『活用』とは，換価して生活費に充てるか，保有したまま生活に利用するかのいずれかであって，価値として保有することはこれに該当しない。利用の目的で保有が認められた資産を，交換価値として利用することを許容することは，実質的に価値の保有を認めることにほかならないから，同法4条1項が定める補足性の原則に反し，許されない。」「居住用不動産の買換えをし，売却代金を生活費に充てることなく，新たな居住用不動産の購入費に充てたことにより生活が困窮したというのであれば，これは，生活保護問答集問3−1の適用の一場面であって，補足性の原則に反する行為として，当該不動産を売却するよう指導する必要が生じる。」

　生活保護問答集とは，厚生労働省が作成している自治体職員用の手引書「生活保護手帳（別冊問答集）」のことである。例として，生活保護受給者に冷蔵庫などの生活用品の購入費を支給するかどうかの判断が各自治体で分かれているため（冷蔵庫などについては「必需品」にあたるかどうかの判断が自治体によってまちまちだったため），テレビ，冷蔵庫，電子レンジ，洗濯機，エアコンは「経常的生活費の範囲で計画的に購入すべきで，購入費支給は適当でない」との回答例を示したこともあった。

　これによれば，処分価値が利用価値に比して著しく大きいと認められるものは保有が認められない。つまり，資産としては保有できないが，当該世帯の居住に用いる家屋としてなら保有できる（ただし部屋数に余裕があれば，間貸しにより活用させねばならない）ことが示されている。

　生活保護受給者がマンションを買い換えるという事態は想像しづらいかもしれないが，都会であればあるほど，賃料は高く，安価な中古マンションを購入した方が中長期的には住居費を低く抑えられるような物件も少なくはない。【事例3】は，Xの個人的事情に加え，そうした物件から物件への「買換え」の事例であったため，裁判所はXの主張を認めたのである。

コラム5　在日韓国人の国民年金誤用訴訟

　Xは在日韓国人である。日本国民であることが被保険者の資格要件とされていた国民年金法旧規定（1981（昭和56）年法律第86号による改正前）下で，Xは勧誘の際，韓国籍であることを告げて国民年金に加入手続をしており，将来老齢年金の支給があると期待・信頼して，10年余にわたって保険料を納付した。しかし，Xの国民年金（老齢年金）受給請求に対し，社会保険庁長官は支給裁定請求を却下したため，Xが提訴した。

　第一審（東京地判昭和57年9月22日・判時1055号7頁）は，社会保険庁長官のした裁定却下処分に違法はないとした。しかし，控訴審（東京高判昭和58年10月20日・判時1092号31頁）は，信義衡平の原則に照らし，老齢年金裁定請求を却下した処分を違法とした。

　控訴審においても，外国人は被保険者資格を取得することができるか，ということが争われた。その点に関しては，国民年金の被保険者資格を取得し，保有し得る者を日本国籍を有する者に限っている当時の国民年金法の各規定は，憲法14条，25条に違反しないと判示された。

　その上で，Xの妻が，勧奨員に対して，Xが韓国籍であるからと話して一旦断わったところ，同勧奨員から「韓国の人でも国へ帰らなければ，入っていると得ですよ。」と言われたため，国民年金加入に応じたという事実がクローズアップされた。すなわち，Xが手続をしたことについて責めるべき事情がないこと，Xは国民年金被保険者の義務たる保険料の支払をすべて終了していること等に注目し，裁判所は，「信頼関係が生じた当事者間において，その信頼関係を覆すことが許されるかどうかは，事柄の公益的性格に考慮をも含めた信義衡平の原則によつて規律されるべきものであり，特に，拠出制の国民年金制度においては，被保険者の保険料負担と老齢年金等の給付はある程度対価的関係にあるから，この点からも，控訴人の右信頼は法的保護を要請されるものである。なお，控訴人が支払つた保険料の全額が控訴人に返戻されただけでは，控訴人の右信頼を擁護したことにならないことはいうまでもない。」と判示した。

コラム6　社会保険の年齢要件

　「国民皆保険制度」という文脈で，日本国民は20歳以上であれば，年金制度と健康保険に加入することが義務付けられているように記されているものがある。しかし，正確ではない。

　法律では，年金制度への加入は国民年金法7条1項により義務付けられており，よって，「学生納付特例制度」も措置されている。しかし，健康保険には20歳からという要件はなく，あくまでもその人の年収や働き方等で規定されている。

> 国民年金法
> 第7条　次の各号のいずれかに該当する者は，国民年金の被保険者とする。
> 　一　日本国内に住所を有する20歳以上60歳未満の者であつて次号及び第3号のいずれにも該当しないもの（（略）以下「第1号被保険者」という。）

第4章

公衆衛生行政─保健医療・公衆衛生

はじめに

　憲法 17 条は国家賠償請求権を規定する。これをうけて，国家賠償法（1947（昭和 22）年法律第 125 号）が，公務員の故意・過失に基づく違法な損害（国家賠償法 1 条）と，営造物の設置・管理の瑕疵（同法 2 条）による場合について損害賠償を定めた。しかし，同法 1 条は「その職務を行うについて，故意又は過失によつて違法に他人に損害を加えたとき」という要件を定めているため，実際にはその立証が困難となりうる。

　こうした国家賠償のあり方に関連して問題となるのが「予防接種禍（副反応）」の補償である。接種した医師に過失がありそれを被害者が立証できれば，国家賠償の対象となる。しかし，予防接種というものの性質上，どれだけ注意を払おうとも，一定の割合で副反応が伴うとすれば，それはもはや「故意・過失」を問えず，国家賠償の対象とは言えないのではないか，むしろ日本国憲法 29 条 3 項の損失補償の類推適用によって救済されるべきではないのか，という議論もある。このように損失補償の類推適用を認めるものに，東京地判昭和 59 年 5 月 18 日・判時 1118 号 28 頁，および大阪地判昭和 62 年 9 月 30 日・判時 1255 号 45 頁がある。

　他方，憲法 29 条 3 項の損害は，「財産権」を用いる場合のみであるから，副反応のように生命・健康を損ねる被害を被った者には適用されないとの考え方もある。

　こうした議論の背景には，国が予防接種法（1948（昭和 23）年法律 68 号）などを制定し，感染症対策という「公益」のために，予防接種を強制または勧奨したことがある。

日本国憲法
第 17 条　何人も，公務員の不法行為により，損害を受けたときは，法律の定めるところにより，国又は公共団体に，その賠償を求めることができる。
第 29 条　3　私有財産は，正当な補償の下に，これを公共のために用ひることができる。

国家賠償法
第 1 条　国又は公共団体の公権力の行使に当る公務員が，その職務を行うについて，故意又は過失によつて違法に他人に損害を加えたときは，国又は公共団体が，これを賠償する責に任ずる。

新型コロナウイルス感染症（COVID-19）対応について

　2020（令和2）年1月，世界保健機関（WHO）は，中国武漢市における肺炎の集団発生が，新型コロナウイルスによる感染症であることを発表した。世界保健機関（WHO）は翌月，中国を中心に流行している新型コロナウイルスによる病気の正式名称を「COVID-19」に決定したと発表した。

　この新型コロナウイルス感染症への対応は，主に感染症法（感染症の予防及び感染症の患者に対する医療に関する法律，1998（平成10年）法律114号）と新型インフルエンザ等対策特別措置法（いわゆる「新型コロナ特措法」，2012（平成24）年法律31号）が大きく関わる。

　これらの二法は，新型コロナウイルス感染症へのより適切な対応のため，2021（令和3）年2月3日に改正され，10日後の2月13日から施行された。以下で，これら二法について見てみよう。

　感染症法は，具体的に感染症の患者が発生した場合の対応と医療について定める法律である。同法では，感染症法6条において，一類感染症，二類感染症，新型インフルエンザ，指定感染症等に分類定義しており，その分類に従って適用される条文が異なる。

　令和3年改正前の感染症法では，新型コロナウイルス感染症については，法律に直接の定めはなく，感染症法上の指定感染症（感染症法6条8項）として政令により指定されていた（いわゆる「新型コロナ政令」。）しかし，改正感染症法では，新型コロナウイルス感染症（同法6条7項3号）および再興型コロナウイルス感染症（同法6条7項4号）が新型インフルエンザ等感染症の一類型として新たに加えられたことで，感染症法が恒久的に適用されることとなった。同法改正とともに，新型コロナ政令は廃止された。

> 改正感染症法
> 第1条　この法律は，感染症の予防及び感染症の患者に対する医療に関し必要な措置を定めることにより，感染症の発生を予防し，及びそのまん延の防止を図り，もって公衆衛生の向上及び増進を図ることを目的とする。
> 第6条　この法律において「感染症」とは，一類感染症，二類感染症，三類感染症，四類感染症，五類感染症，新型インフルエンザ等感染症，指定感染症及び新感染症をいう。
> 3　この法律において「二類感染症」とは，次に掲げる感染性の疾病をいう。
> 　一　急性灰白髄炎
> 　二　結核
> 　三　ジフテリア
> 　四　重症急性呼吸器症候群（病原体がベータコロナウイルス属 SARS コロナウイルスであるものに限る。）

　五　中東呼吸器症候群（病原体がベータコロナウイルス属 MERS コロナウイルスであるものに限る。）

　六　鳥インフルエンザ（病原体がインフルエンザウイルス A 属インフルエンザ A ウイルスであってその血清亜型が新型インフルエンザ等感染症（略）の病原体に変異するおそれが高いものの血清亜型として政令で定めるものであるものに限る。第5項第7号において「特定鳥インフルエンザ」という。）

7　この法律において「新型インフルエンザ等感染症」とは，次に掲げる感染性の疾病をいう。

　三　新型コロナウイルス感染症（新たに人から人に伝染する能力を有することとなったコロナウイルスを病原体とする感染症であって，一般に国民が当該感染症に対する免疫を獲得していないことから，当該感染症の全国的かつ急速なまん延により国民の生命及び健康に重大な影響を与えるおそれがあると認められるものをいう。）

　四　再興型コロナウイルス感染症（かつて世界的規模で流行したコロナウイルスを病原体とする感染症であってその後流行することなく長期間が経過しているものとして厚生労働大臣が定めるものが再興したものであって，一般に現在の国民の大部分が当該感染症に対する免疫を獲得していないことから，当該感染症の全国的かつ急速なまん延により国民の生命及び健康に重大な影響を与えるおそれがあると認められるものをいう。）

　新型コロナ特措法は，社会的な感染症のまん延防止を予防的に行う行政の手段を定める法律である。改正前は，法律附則1条の2で新型インフルエンザ等とみなされていたが，改正感染症法に基づき，改正新型コロナ特措法では，法律本文で新型コロナウイルス感染症が新型インフルエンザ等に含まれるものとされた（改正新型コロナ特措法2条1項1号）。

　主な改正点は，以下の通りである。

	改正前新型コロナ特措法	改正新型コロナ特措法
緊急事態宣言前の措置	都道府県知事による協力要請	都道府県知事による協力要請 まん延防止等重点措置の新設：期間・区域・業態を絞った措置，都道府県知事による営業の時短要請 要請拒否の場合の命令，命令違反への過料
緊急事態宣言による措置	緊急事態宣言による営業自粛要請・要請違反の場合の指示，外出自粛要請	緊急事態宣言による営業自粛要請・要請違反の場合の命令および命令違反への過料，外出自粛要請
財政支援		新型インフルエンザ等または措置によって影響を受けた事業者の財政上の支援

　「まん延防止等重点措置」は，国民生活への影響が大きい緊急事態宣言を発出するような事態とならないよう，都道府県知事が期間，区域，業態を絞った営業時間変更等の措置を講じ，感染拡大を抑えるための制度である。

　「緊急事態措置」においては，同法45条1項，2項により行う要請がある。他方，「まん延防止重点措置」に基づき同法31条の6第1項，2項により行う要請では，事業者への休業要請や住民に対する全面的な外出自粛の要請を行うことは出来ない。だが，都道府県知事は，地

域の感染状況に応じて，期間と区域，業態を絞って，事業者に対し，営業時間変更，入場者へのマスク着用等の感染防止措置の周知，当該措置を講じない者の入場禁止，アクリル板の設置や適切な距離の確保による飛沫感染防止策など，法令上規定されている「まん延を防止するために必要な措置」を講ずるよう要請することができる。

新型コロナ特措法

第31条の6　都道府県知事は，第31条の4第1項に規定する事態において，国民生活及び国民経済に甚大な影響を及ぼすおそれがある同項第2号に掲げる区域（以下この条において「重点区域」という。）における新型インフルエンザ等のまん延を防止するため必要があると認めるときは，新型インフルエンザ等の潜伏期間及び治癒までの期間並びに発生の状況を考慮して当該都道府県知事が定める期間及び区域において，新型インフルエンザ等の発生の状況についての政令で定める事項を勘案して措置を講ずる必要があると認める業態に属する事業を行う者に対し，営業時間の変更その他国民生活及び国民経済に甚大な影響を及ぼすおそれがある重点区域における新型インフルエンザ等のまん延を防止するために必要な措置として政令で定める措置を講ずるよう要請することができる。

2　都道府県知事は，第31条の4第1項に規定する事態において，当該都道府県の住民に対し，前項の当該都道府県知事が定める期間及び区域において同項の規定による要請に係る営業時間以外の時間に当該業態に属する事業が行われている場所にみだりに出入りしないことその他の新型インフルエンザ等の感染の防止に必要な協力を要請することができる。（以下略）

第32条　政府対策本部長は，新型インフルエンザ等が国内で発生し，その全国的かつ急速なまん延により国民生活及び国民経済に甚大な影響を及ぼし，又はそのおそれがあるものとして政令で定める要件に該当する事態（以下「新型インフルエンザ等緊急事態」という。）が発生したと認めるときは，新型インフルエンザ等緊急事態が発生した旨及び次に掲げる事項の公示（（略）「新型インフルエンザ等緊急事態宣言」という。）をし，並びにその旨及び当該事項を国会に報告するものとする。
一　新型インフルエンザ等緊急事態措置を実施すべき期間
二　新型インフルエンザ等緊急事態措置（略）を実施すべき区域
三　新型インフルエンザ等緊急事態の概要

第45条　特定都道府県知事は，新型インフルエンザ等緊急事態において，新型インフルエンザ等のまん延を防止し，国民の生命及び健康を保護し，並びに国民生活及び国民経済の混乱を回避するため必要があると認めるときは，当該特定都道府県の住民に対し，新型インフルエンザ等の潜伏期間及び治癒までの期間並びに発生の状況を考慮して当該特定都道府県知事が定める期間及び区域において，生活の維持に必要な場合を除きみだりに当該者の居宅又はこれに相当する場所から外出しないことその他の新型インフルエンザ等の感染の防止に必要な協力を要請することができる。

2　特定都道府県知事は，新型インフルエンザ等緊急事態において，新型インフルエンザ等のまん延を防止し，国民の生命及び健康を保護し，並びに国民生活及び国民経済の混乱を回避するため必要があると認めるときは，新型インフルエンザ等の潜伏期間及び治癒までの期間並びに発生の状況を考慮して当該特定都道府県知事が定める期間において，学校，社会福祉施設（略），興行場（略）その他の政令で定める多数の者が利用する施設を管理する者又は当該施設を使用して催物を開催する者（略）に対し，当該施設の使用の制限若しくは停止又は催物の開催の制限若しくは停止その他政令で定める措置を講ずるよう要請することができる。（以下略）

【事例1】新型コロナ特措法違法確認請求事件

　「自粛」を迫る新型コロナ特措法の違法確認請求事件（東京地判令和2年7月1日（LEX/DB 文献番号 25585481）について解説する。

　原告は，被告「国」を代表して法務大臣に，令和2年3月14日に新型コロナ特措法が改正されたことに関し，①この改正により，国民の財産権（憲法29条1項）が侵害される危険があり，また，国家による私的経済への不当な介入のおそれがあるとして，特措法の改正が違法であることの確認，②特措法に基づいて都道府県知事から発せられる外出自粛要請を受忍する義務が不存在であることの確認，および③特措法を改正することが相当である旨の公法上の判断を表示することを求めた。

　これらに対し，裁判所は，次のように判断した。

原告の訴え	裁判所の判断
①この改正により，国民の財産権（憲法29条1項）が侵害される危険があり，また，国家による私的経済への不当な介入のおそれがあるとして，特措法の改正が違法であることを確認すること	原告と被告との間の個別具体的な権利義務ないし法律関係の存否に関する紛争について，その審判を求めるものでないことは，その主張自体によって明らかであるから，本件請求①に係る訴えは，「法律上の争訟」に該当しない事項に係る不適法な訴えであるといわざるを得ない。
②特措法に基づいて都道府県知事から発せられる外出自粛要請を受忍する義務が不存在であることを確認すること	特措法上，都道府県知事が同法45条1項に基づき都道府県の住民に対し外出しないことを要請することによって，当該都道府県の住民に何らの法的義務も生じるものでないことは同法の内容・文理から明らかであり，令和2年4月頃に各都道府県知事が実際に発した外出自粛要請の内容が当該都道府県の住民に何らの法的義務を課していないことも公知の事実である。そうすると，原告の権利または法律上の地位に現に不安または危険が存在しているとは認められず，原告には，上記義務が存在しないことについて確認を求める利益はないというべきである。
③特措法を改正することが相当である旨の公法上の判断を表示すること	いわゆる非申請型義務付けの訴え（行政事件訴訟法3条6項1号）と解するのが相当であるところ，原告が求める公法上の判断なるものは，直接国民の権利義務を形成しまたはその範囲を確定させるものではないことは明らかであるから，本件請求③に係る訴えは，行政処分性を欠く行為を対象とするものとして，不適法であるといわざるを得ない。

　つまり，新型コロナ特措法45条1項における都道府県知事による住民への協力要請は，当該都道府県の住民に何らの法的義務も生じるものでないことは同法の内容・文理から明らかであり，令和2年4月頃の緊急事態宣言下に各都道府県知事が実際に発した外出自粛要請の内容も当該都道府県の住民に何らの法的義務を課していないことも公知の事実と判示されている。

保健医療・公衆衛生について

【事例1】

　X（中学2年男子）は，Y市立中学のハンドボール部の夏季練習に参加した。Xは肥満傾向（肥満1度に該当）であったが，健康状態には問題はなかった。

　当日の練習メニューは①午前8時半ころ整備等の部活動開始，②グラウンド（男子は外周）をランニング8周，③ウォーキング（フットワーク），④フットワークステップ（フロント，サイド，ゴリラ），⑤グラウンド外周を30分間走，⑥40メートルダッシュ10本であった。同日の気象状況は，午前8時　気温27.3℃　湿度72％，午前9時　気温29.6℃　湿度61％，午前10時　気温31.3℃　湿度59％，午前11時　気温31.9℃　湿度50％，午後0時　気温31.5℃　湿度58％であった。

　40メートルダッシュの7本目まで練習に参加したが，その後意識を失い，市民病院に担架で運ばれた後，午後0時5分ころ，市民病院において受診した。そして，数日後，市民病院において，熱射病を原因とする多臓器不全により死亡した。

　Xの両親は，中学校の部活指導が適切でなかったと考えている。Xの両親は，どのような対処ができるであろうか。

　学校の管理下の熱中症死亡事故については，「中学校，高等学校での発生が多いが発生数は減少傾向であり，小学校では平成7年以降，中学校では平成20年以降の死亡事故はない」と記された報告書がある（「体育活動における熱中症予防」調査研究報告書　平成26年3月　学校災害防止調査研究委員会）。しかし，死亡事故こそ減っているが，例年多くの罹患者が発生している。

　熱中症は，気温・湿度などの環境条件を把握し，それに応じた運動・水分補給・休憩をとることや児童生徒等の健康観察，健康管理を徹底することによって防止することが可能である。また，万が一発症した場合でも，必要な処置を迅速に実施することにより回復できる。そのため，教育現場には，多くの啓発および予防（事前配慮）が求められている。

　【事例1】は，名古屋地一宮支部判平成19年9月26日・判時1997号98頁である。この事例では，亡Xの両親と弟である原告らが，亡XがY市立中学のハンドボール部の夏期練習中に熱射病を原因とする多臓器不全で死亡したのは，顧問である教師らおよび校長に過失があったからであるとして，国家賠償を求めて提訴した。

　裁判所は，本件練習当時，部活動顧問は部員が熱中症に罹患しないように防止すべき注意義務を負い，また，罹患した場合には適切な措置を採るべき義務を負っており，校長は，顧問が

このような義務を履行するよう指導すべき義務を負っていたと判断した。その上で，顧問および校長の義務違反を認め，請求を一部認容した。

　裁判では，⑴A県およびY市における熱中症予防の取り組みについて，⑵文部科学省における熱中症予防の取り組みについて，⑶当該市立中学での取り組みについてそれぞれ精査された。これらに加えて，熱中症の発生には，気温・湿度といった環境の条件，肥満・体力といった個人の条件，運動の質・量といった運動の条件が関係することから，亡Xの体格，ポジション，練習までの経緯および練習内容も検証された。

　裁判所は，「中学校において行われる部活動においては，学校教育の一環として行われているのであるから，部活動によって生じると予測される部員らの生命・身体等に対する危険を予防すべき注意義務を学校ないし部活動顧問を務める教諭が負っていると解すべきである。そして，前記認定事実のとおり，熱中症は，重篤な症状である熱射病になると生命の危険まで生じる疾病であること，少なくとも平成12年以降には，夏期の部活動等における熱中症予防について，愛知県や被告において問題として取上げられ，愛知県ないし被告から管内の各学校に周知がされるようになっており，文部科学省においても，少なくとも平成15年以降には，全国の各学校に周知がされるようになっていたことからすると，本件練習当時，部活動において，部活動顧問は，部員が熱中症に罹患しないように防止すべき注意義務を負い，また，熱中症に罹患した場合には，応急処置を行う，救急車を要請するなど適切な措置をとるべき義務を負っていたというべきであり，校長については，部活動顧問がこのような注意義務を履行できるように指導すべき義務を負っていたというべきである。」とした。

　裁判所の判断において重視されたのは，啓発用に作成および配布され，当該市立中学においても職員が閲覧できる状態にあった「文部科学省作成のリーフレット」の記述であった。この内容の重要な部分は，別の教員によって「運動指針の内容を転記した書面」として教員全員に配布されており，注目された。

　こうしたところ，裁判において，そこで示されていた指針のいくつか，例として「熱中症予防のための運動指針として，乾球温31℃以上の場合には激しい運動や持久走など熱負荷の大きい運動は避ける」「肥満の子供に熱中症発症が多いこと（リスクファクター）」を，顧問の教員は認識していなかったことが明らかになった。裁判所は，これらの点に関して，認識がなかったことは顧問の教諭らの過失を否定する根拠とはならないと判断した。

　さらに，裁判所は，「中学生の，自己の体調管理に対する能力の未成熟さを考慮すれば，自らの体調に対する管理を生徒に一任すること自体に問題があるといえるし，生徒の性格によっては常に教師に自由に休憩や給水を申し出ることができるとも限らないのであるから，休憩や給水の申し出を可能としていたことをもって，十分な予防措置を講じたとはいい難い。特に，亡Xはおとなしく手抜きをすることができない真面目な性格であったが，亡Xがそのような性格であることは顧問の教諭らも日頃からトレーニングを通じて亡Xと接している中学の教諭として認識していたものというべきであることを考慮すれば，体調管理を亡Xに一任して

いたことをもって足りるとは到底いえず…。

　また，Y市は，肥満の生徒に対して運動制限することは差別の問題につながるので不可能であると主張する。しかし…熱中症が生命の危険をも脅かすものであることを考慮すると，むしろ，最も体力の弱い（ないし肥満などのリスクファクターを抱えた）生徒を基準として全体の練習内容を決めるべきである。」と，練習内容を決める基準にまで踏み込んだ判決を下した。

　部活動を含むスポーツ領域は，選手の選抜権（メンバー編成権）者と指導者が同一であるという場合が多い。そのため，この同一人にはいわゆる「権力」が集中しやすいことから，だれもが逆らいづらく反論しづらい状況が生み出されがちである。こうした閉鎖性による部活動顧問（監督）による体罰やパワハラという問題も生じてきており，改善が求められている。

【事例2】　損害賠償請求事件

　X（昭和42年10月6日生まれ。）は，昭和43年4月8日，Y市保健所において，Yから，予防接種法（昭和51年改正前のもの。）5条，10条1項1号所定の定期の痘そうの予防接種を受けた。

　ところが，Xは，同月17日になって，セ氏40度近い高熱を発し，それが3日間続き，また，下肢の異常運動，項部強直等を呈したため，同月20日，Y市立病院に入院した。そして，その後も転院および通院しながら治療を続けたが下半身麻痺による運動障害および知能障害が残った。

　この場合，Xの負った障害の責任は誰が補償すべきなのだろうか。

　予防接種を受ける前には予診票の記入が求められ，問診も行われる。なぜこのような念の入った工程をたどるのだろうか。それは，予防接種というものは「悪魔のくじ引き」と言われるように，一定の副反応（発熱や合併症等）を生じる危険性のあるものであるからと説明されている。

　かつては，安全性への配慮を欠いたケースが問題となった（例として初期のワクチンの製造工程においてポリオウイルスを弱めることに失敗した事例，ジフテリアの毒素の無毒化がうまくいかなかった事例，およびワクチンの安定剤として使用されていたゼラチンがゼラチンアレルギーを誘発した事例等）。現在では，改良が進み安全性も確認されてきているが，それでも副反応は皆無ではない。しかし，予防接種は有効なものであり必要なものであり，なくすことはできない。よって，何らかの補償制度の構築が求められてきた。

　予防接種は，予防接種法に基づき実施されている。その1条（目的）には予防接種禍への対応が，さらに15条には，定期の予防接種等による健康被害の救済措置に係る定めが規定されている。

予防接種法

第1条　この法律は，伝染のおそれがある疾病の発生及びまん延を予防するために公衆衛生の見地から予防接種の実施その他必要な措置を講ずることにより，国民の健康の保持に寄与するとともに，予防接種による健康被害の迅速な救済を図ることを目的とする。

第15条　市町村長は，当該市町村の区域内に居住する間に定期の予防接種等を受けた者が，疾病にかかり，障害の状態となり，又は死亡した場合において，当該疾病，障害又は死亡が当該定期の予防接種等を受けたことによるものであると厚生労働大臣が認定したときは，次条及び第17条に定めるところにより，給付を行う。（以下略）

【事例2】はいわゆる小樽種痘禍事件（最二小判平成3年4月19日・判時1386号35頁）である。Xおよびその両親らは，後遺症は予防接種担当医の予診義務違反によるものであるなどとして，国，Y市等に対し国家賠償を求めた。

第一審（札幌地判昭和57年10月26日・判時1060号22頁）は，保健所の行った予防接種事故につき，種痘の実施に当たっての医師の予診義務は単に概括的抽象的に接種直前における身体の健康状態についての異常の有無を質問するだけでは足りず，禁忌者を識別するに足りる素因・事由の有無を具体的に，かつ，被質問者に的確な応答を可能ならしむるような適切な質問をする義務ありと判示し，Y市に国家賠償を命じた。

しかし，控訴審（札幌高判昭和61年7月31日・判時1208号49頁）は，本件予防接種の当日は，Xの咽頭炎は治癒しており，予防接種実施規則4条の禁忌者に該当しなかったのであるから，Xは種痘を行うに適応した者であったということができ，担当医師の判定に誤りはなく，仮に，予診に不十分な点があったとしても，結局種痘を行うことは正当であったものであるから，予診の不十分な点と副反応の発生とが結びつくことはありえず，両者の間に因果関係はないなどとして，国およびY市の責任を否定するとともに，Xおよびその両親らの主張を全面的に斥けた。

だが，上告審は，予防接種によって後遺障害が発生した場合には，禁忌者を識別するために必要とされる予診が尽くされたが禁忌者に該当すると認められる事由を発見することができなかったこと，被接種者が個人的素因を有していたこと等の特段の事情が認められない限り，被接種者は禁忌者に該当していたと推定するのが相当であると判断した。そして，予診の不十分と本件後遺障害は結びつかないとして請求を棄却した原判決を破棄し，担当医師が予診を尽くしたかどうか等をさらに審理させるため，事件を原審に差し戻した。

差戻控訴審（札幌高判平成6年12月6日・判時1526号61頁）は，上告審判決に従い，Xは，予診が尽くされ，または，個人的素因を有していたこと等の特段の事情が認められない限り，本件種痘時に禁忌者に該当していたと推定されるとした。その上で，そのような特段の事情が認められない本件では，担当医師は，Xに種痘を実施するに当たり，禁忌者を識別するための適切な問診を尽くさなかったため，その識別を誤って接種をしたことになる。つまり，例外的事情の認められない本件では，副反応により後遺障害が発生することを予見し得たのに過誤により予見しなかったものと推定すべきであるとして，国およびY市の責任を認めた。

コラム7　飲食店での「テイクアウト販売」について

　飲食店での「テイクアウト販売」および「デリバリー販売」も増えてきたと実感する。新型コロナウイルス感染症対策として，これらが推奨されているのは理解できる。気になるのは，飲食店が「おかず」を販売するのであれば，それは製造販売店となるため，それとしての営業許可等が必要になるのではないか，焼き肉屋がお肉を「お家で焼き肉セット」として販売する場合も同様ではないか，という疑問である。飲食店が「おかず」を販売するのであれば，食品衛生法施行令35条32号の，「惣菜製造業」の許可と，都道府県によってはその販売業の許可も必要となる。焼き肉屋が，お肉を販売する場合には，食品衛生法施行令35条12号の食肉販売業にあたる場合もあるため，「食肉販売業」の許可が必要になる。（詳細は第12章を参照のこと）

食品衛生法施行令
第35条　法第51条の規定により都道府県が施設についての基準を定めるべき営業は，次のとおりとする。
　十二　食肉販売業
　三十二　そうざい製造業（通常副食物として供される煮物（略），焼物（略），揚物，蒸し物，酢の物又はあえ物を製造する営業をいい，第13号，第16号又は第29号に該当する営業を除く。）

コラム8　マスクの転売と国民生活安定緊急措置法

　国民生活安定緊急措置法（1973（昭和48）年法律121号）という法律は，第一次オイルショックによる物価の急激な上昇と，それにより生じた混乱（トイレットペーパー騒動）といった社会不安を受けて，物価の高騰その他の日本経済の異常な事態に対処するために制定された。
　2020（令和2）年3月15日にこの国民生活安定緊急措置法の政令が改正された。この政令の内容は，①一般の消費者が利用する薬局やスーパー，メーカーの直販サイトなどで購入し，②その購入価格を超える価格で，③面識がない人や多数の人などを対象にマスク（衛生マスク）および消毒等用アルコールを転売する行為を禁止するものであった。違反した場合，1年以下の懲役または100万円以下の罰金，あるいはその両方が科せられた。
　なお，同政令は，2020（令和2）年8月25日に改正され，それにより同法26条1項で生活関連物資等として指定している衛生マスクおよび消毒等用アルコールの指定を解除した。

国民生活安定緊急措置法
第26条　物価が著しく高騰し又は高騰するおそれがある場合において，生活関連物資等の供給が著しく不足し，かつ，その需給の均衡を回復することが相当の期間極めて困難であることにより，国民生活の安定又は国民経済の円滑な運営に重大な支障が生じ又は生ずるおそれがあると認められるときは，別に法律の定めがある場合を除き，当該生活関連物資等を政令で指定し，政令で，当該生活関連物資等の割当て若しくは配給又は当該生活関連物資等の使用若しくは譲渡若しくは譲受の制限若しくは禁止に関し必要な事項を定めることができる。

第5章

都市行政─喫煙問題，景観問題

はじめに

　憲法13条（幸福追求権）の下に，いくつかの新しい権利が生み出されてきた。人格権，嫌煙権（受動喫煙の害から非喫煙者を守ること）や環境権もそれらに含まれる。

　「環境権」は明文で規定されていないが，①憲法13条の一内容をなし，人格権と結びついたものとする説が有力である。また，②その根拠を憲法25条（生存権）に求める説，③その根拠を憲法13条と25条に求める説等がある。加えて，近年有力になっている④「市民としての参加権（憲法21条（表現の自由）または／および15条（参政権）」に根拠を求める説もある。市民としての環境創生参加が求められるものに景観（景観権，景観利益）がある。

　国立高層マンション訴訟上告審判決（都市景観問題について【事例2】）は，法的な景観利益を認めたものとして著名である。景観利益というものは，およそ一般的に認められるのではなく，(1)それなりの客観的価値を有し歴史的・文化的環境を形成する都市景観の存在，(2)それとの関係での近接居住性，(3)その恵沢の日常享受性があれば，個人について認められる権利となると判示した。ここで景観利益は，「街づくり」という文脈で語られる。

　続いて，判決は，「景観利益は，これが侵害された場合に被侵害者の生活妨害や健康被害を生じさせるという性質のものではないこと，景観利益の保護は，一方において当該地域における土地・建物の財産権に制限を加えることとなり，その範囲・内容等をめぐって周辺の住民相互間や財産権者との間で意見の対立が生ずることも予想されるのであるから，景観利益の保護とこれに伴う財産権等の規制は，第一次的には，民主的手続により定められた行政法規や当該地域の条例等によってなされることが予定されているものということができることなどからすれば，ある行為が景観利益に対する違法な侵害に当たるといえるためには，少なくとも，その侵害行為が刑罰法規や行政法規の規制に違反するものであったり，公序良俗違反や権利の濫用に該当するものであるなど，侵害行為の態様や程度の面において社会的に容認された行為としての相当性を欠くことが求められると解するのが相当である。」と判示した。つまり，関係者が参画した民主的プロセスによってしか，法的に保護されるべき利益性を有する景観については確定できないことが述べられた。

喫煙問題について

【事例1】

　Xは，営業職で全国各地に赴くことが多い。愛煙家のため，公共施設内では喫煙できなくなったことに窮屈感は抱きつつも，マナーを守って喫煙している。Y市の駅裏近くのホテルに宿泊したときに，ホテル近辺には「路上喫煙禁止」の表示類（のぼり，看板およびプレート等）がないことを確認して喫煙していたところに，街のパトロールらしき人たちがやってきて「ここは喫煙禁止地区です。」「過料2,000円を徴収します。」と言った。Xはどうすべきか。

　Xは，その場所が路上喫煙禁止地区であるとわかっていれば，喫煙しなかったはずである。とすれば，路上喫煙禁止の表示をよりわかりやすく提示しなかった自治体側に過失があるのか，それともXにはより念入りに確認する義務があったのだろうか。おそらく判断は分かれるところであろう。

　2020年にオリンピック・パラリンピック開催を控えている東京では，国際的な禁煙都市に向けての試みが始まっている。国際オリンピック委員会（IOC）は，「たばこのない五輪」を掲げているからでもある。従来の開催地（北京，バンクーバー，ロンドン，ソチ，リオデジャネイロ，平昌）では厳格な禁煙および分煙の試みがなされてきた。それをうけて，2017年春国会に健康増進推進法（2002（平成14）年法律103号）改正案が提出される予定であったが，反対も多く見送られた。その後，2018（平成30）年7月に改正法案が成立し，受動喫煙防止対策が進んだ。

	飲食店	鉄道の駅	バスの中	喫煙者への罰則
北京	○	◎	◎	有
バンクーバー	◎	◎	◎	有
ロンドン	◎	◎	◎	有
ソチ	◎	◎	◎	有
リオデジャネイロ	◎	◎	◎	無
平昌	○	○	○	有
東京	△	△	△	無

（注）屋内での対策を評価：◎禁煙を義務化，○分煙を義務化，△どちらも努力義務。
（出所）「五輪開催地・予定地での禁煙・分煙対策」YOMIURI ONLINE 2016年1月5日より。

　Xが，審査請求等した後に提訴した事例が以下の【事例2】であり，その勝訴を受けてY市側が控訴した事例が【事例3】である。

【事例2】　路上喫煙防止条例に基づく過料処分取消請求事件

　Xが，Y市空き缶等及び吸い殻等の散乱の防止等に関する条例11条の2第1項により指定された喫煙禁止地区内で喫煙をし，同条例11条の3に違反したとして，Y市長から同条例30条に基づき2,000円の過料に処するとの処分を受けた。これには，Y市長に対して異議申立てをしたが，これを棄却する旨の決定を受け，さらにZ県知事に対して審査請求をしたが，これを棄却する旨の裁決を受けた。

　そこでXが，本件処分において喫煙をしたとされた場所にXが至るまでに通った道路には，本件違反場所が喫煙禁止地区内であることを容易に認識できるような標識等がなかったにもかかわらず，本件処分を行ったことは違法であるなどと主張して，Y市およびZ県等に対し本件処分の取消しを求めた事案である。

　裁判所は，Y市等に対するXの請求には理由があるとして認容し，Z県に対するXの請求は理由がないとし，請求を棄却した。

　【事例2】横浜地判平成26年1月22日・判時2223号20頁における裁判所の判断は以下のようであった。

（1）　故意または過失の要否

　「我が国においていわゆる路上喫煙が禁止されている地域は現在のところ極めて限られているから（公知の事実），そこが喫煙禁止地区であることを知らないまま喫煙をし，かつ，知らなかったことに過失もないという場合が当然にあり得る。仮にこの者に対して過料処分をしたとしても，被処分者としては喫煙禁止地区と認識し得なかった以上，単に『運が悪かった』と受け止めるだけであり，今後は喫煙禁止地区において喫煙をしないようにしようという動機付けをされないから，本件条例30条の目的とする抑止効果を期待することはできない。」「よって，本件条例30条に基づき過料処分をするためには，その相手方に，同条例11条の3違反について少なくとも過失があったことが必要であると解すべきであって…過失責任主義という法の一般的原則にも合致するというべきである。」

　「Y市の主張を前提とすると，喫煙禁止地区を告示さえすれば，一切掲示物等で表示せずとも，喫煙禁止地区での喫煙に対して過料処分をすることができることとなる。しかし，喫煙禁止地区は…その指定の目的は，当該地区において現実に喫煙をさせないことにある。この目的を達成するためには，広報活動によって本件条例の趣旨，内容を周知するとともに，喫煙禁止地区内やその周辺に標識を設けるなどして，当該地区を訪れようとする者に対し，当該地区における路上喫煙が罰則をもって禁止されているという認識を持たせるための措置をとることが必要であり，本件条例3条の定める市の責務もこのようなものを含むと解される。」

（2）　Xの過失の有無

　「Xは，本件違反場所が喫煙禁止地区内であることを知らなかったと認められ，かつ，

　　　知らなかったことに過失があるとはいえないというべきである。」

横浜市空き缶等及び吸い殻等の散乱の防止等に関する条例

第3条　横浜市は，この条例の目的を達成するため，空き缶等及び吸い殻等の散乱並びに屋外の公共の場所での喫煙による市民等の身体及び財産に対する被害の防止並びに空き缶等の資源化の促進についての施策を総合的に実施しなければならない。

2　横浜市は，空き缶等及び吸い殻等の散乱並びに屋外の公共の場所での喫煙による市民等の身体及び財産に対する被害の防止について事業者及び市民等に対して意識の啓発を図るとともに，環境に関する教育を充実し，及び学習が促進されるよう努めなければならない。

第11条の2　市長は，美化推進重点地区内において，たばこの吸い殻の散乱につながるとともに，市民等の身体及び財産に対し被害を及ぼすおそれのある屋外の公共の場所での喫煙を禁止する必要があると認められる地区を喫煙禁止地区として指定することができる。

第11条の3　何人も，喫煙禁止地区内において，喫煙をしてはならない。

第30条　第11条の3の規定に違反した者は，2,000円以下の過料に処する。

---

(3)　本件裁決の取消事由の有無

　　　「処分の取消しの訴えとその処分についての審査請求を棄却した裁決取消しの訴えの両方を提起することができる場合には，裁決の取消しの訴えにおいては，原処分の違法を理由として取消しを求めることができない（行政事件訴訟法10条2項）。そして，裁決固有の瑕疵とは，実体に関する違法ではなく，裁決の主体，手続等の形式に関する違法をいうのであるから，原処分を適法とした実体的判断が違法であることは，裁決固有の瑕疵とはいえない。」

行政事件訴訟法

第10条の2　処分の取消しの訴えとその処分についての審査請求を棄却した裁決の取消しの訴えとを提起することができる場合には，裁決の取消しの訴えにおいては，処分の違法を理由として取消しを求めることができない。

【事例3】　条例で指定された喫煙禁止地区内で路上喫煙した者に科せられた過料処分等の取消請求控訴事件

　　第一審において，XのY市に対する請求が認容されたため，Y市が控訴した事案である。

　　【事例3】東京高判平成26年6月26日・判時2233号103頁は，【事例2】を，次のように覆した。まず，喫煙者が路上喫煙禁止地区と認識しなかったことについて過失がなかった場合には，注意喚起が十分にされていなかったことになるから，過料の制裁を科すことはできないとした。その上で，Xには，路上喫煙禁止地区に侵入するに当たって路面表示により路上喫煙禁止場所であることを認識すべきであったのにこれを見落とした過失があるとし，Xの請求には理由がないから棄却すべきところ，これを認容した原判決は失当であるとして，原判決を取り消した。

⑴　主観的責任要件の要否について

　「本件条例 30 条に基づく過料処分が本来違法行為とされていない喫煙行為をあえて制限し，その違反に対する行政上の秩序罰としての性質を有するもので，本件条例 11 条の 3 違反について少なくとも過失が必要であることは上記説示（原判決引用及び補正部分）のとおりである。」「本件条例 30 条の過料の金額は 2,000 円以下であるが，この金額が高額なものとはいえないとしても…過料処分を科すに際し，客観的違反事実があれば主観的責任要件は不要であるとの控訴人の主張を採用することはできない。」

⑵　比例原則について

　「本件条例 30 条に定める過料処分を科すのに主観的責任要件を必要とすることは上記説示のとおりであり，これに過料の金額が 2,000 円以下であることや，路上喫煙に対する規制の動向等を併せ考えると，過料処分を科す対象者を喫煙禁止の注意・指導に従わない者に限定することなく，路上喫煙禁止に違反した者一般を対象とすることが比例原則に違反しているとまではいえないから，X の主張を採用することはできない。」

⑶　X の過失について

　「本件処分に係る X の喫煙行為について被控訴人に過失があったことは，X の当審における主張に対する判断も含めて，前記説示（原判決補正部分）のとおりである。X は，その他にも，路面表示には過料の制裁の記載がなかったとか，路上喫煙に対する規制が一律でないなどと，過失を否定する事情をるる主張するが，これらを考慮しても，上記説示を覆すことはできない。」

　⑶を詳述する。控訴審は，X の過失を以下のように認定した。原判決補正部分にあたり，①X 自身，路上喫煙禁止の条例制定は時代の趨勢であるとしており，喫煙所が制限されることは喫煙者の誰もが普段から認識しているのが現状であることを認めている，② このような状況に照らすと，あえて路上で喫煙する場合には，その場所が喫煙禁止か否かについて，路面表示も含めて十分に注意して確認する義務があるというべきであり，③ 本件において，路上で歩行喫煙をしていた X が路面表示をも十分に注意して路上喫煙禁止か否かを確認すべきであり，「その注意を怠らなければ」，路上喫煙禁止であることを認識することが十分に可能であったと認められるからであるとした。

　ポイントは，時代の趨勢から，喫煙者があえて路上で喫煙する場合には気を付けなければならないと認定されたこと，および見つけづらい（大きくはない）とはいえ路面標示が X の通った経路に存在したことである。これによって，X の「路上喫煙禁止地区であることを知る機会すら与えられないまま」という主張は認容されなかった。

　第一審判決で X が勝訴したことで，地方公共団体に「啓発」の必要性が意識されることとなった。各地の路上喫煙禁止区域の看板もその他の表示等も大きくなったことが，本件の最大の功績ではないかと思われる。

都市景観問題について

【事例1】

　Y市の駅前地区は，美しい景観を保ってきた。これは近隣住民，近隣企業および環境系NPO等が協力して推し進めてきたことである。こうした住民らの努力が実り，近年Y市の政策にも「駅前地区の美しい景観維持」が加えられ，当該駅前地区の建築物の高さ規制等も盛り込まれた。

　しかし，今年度になり，この駅前地区に隣接する地域（条例で規制する区域の隣）に，高層マンションが建築されることが明らかになった。近隣住民として，長年，美しい景観保全に協力してきたXには何ができるのだろうか。

　景観は，その地に住む人およびその地を訪れる人「みんなのモノ」といえる。とりわけ，その地に住む人には，身近であり，日常的なものでもある。こうした身近な「みんなのモノ」は，その所有形態を問わず，たとえ「他人のモノ」であっても，「自分たちのモノ」として認識されやすい。同時に，この「みんなのモノ」を自分たちで自主的に利用し管理する仕組みの構築のために，Xのように主体的かつ積極的に関わる人も少なくない。一方，こうした傾向は，「他人のモノ」への過剰な干渉および規制をも招きやすい。

【事例2】　国立高層マンション訴訟上告審判決（建築物撤去等請求事件）

　M地所株式会社がY市の土地を購入し，Z社と建築請負契約を締結してマンションを完成させ，区分所有者らに順次分譲した。これに対して，地域住民らが，本件建物が違法建築物であり，日照，景観について被害を受ける等と主張して，本件建物のうち高さ20メートルを超える部分の撤去等を請求した。

　第一審（東京地判平成14年12月18日・判時1829号36頁）は，請求を一部認容したが，控訴審（東京高判平成16年10月27日・判時1877号40頁）は一審判決を破棄し請求を棄却したため，地域住民らが上告した。

　最高裁（最一小判平成18年3月30日・判時1931号3頁）は，本件建物の建築が，当時の刑罰法規や行政法規の規制に違反するものである，または，公序良俗違反や権利の濫用に該当するものである等の事情はうかがわれず，行為の態様その他の面において社会的に容認された行為としての相当性を欠くものとは認め難いとし，上告を棄却した。

　この事例については，第一審判決において，景観の維持を求める利益（景観利益）が法的に保護され，その侵害が不法行為に当たることを理由として，完成した14階建てマンションの高さ20メートルを超える部分（7階以上の部分）の撤去を命じた判決が下されたことからも

注目された。（この内容は控訴審判決で覆されている。）

　この訴訟は，その後，不可思議な訴訟合戦へと展開する。M地所株式会社は，環境系NPOのメンバーがY市の市長（Y1）に当選して当該建物建設を妨害してきており，その行為が「地方公共団体の長」としての立場を逸脱するとして，【事例3】のように訴えたからである。

【事例3】　国立市建築物高さ制限条例無効確認等請求事件（各条例無効確認，損害賠償請求控訴事件）

　M地所株式会社は，地区計画および区域内における建築物の制限に関する条例のうち，建築物の高さ制限を20メートルとする部分は，M地所株式会社によるマンション建築計画を妨害する意図でされた点などにおいて違法であると主張した。よって，Y市および市長Y1らに対し本件地区計画および本件条例の無効確認または取消しを求めるとともに，市に対し損害賠償等を求めた。

　第一審判決（東京地判平成14年2月14日・判時1808号31頁）は，本件条例の制定によって受けた経済的不利益が不利益処分等を待って本件条例部分の効力を争ったのでは回復しがたい重大な損害を被るおそれがある特段の事情があるとは認められず，その訴訟形態にかかわらず訴えの利益がなく不適法であるとした。その上で，Yらの一連の行為は，M地所株式会社の本件土地所有権を侵害するもので，Y市はM地所株式会社に対し，国家賠償法に基づき，M地所株式会社が被った損害を賠償する義務があるとした。控訴審（東京高判平成17年12月19日・判時1927号27頁）は，Y市および市長Y1らの行為はM地所株式会社の営業活動を妨害する違法な行為であるとして，民事訴訟法248条に基づき損害金を算定した。

図5-1　国立高層マンション訴訟のその後・M地所株式会社 v.s. 元市長

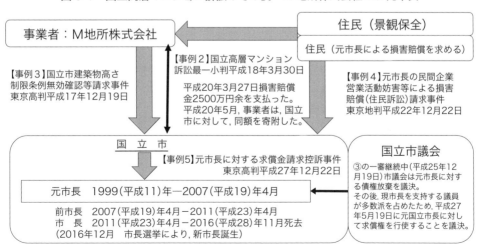

（出所）筆者作成。

　Y市および市長Y1は，M地所株式会社に対し，損害賠償責任を負ったわけである。その費用は国家賠償法1条1項に基づき，Y市が支払い，Y市が市長Y1に対して有する求償権（国家賠償法1条2項）は行使しなかった。これに対し，住民らが，求償権の不行使は怠る事実に該当するとして，地方自治法242条の2第1項4号に基づき，市長Y1（改選があったため，以下，「元市長Y1」という。）に当該損害賠償金等相当額の支払いを請求することを当時の現市長（Y2）に対して請求する訴訟【事例4】，およびY市が原告となり元市長Y1に対して求償金を請求する訴訟【事例5】が提起された。

【事例4】　元市長の民間企業営業活動妨害等による損害賠償請求事件

　原告住民らは，Y市が損害賠償金の支払いをしたことにつき，Y市は元市長Y1に対して求償権を有するとして，地方自治法242条の2第1項4号に基づき，Y市に対し，上記損害賠償金相当額の支払いを請求するよう求めた。

　裁判所（東京地判平成22年12月22日・判時2104号19頁）は，マンションに電気等の供給を留保するよう働きかけるなどした元市長Y1の行為は，建築基準法に違反しない適法建築物であるマンションの建築・販売を阻止することを目的として，M地所株式会社に許されている適法な営業行為すなわちマンションの建築および販売等を妨害したものであり，かつ，その態様は普通地方公共団体の長として要請される中立性・公平性を逸脱したものであるなどとして，請求を認容した。

【事例5】　元市長に対する求償金請求控訴事件（損害賠償請求控訴事件）

　Y市が，元市長Y1に対し，【事例4】の住民訴訟判決で命じられた求償請求をしたものの，所定の日以内に，元市長Y1からY市に対してその支払いがされなかったとして，地方自治法242条の3第2項に基づき，求償金の支払いを求めた。

　第一審（東京地判平成26年9月25日・判自399号19頁）は，Y市の請求を棄却したため，元市長Y1は控訴した。控訴審（東京高判平成27年12月22日・判自405号18頁）では，普通地方公共団体による債権の放棄は，条例による場合を除き，その議会が債権の放棄の議決をしただけでは放棄の効力は生じないのであって，その効力が生ずるためには，その長による執行行為としての放棄の意思表示を要するものと解すべきであると判断し，放棄議決によって，直ちに求償権は消滅せず，Y2市長による執行行為としての求償権の放棄の意思表示がされるまでは，求償権は消滅しない等として，原判決を取り消し，Y市の請求を認容した。なお，本件は上告されたが，棄却・不受理とされている（最三小判平成28年12月13日・LEX/DB文献番号25545328）。

国立高層マンション訴訟後の判決（M 地所株式会社 v.s. 元市長）

【事例3】 国立市建築物高さ制限条例無効確認等請求事件 原告：M 地所株式会社 被告：国立市	一部認容，一部棄却，一部却下 （原告勝訴） 東京地判 平成 14 年 2 月 14 日	一部認容，一部棄却 （原告勝訴） 東京高判 平成 17 年 12 月 19 日
【事例4】 元市長の民間企業営業活動妨害等による損害賠償（住民訴訟）請求事件 原告：住民 被告：国立市	認容 （原告勝訴） 東京地判 平成 22 年 12 月 22 日	
【事例5】 元市長に対する求償金請求控訴事件 原告：国立市 被告：元市長	棄却 （原告敗訴） 東京地判 平成 26 年 9 月 25 日	取消 （原告勝訴） 東京高判 平成 27 年 12 月 22 日 （最三小判平成 28 年 12 月 13 日棄却・不受理）

（出所）筆者作成。

　【事例3】から【事例5】では，元市長 Y1 の行為（第1行為から第4行為に分類された。）が地方自治体の長として違法性をおびたものであったかどうかが判断され，結論として，違法性が認定されたことになる。行政および地方公共団体の長の立ち位置は，地方公共団体の長としての（立候補時の）公約実現のためであっても，各種法令および条例等に基づく中立性，公平性および社会的相当性を備えたものであることが望まれる。

　訴訟において住民や来訪者が，景観に係る私人の利益の根拠とするものに，「景観利益」がある。北村喜宣教授（上智大学）は，【事例2】から，景観利益を認められる3要件として，以下のものを導き出している。① それなりの客観的価値を有し歴史的・文化的環境を形成する都市景観の存在があり，② それとの関係での近接居住性が担保され，③ その恵沢の日常享受性があることである。法律上の保護というものは，一般的に認められるのではなく，上記3要件の充足が条件であり，さらにそれを確保するために当該地域において守るべきルールを明確にした適時的確な法的規制（条例および基準等）の確保が求められる。

　そのうえで，【事例2】では，裁判所は，差止め認容の前提となるような権利性（景観権）については否定している。私法上の権利といい得るような明確な実体を有するものとは認められないというのが理由である。

　なお，2017 年5月 27 日の東京新聞朝刊では，賠償金は「国立の景観を守るために上原さんを市長に送り出した私たちの総称」への寄付で弁済されることが報じられた。これには，景観は「みんなのモノ」「自分たちのモノ」であり，その保全は「個人の責任ではない」ことを物語ったとの評価もできる。

コラム9　やはり「法の不知はこれを許さず」？

　刑法（1907（明治40）年法律45号）38条3項の「法律を知らなかったとしても，そのことによって，罪を犯す意思がなかったとすることはできない。」との結論を想起させた判決が，喫煙問題の【事例2】【事例3】であった。確かに，条例に関しては，旅先等の不慣れな地にあって存在そのものを知り得なかった場合には，遵守しようにも，できない状況にある。しかし，それでも「喫煙」には受動喫煙や美観保全のためには一定の責任が伴うのであるから，喫煙してよいかどうかを確認するという法的義務を担うということに落ち着いたといえる。

　本条例の存在目的は，「犯罪者」にして罰すること（犯罪として立件できるまで犯罪者を野放しにして証拠収集してから改めて処罰すること）ではない。また，過料を集めて政策目的に活用することでもない。本条例の目的は，快適な都市環境整備のための清潔できれいな街づくりである。とすれば，汚さぬ前の事前配慮を求める方策（規制内容の広報）に力点が置かれるべきであろう。多少のうっかり者であっても，それと知ることができる程度にという想定である。神経の図太い人でも，「禁煙禁止地区」ののぼりがはためく下では，なかなか喫煙しづらいものである。

> 刑法
> 第38条　3　法律を知らなかったとしても，そのことによって，罪を犯す意思がなかったとすることとはできない。ただし，情状により，その刑を減軽することができる。

コラム10　健康増進推進法改正による受動喫煙防止対策

　受動喫煙に関して初めて規定された法令は，2003（平成15）年5月に施行された健康増進推進法25条であった。同法は，2018（平成30）年7月に改正されており，⑴多数の者が利用する施設等の類型に応じ，その利用者に対して，一定の場所以外の場所における喫煙を禁止する（同改正法29条1項），⑵都道府県知事（保健所設置市区にあっては，市長又は区長。）は，⑴に違反している者に対して，喫煙の中止等を命ずることができる（同改正法29条2項）ことが明記された。

> 改正健康増進法
> 第29条　何人も，正当な理由がなくて，特定施設等においては，次の各号に掲げる特定施設等の区分に応じ，当該特定施設等の当該各号に定める場所（「喫煙禁止場所」）で喫煙をしてはならない。
> 　一　第一種施設　次に掲げる場所以外の場所
> 　　イ　特定屋外喫煙場所
> 　　ロ　喫煙関連研究場所
> 　二　第二種施設　次に掲げる場所以外の屋内の場所
> 　　イ　第33条第3項第1号に規定する喫煙専用室の場所
> 　　ロ　喫煙関連研究場所
> 　三　喫煙目的施設　第35条第3項第1号に規定する喫煙目的室以外の屋内の場所（以下略）

第6章

廃棄物処理行政―産業廃棄物，一般廃棄物

はじめに

　廃棄物処理に係る中心的な法律として，「廃棄物の処理及び清掃に関する法律（廃掃法または廃棄物処理法と略される。1970（昭和45）年法律137号）」がある。

　そもそも，私人や私企業が排出したいわゆるゴミ（廃棄物）を公が処理せねばならないのはなぜだろう。排出するゴミの質も量も異なっており，その処理は自己責任ではないのだろうかという疑問も生じる。

　廃掃法はその1条で，同法の目的を「廃棄物の排出を抑制し，及び廃棄物の適正な分別，保管，収集，運搬，再生，処分等の処理をし，並びに生活環境を清潔にすることにより，生活環境の保全及び公衆衛生の向上を図ること」と記している。廃棄物の排出抑制・分別収集・再生処分等が自ずとなされれば公の出番はなさそうともいえるが，私的自治に任せてはおそらくはゴミの山が各地にできることが安易に想定される。そのため，総合的なスキーム設計と維持が行政に課せられていると考えられる。

　同法は，その2条に，「廃棄物（1項）」は，大きくは「一般廃棄物（2項）」と「産業廃棄物（4項）」に分けられることが明記されている。一般廃棄物は産業廃棄物以外のものといういわば控除式で規定されていることが興味深い。

廃掃法

第2条　この法律において「廃棄物」とは，ごみ，粗大ごみ，燃え殻，汚泥，ふん尿，廃油，廃酸，廃アルカリ，動物の死体その他の汚物又は不要物であつて，固形状又は液状のもの（放射性物質及びこれによつて汚染された物を除く。）をいう。

2　この法律において「一般廃棄物」とは，産業廃棄物以外の廃棄物をいう。

4　この法律において「産業廃棄物」とは，次に掲げる廃棄物をいう。

　一　事業活動に伴つて生じた廃棄物のうち，燃え殻，汚泥，廃油，廃酸，廃アルカリ，廃プラスチック類その他政令で定める廃棄物

　二　輸入された廃棄物　（以下略）

産業廃棄物について

　事業者が排出するゴミが，産業廃棄物である。産業廃棄物は，廃掃法3条1項により，事業者「自らの責任において適正に処理しなければならない」と規定されていることから，排出事業者が処理責任を負う。都道府県は，同法4条2項により，産業廃棄物処理に関する監督責任を持つ。

　一方，一般廃棄物は，廃掃法4条1項に基づき，市町村が処理責任を持つとされている。オフィス等から出る紙ごみ等は事業系一般廃棄物であるが，これも同法3条1項により，排出事業者が処理責任を担うとされている。

廃掃法
第3条　事業者は，その事業活動に伴つて生じた廃棄物を自らの責任において適正に処理しなければならない。（以下略）
第4条　市町村は，その区域内における一般廃棄物の減量に関し住民の自主的な活動の促進を図り，及び一般廃棄物の適正な処理に必要な措置を講ずるよう努めるとともに，一般廃棄物の処理に関する事業の実施に当たつては，職員の資質の向上，施設の整備及び作業方法の改善を図る等その能率的な運営に努めなければならない。
2　都道府県は，市町村に対し，前項の責務が十分に果たされるように必要な技術的援助を与えることに努めるとともに，当該都道府県の区域内における産業廃棄物の状況をはあくし，産業廃棄物の適正な処理が行なわれるように必要な措置を講ずることに努めなければならない。

【事例1】

　産業廃棄物処分業者Ｘが，Ｙ市の住宅専用地域の近くに安定型最終処分場の設置を計画し，Ｙ市が存するＺ県に対して設置許可申請書を提出した。その申請書には，生活環境影響調査書（廃掃法15条3項）も添付されておりそれに係る縦覧等の手続き（同法15条4項）も進められている。許可の基準である，「技術上の基準に適合していること」（同法15条の2第1項1号），「周辺地域の生活環境の保全及び環境省令で定める周辺の施設について適正な配慮がなされたものであること」（同項2号）等という諸要件も充足していると思われる。ただし，地元住民の一部からは，当該施設の設置は反対されており，地元自治体等からの同意書は添付されていない。

　Ｚ県は，「産業廃棄物に係る指導指針」という要綱を作成しており，そこには，「県・関係市町村・関係住民と事前協議を行うこと」という項目がある。Ｚ県は，それを理由として，地元住民からの同意が得らえていないままでは申請の審査ができないし，許可も出しづらいという。Ｘはどうすべきだろうか。

　産業廃棄物処理業務は社会にとって必須の事業であると言える。しかし，そのための施設が近隣に設置されるとすれば，話は別になりがちである。そのため，処分場の設置をめぐっては，多様な形態の訴訟がある。事業者によるものとしては，事業の不許可処分や処分場設置不許可処分の取消訴訟があり，周辺住民によるものとしては，事業者への事業許可処分および処分場設置許可処分の取消訴訟も少なくない。

　最終処分場は以下の３種類に分けられる。① 安定型（廃プラスチック類，ゴムくず，金属くず，ガラスくず・コンクリートくず・陶磁器くず，がれき類のいわゆる安定５品目のみを埋立処分），② 遮断型（有害な燃え殻，ばいじん，汚泥，鉱さい等を埋立処分），③ 管理型（上記２種類以外の廃棄物を埋立処分）である。上記３種類のそれぞれについて，廃掃法15条１項の「許可」が必要となる。その「許可」の法的性質に言及した判決が【事例２】である。

> 廃掃法
> 第15条　産業廃棄物処理施設（略）を設置しようとする者は，当該産業廃棄物処理施設を設置しようとする地を管轄する都道府県知事の許可を受けなければならない。
> 4　都道府県知事は，産業廃棄物処理施設（略）について第１項の許可の申請があつた場合には，遅滞なく，第２項第１号から第４号までに掲げる事項，申請年月日及び縦覧場所を告示するとともに，同項の申請書及び前項の書類（略）を当該告示の日から１月間公衆の縦覧に供しなければならない。
> 第15条の２　都道府県知事は，前条第１項の許可の申請が次の各号のいずれにも適合していると認めるときでなければ，同項の許可をしてはならない。
> 一　その産業廃棄物処理施設の設置に関する計画が環境省令で定める技術上の基準に適合していること。
> 二　その産業廃棄物処理施設の設置に関する計画及び維持管理に関する計画が当該産業廃棄物処理施設に係る周辺地域の生活環境の保全及び環境省令で定める周辺の施設について適正な配慮がなされたものであること。
> 三　申請者の能力がその産業廃棄物処理施設の設置に関する計画及び維持管理に関する計画に従つて当該産業廃棄物処理施設の設置及び維持管理を的確に，かつ，継続して行うに足りるものとして環境省令で定める基準に適合するものであること。
> 四　申請者が第14条第５項第２号イからへまでのいずれにも該当しないこと。

【事例２】　産業廃棄物処理施設設置不許可処分取消請求事件

　原告Ｘは，（当時の）廃掃法15条２項所定の要件に適合する産業廃棄物処理施設に係る知事がした同条１項に基づく設置不許可処分に対し，その取消しを請求した。

　【事例２】は，札幌地判平成９年２月13日・判タ936号257頁である。裁判所は，同条の許可制は，本来は自由であるはずの私権の行使を，公共の福祉の観点から制限するものであるから，その許可に当たって知事に与えられた裁量は，申請に係る産業廃棄物処理施設が同条２項各号所定の要件（現行法では許可の基準等は15条の２）に適合するかどうかの点に限られる。前記要件に適合すると認められるときは，必ず許可しなければならない羈束（きそく）裁量と

解すべきものであり，また，知事の行政指導に従わないまま許可申請をしたことに権利の濫用と目されるような特段の事情があるとまではいえず，前記申請を不許可とすることはできないとして，前記処分を違法とした。

【事例2】では，道（どう）は，産業廃棄物処理に係る指導指針およびその運用通知を策定しXに対して行政指導を行っていた。しかし，Xは，それに沿うように努めたもののすべてを実現することができないまま，申請せざるを得なかった。

廃掃法15条2項の末尾は，「次の各号のいずれにも適合していると認めるときでなければ，同項の許可をしてはならない」である。しかし，裁判例は，廃掃法15条1項の「許可」は，講学上の許可，すなわち産業廃棄物処理業者の営業の自由を前提としており，その自由に任せておくと生じるであろう不都合を未然に回避するための必要最小限度の規制を行うのが都道府県であるという判断に基づき，都道府県の不許可にする裁量を否定した。

行政の内部規程に基づく行政指導に従わないことのみを不許可の理由とすることはできないものの，法律の文言から判断するに，規律密度の高い条例策定等に基づく不許可の可能性もあると思え，疑問が残る判決ではある。

産業廃棄物処分場が近隣に設置されると知った地域住民は，自治体に設置反対の意向を告げ，反対運動または署名活動等をすることが多い。しかし，設置許可申請およびその許可・不許可処分は，事業者と都道府県との間でなされるものである。よって，住民の意向が汲み取られない判断，すなわち設置許可処分が下されることは少なくない。この場合，住民には何ができるのであろうか。【事例3】および【事例4】は，周辺住民らが，都による産業廃棄物処分業者に対する産業廃棄物処理施設設置許可処分の取消しを求めた訴訟である。

【事例3】　産業廃棄物処理施設設置許可処分取消請求控訴事件

都がA社に対してした産業廃棄物処理施設の設置許可処分について，建設予定地の周辺に居住する住民らが，本件許可処分は，廃掃法15条1項等に規定された設置許可要件を欠き違法であると主張して取消しを求めた。

第一審（千葉地判平成19年8月21日・判時2004号62頁）では，当該処分施設の建設予定地の周辺住民のうち，一定範囲の者の原告適格が肯定され，周辺住民が生命，身体等に係る重大な被害を直接に受けるおそれがある災害等が想定される程度に事業者の経理的基礎を欠く違法があるとして，上記許可が取り消された。

控訴審（東京高判平成21年5月20日・LEX/DB文献番号25441484）でも，被控訴人らについて原告適格を認めた上で，2000年に改正された廃掃法15条3項から5項までおよび15条の2第3項の規定が定める各手続きをいずれも経ないでなされた本件許可処分には重大な瑕疵があり違法であるとして，本件許可処分を取り消した第一審判決を結論において相当とした。

【事例3】で原告適格が認められた住民は，建設予定地の存する台地内に居住等し，地下水を生活用水や農業用水等に直接利用している者であった。当該処分場から有害な物質を含有する浸出水が許容限度を超えて排出された場合に，生命または身体に係る重大な被害を直接に受けるおそれがあること等から，カーネーション栽培または水田耕作を行っている者の原告適格は肯定された。

このように，住民原告が都道府県の許可処分の取消しを訴える訴訟においては，都道府県が自らの許可処分の正当性を示すために，（都道府県は許可したくないと思っていても）いわば申請事業者をかばい，住民と対峙するという構図になることが興味深い。

【事例2】および【事例3】から，都道府県には，改めて，法による適正手続の遵守に務めることが求められる。そのうえで，「周辺地域の生活環境の保全及び環境省令で定める周辺の施設について適正な配慮がなされたものであること（廃掃法15条の2第1項2号）」の確認のためにも，1997年度法改正により創設された生活環境影響調査制度（ミニアセスと言われる。同法15条3項）をより有効に活用する必要がある。

【事例4】　産業廃棄物処理施設設置許可処分取消しの義務付け請求事件
住民である原告らが，主位的に，Y県知事のした管理型最終処分場等の設置許可処分の取消しを，予備的に，Y県知事に対して上記処分の取消しを命じるよう求めた。

許可する都道府県の責任は重大である。2003年改正の廃掃法14条の3の2第1項および同法15条の3第1項により，許可の義務的取消しが規定された。

廃掃法
第14条　5　都道府県知事は，第1項の許可の申請が次の各号に適合していると認めるときでなければ，同項の許可をしてはならない。
　二　申請者が次のいずれにも該当しないこと。
　　イ　第7条第5項第4号イからトまでのいずれかに該当する者（以下略）
第14条の3の2　都道府県知事は，産業廃棄物収集運搬業者又は産業廃棄物処分業者が次の各号のいずれかに該当するときは，その許可を取り消さなければならない。（以下略）
第15条の3　都道府県知事は，次の各号のいずれかに該当するときは，当該産業廃棄物処理施設に係る第15条第1項の許可を取り消さなければならない。
　一　産業廃棄物処理施設の設置者が第14条第5項第2号イからへまでのいずれかに該当するに至つたとき。（以下略）

【事例4】は，福島地判平成24年4月24日・判時2148号45頁である。裁判所は，上記処分は，廃掃法15条の3第1項1号，14条5項2号等に該当するから，被告であるY県は上記処分を取り消すべき義務を負うとして，原告住民らの主位的請求に係る訴えを不適法却下し，予備的請求を認容した。

一般廃棄物について

【事例1】

　東京都X区では，毎月一度資源ごみ収集の日があり，住民が新聞紙，雑誌，スチール缶，アルミ缶等を分別回収している。この分別回収場所に，X区が委託した処分業者ではない事業者が回収に来て，これらの資源ゴミを持ち去ってしまう事件が起きている。ゴミを持ち去ってくれるのは，ある意味ではありがたい行為ともいえるが，委託していない事業者による持ち去りは財産権の侵害（窃盗）ともいえそうである。法的な問題は生じないのであろうか。

　一般廃棄物は，産業廃棄物以外の廃棄物であると説明した（51頁）。その多くは，家庭から出るごみのことである。ただし，事業系一般廃棄物といわれる事業者が排出する産業廃棄物以外のごみもこれに含まれる。

　この一般廃棄物は，廃掃法6条の2によれば，市町村が一般廃棄物処理計画を定めて，それに則って収集，運搬および処分をしなければならないことが規定されている。家庭からのゴミであっても，ひとたび「ゴミ」とするのであれば，「みだりに」捨てたり（16条），自宅敷地内で焼却したり（16条の2），ふん尿等を肥料として使用してはならない（17条）のである。

> 廃掃法
> 第6条の2　市町村は，一般廃棄物処理計画に従つてその区域における一般廃棄物を生活環境の保全上支障が生じないうちに収集し，これを運搬し，及び処分（略）しなければならない。
> 第16条　何人も，みだりに廃棄物を捨ててはならない。
> 第16条の2　何人も，次に掲げる方法による場合を除き，廃棄物を焼却してはならない。
> 　一　一般廃棄物処理基準，特別管理一般廃棄物処理基準，産業廃棄物処理基準又は特別管理産業廃棄物処理基準に従つて行う廃棄物の焼却
> 　二　他の法令又はこれに基づく処分により行う廃棄物の焼却
> 　三　公益上若しくは社会の慣習上やむを得ない廃棄物の焼却又は周辺地域の生活環境に与える影響が軽微である廃棄物の焼却として政令で定めるもの
> 第17条　ふん尿は，環境省令で定める基準に適合した方法によるのでなければ，肥料として使用してはならない。

　【事例1】は世田谷区で起きた事件を参考としたものである。世田谷区には，世田谷区清掃・リサイクル条例があり，2003（平成15）年12月に，以下の条文を改正した。この改正により，「区長が指定する者以外の者」に資源を持ち去る行為を禁じ，その命令に背き持ち去る行為を続ける者に命令を発出し，罰則を加えることができるようになった。

世田谷区清掃・リサイクル条例（改正部分抜粋）
第3章　廃棄物の適正処理
　第2節　指定する者以外の者の再利用の対象となる廃棄物の収集又は運搬の禁止等
　　第31条の2　第35条第1項に規定する一般廃棄物処理計画で定める所定の場所に置かれた廃棄物の
　　　うち，古紙，ガラスびん，缶等再利用の対象となる物として区長が指定するものについては，区長
　　　及び区長が指定する者以外の者は，これらを収集し，又は運搬してはならない。
　　2　区長は，区長が指定する者以外の者が前項の規定に違反して，収集し，又は運搬したときは，そ
　　　の者に対し，これらの行為を行わないよう命ずることができる。
第8章　罰則
　　第80条　次の各号の(1)に該当する者は，200,000円以下の罰金に処する。
　　　(1)第31条の2第2項の規定による命令に違反した者

　この条例改正のきっかけは，【事例2】である。

【事例2】　世田谷区清掃・リサイクル条例違反被告事件

　被告人Yは，「区長が指定する者以外の者」であるのに，一般廃棄物処理計画で定める所定の場所において古紙等の資源ゴミを収集した。そのため，区長から，再利用の対象として区長が指定したものを収集し，または運搬する行為を行わないよう命ぜられたが，古紙を収集し続け，命令に違反した。

　Yは，「区長が指定する者以外の者」による持ち去り行為を罰則をもって規制している世田谷区清掃・リサイクル条例は，廃掃法7条1項ただし書に実質的に違反するものと考えられ，かかる規制には合理性が認められないから，同区条例は地方自治法14条3項の認めている条例による罰則制定権の範囲を超えたものとして無効であると主張した。第一審（東京簡判平成19年3月26日・判タ1258号89頁）は，Yの主張を認め，無罪を言い渡した。しかし，控訴審（東京高判平成19年12月10日・判時1996号25頁）は，無罪を言い渡した原判決を破棄し，罰金20万円を言い渡した。上告審（最一小判平成20年7月23日・LEX/DB文献番号25450802）も控訴審を支持した。

廃掃法
第7条　一般廃棄物の収集又は運搬を業として行おうとする者は，当該業を行おうとする区域（運搬のみ
　を業として行う場合にあつては，一般廃棄物の積卸しを行う区域に限る。）を管轄する市町村長の許可
　を受けなければならない。ただし，事業者（自らその一般廃棄物を運搬する場合に限る。），専ら再生利
　用の目的となる一般廃棄物のみの収集又は運搬を業として行う者その他環境省令で定める者について
　は，この限りでない。

地方自治法
第3章　条例及び規則

> 第14条　3　普通地方公共団体は，法令に特別の定めがあるものを除くほか，その条例中に，条例に違反した者に対し，2年以下の懲役若しくは禁錮，100万円以下の罰金，拘留，科料若しくは没収の刑又は5万円以下の過料を科する旨の規定を設けることができる。

　加えて，問題になりそうなのは，憲法29条1項の財産権に係ることである。資源ゴミ回収に出された古紙等の所有権は，区に移転したのであろうか，まだ元の持ち主に帰属するのであろうか，それとも無主物といえるのであろうか。刑法235条（窃盗罪）および民法239条1項（無主物の帰属）との関係で問題となる。

　【事例2】の控訴審は，「区民が排出する資源については，一般的に，区の管理・所有に委ねる意思と解されるから，いわゆる『持ち去り』行為は，まさに横取りというべきで，区または排出者の管理権ないし所有権を侵害する行為にほかならない」と判断している。上告審である【事例2】は，資源ゴミが無主物であるとする被告人側の主張は斥けつつも，その所有権の帰属については明言を避けている。

　いくつかの条例は，資源ゴミ収集のところに排出された古紙等の所有権が行政にあることを明確にして，持ち去り行為が窃盗罪の構成要件を充足させるようにしている。

　資源ゴミを排出する住民の側も，いったん出した資源ゴミについては，一般的に，市町村の管理・所有に委ねる意思と解されるから，いわゆる「持ち去り」行為は，まさに横取りと受け取れるだろう。何よりも，ゴミとはいえどこの誰ともわからない者に持ち去られるのは，決して気持ちの良いものではない。

【事例3】　損害賠償請求事件

　Y市が一般廃棄物の収集等の業務処理を委託していたZ会社の所有車両が同委託業務（ゴミ収集）遂行のため停車中，同車両後部付近で同車両に直接ゴミを投棄した老婦人Xが，投棄直後に後退してきた同車両に轢過死亡させられた事故がおきた。Xの遺族は，損害賠償を求めて提訴した。

　【事例3】は，大阪地判昭和60年4月30日・判時1168号91頁である。Xの遺族による訴えに対して，委託者たるY市に自動車損害賠償保障法（1955（昭和30）年法律97号）3条の運行供用者としての責任があるとされた事例である。

> 自動車損害賠償保障法
> 第3条　自己のために自動車を運行の用に供する者は，その運行によつて他人の生命又は身体を害したときは，これによつて生じた損害を賠償する責に任ずる。ただし，自己及び運転者が自動車の運行に関し注意を怠らなかつたこと，被害者又は運転者以外の第三者に故意又は過失があつたこと並びに自動車に構造上の欠陥又は機能の障害がなかつたことを証明したときは，この限りでない。

　詳しく見てみよう。まずは，一般廃棄物処理行政の特徴を踏まえる必要がある。市町村によるゴミ処理は，以下の3つの方法のいずれかで行われる。

① 　直営：市町村が自らゴミ処理を行う。収集・運搬等も市町村の清掃局等が行う。

② 　委託：市町村は，委託基準に適合した事業者に一般廃棄物処理（収集・運搬等）を委託することもできる。一般廃棄物処理は，廃掃法に規定された市町村の固有事務（行政作用）であるところ，委託事業者は市町村の代わりに市町村の事務を代行しているのであるから，委託事業者の行為は市町村の行為とみなされる。

廃掃法

第6条の2　2　市町村が行うべき一般廃棄物（略）の収集，運搬及び処分に関する基準（略。以下「一般廃棄物処理基準」という。）並びに市町村が一般廃棄物の収集，運搬又は処分を市町村以外の者に委託する場合の基準は，政令で定める。

---

③ 　許可：市町村は，一般廃棄物処理業の「許可」を受けた事業者に一般廃棄物処理を行わせることもできる。条文上は「許可」であるが，講学上の「特許」の意味を持つことに注意を要する。つまり，産業廃棄物処理とは異なり，一般廃棄物処理は，市町村の固有事務であって，憲法上の職業選択の自由および営業の自由等によって保障された権利とはいえないからである。よって，どの事業者に「許可」を与えるかには，市町村は広範な裁量を持つことになる。

廃掃法

第6条の2　6　事業者は，一般廃棄物処理計画に従つてその一般廃棄物の運搬又は処分を他人に委託する場合その他その一般廃棄物の運搬又は処分を他人に委託する場合には，その運搬については第7条第12項に規定する一般廃棄物収集運搬業者その他環境省令で定める者に，その処分については同項に規定する一般廃棄物処分業者その他環境省令で定める者にそれぞれ委託しなければならない。

　【事例3】では，ゴミ収集車の運転者が停車中の車を後方の作業員のところまで移動させようとして車を後退させた折に，車の後部にゴミを直接投棄していた被害者X（女・72歳）に車の後部を衝突させて死亡させた事故が起きた。この事故につき，廃掃法に基づき廃棄物の収集運搬業務を委託していたY市に，損害賠償義務があるかどうかが争われた。

　Y市は，廃棄物処理業者の従業員によって運行されている範囲内において，その運行について利益を得ており，かつ同運行を事実上支配管理することができ，社会通念上その運行が社会に害悪をもたらさないよう監視・監督すべき立場にあったとして，運行供用者責任が認められた。裁判所は，「Y市は事業者Z及びその従業員に対し直接または間接に支配・監督を及ぼして廃棄物処理業務を行わせていたものというべきである」という点を基に判断を下した。

　なお，この事故の過失相殺として，エンジンを作動させた状態の同車の動静に注意を払わず漫然と同車に近づいたXに，15％の過失相殺を認めている。

コラム11　行政指導と刑事立件・起訴

「起訴（立件）に勝る再発防止策はなし」とは言われるものの，立件・起訴にまで持ち込もうとすれば，膨大な証拠収集のための時間と手間が必要になる。もちろんその前に行政担当者等が行政指導を行えば，不正の事実が隠されたり活動が一時的に委縮したりするであろうことを勘案すると，しばらくはいわゆる「泳がせておく」ことも必要になるであろう。

産業廃棄物の不法投棄問題でこれを行うと，またたく間に不法投棄による産廃ゴミの山が出来上がる。そして，事業者はなぜか儲かっているはずなのに倒産してそのゴミの山を放置したまま，また別の地で同種の事業を新たに始めるということを繰り返しがちである。

行政指導ではなく行政命令まで踏み込めばよいのではないかとも思われるであろうが，ではゴミの山の撤去に関して行政代執行となったときの「お金」はだれが支払うのか（基金の協力を踏まえて，都道府県で負担可能な額かどうか）ということも勘案すると，すぐには判断できかねる。そうこうしているうちに，意図しないままやはり「泳がせる」状態になるわけである。

コラム12　おから決定と木くず判決

「ゴミ（廃棄物）も集めれば資源になる」というように，ゴミ＝無償であるわけではない。また，まだ使えるものが捨てられるケースも少なくはなく，ゴミ＝非有用物というわけでもない。

では，「おから」の処理委託を県知事らの許可を得ずに受け，処理料金を徴して収集，運搬，処分を業として行ったという事案において，この処理業者は廃掃法違反に問われるのであろうか。これは，最二小決平成11年3月10日・判時1672号156頁を素材とした問いである。本件当時，おからは，食用などとして有償で取り引きされるわずかな量を除き，大部分は，無償で牧畜業者等に引き渡され，あるいは，有料で廃棄物処理業者にその処理が委託されていた。当該処理業者は，豆腐製造業者から処理料金を徴していたにも関わらず，本件おからを廃棄した。

この事件では，「おから」が当時の廃棄物の処理及び清掃に関する法律施行令2条4号に定める「食料品製造業において原料として使用した植物に係る固形状の不要物」として産業廃棄物に当たるかどうかが問われた。最高裁は，本件おからは，同施行令2条4号の「不要物」に当たると判断した。加えて，この処理業者が，処理料金をもらって処理を引き受けていた点も思料された。つまり，「逆有償性」（北村喜宣『環境法　第5版』成文堂，455頁），すなわち，取引価値がないため，「当該物も渡し，その引き取り料としてお金も払」っていたのである。

ここでいう取引価値を，受取側事業者への受渡時における逆有償性のみによらず，その後の受取側事業者の努力も勘案して有用物かどうかの判断を下したのが，水戸地判平成16年1月26日・LEX/DB文献番号28095210である。この事件では，受取側事業者が，各法令等の趣旨に合致した選別等の作業をしたことにより，同社らが工場に搬入する段階では，分離ないし処理されて有用物になったと認められ，本件材木が産業廃棄物である「木くず」に該当すると認めることはできないと判断された。

第 7 章

租税行政―公平・平等原則と信頼保護原則，租税争訟

はじめに

　自由と平等が並び立つのか，という基本的な問題がある。例えば，アルバイト時間が多い人も少ない人も同じ金額の給与がもらえるのは平等なのか，同じ時間働いたとして頑張ってスキルアップした人とそうでない人の昇給額が同じなのは，果たして平等といえるか。こう尋ねると，多くの学生が，それは平等ではないという。では，どういうことが平等なのだろう。

　憲法14条1項が保障するのは形式的平等か実質的平等か，という論点がある。「形式的平等」とは，法律上の均一的取扱いを意味し，事実上の差異を切り捨てて「原則として一律平等に扱うこと」である。ここでは，個人の努力は報われないこともあるかもしれないが，互いに平等な状態であることが確保されている。他方，「実質的平等」は，現実の差異に注目して格差是正を行うことであり，「配分ないし結果の均等を意味する」。そのため，同じ状態であれば同様の評価をされるが，差異があれば異なる評価の下で異なる結果を生じる。また，平等実現の過程または場面に注目して，望ましいのは機会の平等か結果の平等か，を問う議論もある。

　公平性が担保されねばならない領域の一つに「納税（憲法30条）」がある。この納税は，教育の義務（憲法26条2項），勤労の義務（憲法27条1項）とともに，国民の義務であり，その義務の内容や履行方法については，憲法84条の租税法律主義の趣旨に沿って，所得税法等のなかで規定されている。

　目標とされているのは，「支えあう社会の実現」のために納税を「広く公平に分かち合うこと」である。財務省が用いる「税は『社会の会費』である」というフレーズの通り，日本社会の会費は公平かつ平等な基準で決定されていなければならないからである。

日本国憲法

第14条　すべて国民は，法の下に平等であつて，人種，信条，性別，社会的身分又は門地により，政治的，経済的又は社会的関係において，差別されない。

第30条　国民は，法律の定めるところにより，納税の義務を負ふ。

第84条　あらたに租税を課し，又は現行の租税を変更するには，法律又は法律の定める条件によることを必要とする。

公平・平等原則と信頼保護原則

【事例1】

　AはX専門学校の財務担当をしている。当初（15年前）固定資産税額を試算するにあたり，Aの勤務先であるX専門学校を所管するY税務事務所に尋ねたところ，「土地・建物は非課税扱いである」との回答を文書でもらっており，以後非課税扱いになっている。

　しかし，この解釈は誤ったものであったことが判明した。課税の適法性という観点からも，Y税務事務所からは時効にかからない過去5年間の固定資産税をさかのぼって賦課する課税処分がなされた。Aはどうすべきか。

　概して，公法上の法律関係には会計法（1947（昭和22）年法律35号）30条が適用され，公法上の金銭債権の消滅時効期間は5年である。

> 会計法
> 第30条　金銭の給付を目的とする国の権利で，時効に関し他の法律に規定がないものは，5年間これを
> 　　行わないときは，時効に因り消滅する。国に対する権利で，金銭の給付を目的とするものについても，
> 　　また同様とする。

　本来，支払わねばならなかったのに長年支払わずに済んだため，Aの勤務先は得をしたわけだから，過去5年分のさかのぼり課税くらいはやむを得ないというべきであろうか。それとも，Aは支払うつもりで資金計画をたてるつもりで問い合わせたのに，間違えたのは税務事務所側である。にもかかわらず，5年分もさかのぼり課税をするとはけしからん，と考えるべきであろうか。

　いずれにしても，さかのぼった5年分の賦課額をX専門学校が支払える状態であったのであれば，現実的には大きな問題にはならなかったであろう。しかし，この素材である【事例2】東京地判昭和40年5月26日・判時411号29頁では，X専門学校は，非課税取扱いに基づく資金計画を運用していた。途中で法改正の折に非課税扱いにする機構改革を行う選択肢もあったが，Y税務事務所からの通知の存在が，それにブレーキをかけたのである。そのため，ひとたび事態が課税されるという事態に転じても，すぐに納税できる状態ではなかった。そこで，Y税務事務所は，税額徴収のため，X専門学校所有の土地に対して差押処分を行ったことから争訟へと発展した。

【事例2】　土地家屋に対する固定資産税の非課税確認等請求事件

　X法人は，1948（昭和23）年文部大臣（当時）より，民法34条により設立を許可された財

団法人であって，学校教育法（1947（昭和22）年法律26号）83条にいう学校（各種学校）を設置するものである。X法人は，土地および建物を所有し，これを直接教育の用に供していたところ，東京都Y税務事務所長Y1は，右事実を認め，この土地および建物は，地方税法（1950（昭和25）年法律226号）348条2項9号に該当するものと判断し，1953（昭和28）年に通知書をもって，当該物件につき同年度以降固定資産税については非課税の取扱いをすることに決定した旨をX法人に通知した。

その後，解釈の誤りに気付いたY1は，1961（昭和36）年10月に徴税令書をもって，当該土地および建物につき，1957（昭和32）年度にさかのぼって，1961年度随時分として，固定資産税を賦課した。後任所長のY2は，Y1より徴収事務を引き継ぎ，当該税額徴収のため，1962（昭和37）年9月，本件土地に対して差押処分をした。

X法人は，この差押処分につき，被告（Y2）に対し異議の申立てをしたが，Y2は1963（昭和38）年2月これを棄却する旨の決定をして，X法人に通知した。そこでX法人は，課税処分と差押処分の違法を訴え，取消しを求めた。

裁判所は，Y2がした差押処分を取り消す判決を下した。

固定資産税は，地方税に当たる。固定資産税の非課税の範囲は，地方税法348条に規定されている。本件で参照された同条2項9号は，学校法人等の所有する固定資産について規定する。それに係る19条に挙げる処分は同法19条の12に基づき，審査請求前置とされる。

> 地方税法
> 第348条　2　固定資産税は，次に掲げる固定資産に対しては課することができない。ただし，固定資産を有料で借り受けた者がこれを次に掲げる固定資産として使用する場合においては，当該固定資産の所有者に課することができる。（中略）
> 　九　学校法人又は私立学校法第64条第4項の法人（以下この号において「学校法人等」という。）がその設置する学校において直接保育又は教育の用に供する固定資産（略），学校法人等がその設置する寄宿舎で学校教育法第1条の学校又は同法第124条の専修学校に係るものにおいて直接その用に供する固定資産及び公益社団法人若しくは公益財団法人，宗教法人又は社会福祉法人がその設置する幼稚園において直接保育の用に供する固定資産（略）並びに公益社団法人又は公益財団法人がその設置する図書館において直接その用に供する固定資産及び公益社団法人若しくは公益財団法人又は宗教法人がその設置する博物館法第2条第1項の博物館において直接その用に供する固定資産
> 第19条　地方団体の徴収金に関する次の各号に掲げる処分についての審査請求については，この款その他この法律に特別の定めがあるものを除くほか，行政不服審査法（略）の定めるところによる。
> 　一　更正若しくは決定（略）又は賦課決定
> 　二　督促又は滞納処分
> 第19条の12　第19条に規定する処分の取消しの訴えは，当該処分についての審査請求に対する裁決を経た後でなければ，提起することができない。

ちなみに，税務署と都道府県税事務所は異なるものである。両役所とも名称に「税」という文字と，管轄地域を連想させる地名が入っているので，そこへ行けば税に関するあらゆる手続

きができるように思われがちである。しかし，税務署は，「国税」に関する役所であり，都道府県税事務所は「都道府県税」に関する役所である。本件に係る固定資産税は地方税であり，課税主体は，「その固定資産の所在する市町村」（地方税法5条2項）となる。ただし，東京23区内では，区ではなく都が課税している（地方税法734条）。

　もう少し詳しく見てみよう。

　本件で問題となっているのは，Y税務事務所への事前の確認とそれに対する所長Y1からの通知をもって，長らく非課税との扱いを受けていた固定資産に対して，課税（5年分のさかのぼり課税）するとの賦課決定が下されたことの是非である。ここでは以下の2つの考え方があり，以下に列挙する。

　考え方1：信頼保護原則に基づくもの

　　X法人は，Y1から非課税の取扱いをすることに決定した旨の通知を受け取っている。そのため，長らくX法人はそのように運用してきたのである。これを急に変更して固定資産税を徴収する，ましてさかのぼって徴収するということになれば，X法人の経営計画（資金繰り計画）にも影響をきたすことは必至である。ゆえに，X法人は特別に保護される必要がある。

　考え方2：法律による行政の原理（課税法律主義）に基づくもの

　　課税のあり方は法律で定められている。それは，全国一律に，公平かつ平等に課せられることとなっている。本件では，確かにY1による通知が発出されているのではあるが，その内容が間違っているとすれば，正すべきは通知の内容であり課税のあり方である。法人は，過去5年より前の課税分に関しては，本来は課税されるべきであるのに課税されていないという恩恵を特別に受けているといえるのであるから，それでやむを得ないと考えるべきではないか。

　【事例2】は，「考え方1」を採用して，以下のように判断した。

　「仮りに，本件土地及び建物が当然に非課税物件にあたらないとしても，前記のとおり，Y1は，昭和28年9月17日本件土地及び建物について固定資産税を非課税とする決定を行ない，Xに通知しているのであるから，右決定は，権限ある機関によつて取り消されるまでは有効なものとして国民及び関係行政庁を拘束するものであるところ，問題の賦課処分は，右決定が取り消されないままに行なわれたものであるから，無効である。（中略）Y1が，Xの実態を十分調査し，本件土地及び建物を非課税と決定し，これをXに通知した以上，右決定が行政処分であることは当然のことであり，仮りにこの決定に瑕疵があつたとしても，これが適法に取り消されない限り，これを無視して固定資産税を賦課することは許されないのである。」

　「仮りに，本件土地及び建物が非課税物件でないとすれば，Y1は，前記非課税決定により，本件土地及び建物に対する固定資産税を免除したものである。」

　「仮りに，以上の主張が理由がないとしても，Y2が過去に遡つて固定資産税を賦課したの

は，禁反言の法理に反し許されないものである。」

　禁反言（エストッペル）とは，取引の安全を保護するための英米法の原則の一つであり，自己矛盾行為をすることは許されないとする法理のことである。

　しかし，【事例2】の控訴審判決である東京高判昭和41年6月6日・判時461号31頁は，「考え方2」を重視した。

　控訴審は，Xの請求を棄却した。詳しく見てみよう。

　「Xは，Y1がさきに昭和28年9月17日本件土地建物についてした前記非課税取扱いの決定通知は行政処分（行政行為）であると前提し，右決定が取消されない限り，本件土地建物に対し固定資産税を賦課することは許されないと主張する。しかし，右のような非課税取扱いの決定（処分）を規定した根拠法規はないので，かような決定通知があつても，それにより免税その他何らの法的効果を生ずるものでなく，これを行政処分と解する余地のないこと原判決理由の説示するとおりである。のみならず…Y2はあらかじめその職員を通じて，Xに対し本件土地建物に固定資産税を課する旨予告し，これに対しXから前記非課税取扱いの決定があるとの反論を聞いたうえで，本件固定資産税の賦課処分をしているのであるから，右により前の非課税取扱いの決定を取消し，または撤回する趣旨は明らかにされているということができる。」

　このように，控訴審は，Y2により非課税決定の取消しおよび改めての課税処分が行われていると判断したのである。

　控訴審は，禁反言（エストッペル）の法理の部分には以下のように判断している。

　「Xはその頃…学校の教育用土地建物については，従前の財団法人のままでも固定資産税はかからないと誤解し，そのため右私立学校法による準学校法人への組織変更の手続をとらなかつた。そして，Y1も…新地方税法348条の解釈を誤つたものか…非課税の取扱いをすることに決定した旨被控訴人に通知した。それで被控訴人は右の誤解を深くし，本件土地建物には将来とも課税されることはないものと信じて学校の経営を続け，準学校法人になる手続もとらなかつたところ，Y2は昭和36年6月頃，その職員を通じて，右土地建物に固定資産税を課する旨予告し，（中略）被控訴人が右固定資産税を納付しないので，Y2は昭和37年9月…右徴収のため本件差押処分に及んだ。」

　「かような誤解に基く違法な取扱いは少しでも早く是正されるべきであつて，Y2が昭和36年になつてこれに気づき，法の命ずるところに従い，法の許容する範囲内で昭和32年度まで遡つて本件課税処分をした，これを禁反言の法理に反するものとして無効ということはできないものといわねばならない。」

　本件には，1950（昭和25）年3月の私立学校法（1949（昭和24）年法律270号）施行，ならびに1950（昭和25）年7月の旧地方税法の廃止および新地方税法施行が関連している。つまり，Xがこれらの法の解釈を誤解し，それを通知によって誤解を深め，準学校法人への組織変更の手続きをとる等の適切な対処を怠ったと判断したのである。

租税争訟

【事例１】

　Ｘは，コンビニエンスストアを開店した。法人税の算定にあたり，納税申告書を提出したが，開店祝い金および開店祝賀会の費用のいずれも公表帳簿に益金および損金として計上していない。Ｘは，これらのお金はＸ自身の交際費と認識しており，お返しをせねばならないものであるため，コンビニエンスストア経営とは別に，これらの金員を「大学ノート」で管理していた。

　開店祝い金は，およそ300万円であり，開店祝賀会の費用はおよそ200万円であったため，本件開店祝い金として収受した金額がおよそ100万円多く，その残った金員についてもＸの帳簿に記載されていない。

　税務署はこの事実を指摘し，国税通則法68条１項に則り，その国税の課税標準等または税額等の計算の基礎となる事実の全部または一部を隠ぺいし，または仮装し，その隠ぺいし，または仮装したところに基づき納税申告書を提出していたものとして，過少申告加算税に代えて，重加算税を課した。

　Ｘは，何ができるか。

　まず，法人税であるが，これは国税に該当する。法人税については法人税法（1965（昭和40）年法律34号）において，納税義務者，課税所得等の範囲，税額の計算の方法，申告，納付および還付の手続きならびにその納税義務の適正な履行を確保するため必要な事項等が規定されている。その４条１項では，納税義務者としてまずもって内国法人が示されている。

> 法人税法
> 第４条　内国法人は，この法律により，法人税を納める義務がある。ただし，公益法人等又は人格のない
> 　社団等については，収益事業を行う場合，法人課税信託の引受けを行う場合又は第84条第１項（略）
> 　に規定する退職年金業務等を行う場合に限る。

　国税通則法（1962（昭和37）年法律66号）は，国税についての基本的な事項および共通的な事項を定め，ならびに，国税に関する法律関係および税務行政の運営等について規定している。租税行政庁は，納税者から提出された納税申告書に誤りを見つけた場合等には，それを更正することができる（24条）。また，納税者が多く払いすぎてしまった場合には，理由を添えて租税行政庁に更正権の行使を求めることも可能である（23条）。さらに，納税者が申告を怠る場合には，租税行政庁が代わって税額を確定（決定）することができる（25条）。

国税通則法

第23条　納税申告書を提出した者は，次の各号のいずれかに該当する場合には，当該申告書に係る国税の法定申告期限から5年（略）以内に限り，税務署長に対し，その申告に係る課税標準等又は税額等（略）につき更正をすべき旨の請求をすることができる。

一　当該申告書に記載した課税標準等若しくは税額等の計算が国税に関する法律の規定に従つていなかつたこと又は当該計算に誤りがあつたことにより，当該申告書の提出により納付すべき税額（略）が過大であるとき。

第24条　税務署長は，納税申告書の提出があつた場合において，その納税申告書に記載された課税標準等又は税額等の計算が国税に関する法律の規定に従つていなかつたとき，その他当該課税標準等又は税額等がその調査したところと異なるときは，その調査により，当該申告書に係る課税標準等又は税額等を更正する。

第25条　税務署長は，納税申告書を提出する義務があると認められる者が当該申告書を提出しなかつた場合には，その調査により，当該申告書に係る課税標準等及び税額等を決定する。ただし，決定により納付すべき税額及び還付金の額に相当する税額が生じないときは，この限りでない。

　国税通則法68条1項は，同法65条1項に定める過少申告加算税の規定に該当する場合に，「納税者がその国税の課税標準等又は税額等の計算の基礎となるべき事実の全部又は一部を隠蔽し，又は仮装し，その隠蔽し，又は仮装したところに基づき納税申告書を提出していたとき」に適用される条文である。

　では，どういう場合に過少申告加算税（国税通則法65条1項）の適用になり，どういう場合は重加算税（同法68条1項）の適用になるのか。すなわち，隠ぺい，仮装の事実等の認定の基準が問題となる。国税不服審判所のホームページの裁決事例集には，隠ぺい，仮装の事実等を認めた事例と認めなかった事例が多数掲載されており，参考になる。

国税通則法

第65条　期限内申告書（略）が提出された場合（略）において，修正申告書の提出又は更正があつたときは，当該納税者に対し，その修正申告又は更正に基づき第35条第2項（期限後申告等による納付）の規定により納付すべき税額に100分の10の割合（略）を乗じて計算した金額に相当する過少申告加算税を課する。

第68条　第65条第1項（過少申告加算税）の規定に該当する場合（略）において，納税者がその国税の課税標準等又は税額等の計算の基礎となるべき事実の全部又は一部を隠蔽し，又は仮装し，その隠蔽し，又は仮装したところに基づき納税申告書を提出していたときは，当該納税者に対し，政令で定めるところにより，過少申告加算税の額の計算の基礎となるべき税額（略）に係る過少申告加算税に代え，当該基礎となるべき税額に100分の35の割合を乗じて計算した金額に相当する重加算税を課する。

　そして，国税通則法115条には，課税処分に不服があり訴訟を提起しようとする場合には，審査請求前置が明記されている。

> 国税通則法
> 第115条　国税に関する法律に基づく処分（略）で不服申立てをすることができるものの取消しを求める訴えは，審査請求についての裁決を経た後でなければ，提起することができない。ただし，次の各号のいずれかに該当するときは，この限りでない。
> 一　国税不服審判所長又は国税庁長官に対して審査請求がされた日の翌日から起算して三月を経過しても裁決がないとき。

　よって，【事例1】に関して，まずもってXは，「納税者がその国税の課税標準等又は税額等の計算の基礎となるべき事実の全部又は一部を隠蔽し，又は仮装し，その隠蔽し，又は仮装したところに基づき納税申告書を提出していたとき」に該当しないことを，審査請求で申し述べる必要がある。なお，【事例1】は，国税不服審判所平成14年12月19日裁決・裁決事例集64集367頁を素材にしている。ここでは，Xは審査請求を行ったが，国税不服審判所は，「請求人が税務に関する認識が乏しいから収入としての認識がなかったということについて，正当な理由があるとは認められない」と，隠ぺい，仮装の事実等を認定した。国税不服審判所は，租税行政庁の主張を認めたのである。

　租税行政の分野でも，処分の理由付記が注目されている。【事例1】でも，法人税更正処分の理由付記が十分かが争われた。【事例1】では，更正の原因となる事実を示す資料として「大学ノート」が適示されていることから，理由付記に不備はないとの裁決が下されている。

【事例2】　国税庁ホームページより抜粋

　お知らせ「処分の理由附記について」

　平成23年12月2日に公布された「経済社会の構造の変化に対応した税制の構築を図るための所得税法等の一部を改正する法律」（2011（平成23）年法律第114号）により，処分の適正化と納税者の予見可能性を高める観点から，原則として，国税に関する法律に基づく申請に対する拒否処分や不利益処分を行う場合には，平成25年1月1日以後，理由附記を実施します。

　［申請に対する拒否処分］

　更正の請求に対して更正をすべき理由がない旨の通知，青色申告承認申請の却下などの処分が該当します。

　［不利益処分］

　更正，決定，加算税賦課決定，督促，差押えなどの処分が該当します。

【事例3】　更正または決定等　更正決定通知および処分の理由

　審査請求人Xは，歯科技工業を営んでいる。租税処分庁Yが，Xの所得税について事業所得に係る総収入金額に計上漏れ等があること，また，基準期間における課税売上高が1,000万円を超え，Xは消費税及び地方消費税（以下「消費税等」という。）を納める義務が免除され

ないことから，所得税の各更正処分等および消費税等の各決定処分等をした。それに対し，X
は，① 原処分庁の調査に違法がある，② 原処分の理由付記に不備がある，③ 原処分庁が計上
漏れとした総収入金額の一部は請求人に帰属しないなどとして，これらの処分の全部の取消し
を求めた。

【事例2】は，国税庁ホームページの記載である。行政手続法8条および14条では，行政庁
に対し処分の理由付記が義務付けられていた。しかし，国税通則法は，行政事務が大量に発生
する等の理由から，行政手続法の規定の適用を排除していた。しかし，経済社会の構造の変化
に対応した税制の構築を図るための所得税法等の一部を改正する法律の制定に伴う国税通則法
74条の2の改正により，2013（平成25）年度以降，理由付記が義務化されることとなった。

> 経済社会の構造の変化に対応した税制の構築を図るための所得税法等の一部を改正する法律　第74条
> の2第1項中「（昭和28年法律第6号）」を削り，「対する処分）」の下に「（第8条（理由の提示）を除
> く。）」を，「不利益処分）」の下に「（第14条（不利益処分の理由の提示）を除く。）」を加え，第7章の2
> 中同条を第74条の14とし，同章を第7章の3とする。

【事例3】は国税不服審判所平成27年3月30日裁決・裁決事例集98集30頁である。国税
不服審判所は，① 予納を強要した事実は認められない，② 原処分庁の恣意抑制および納税者
の不服申立ての便宜という理由付記制度の趣旨目的を充足する程度に具体的な記載がされてい
ると認められることから，本件所得税各更正処分を取り消すべき不備はない，③ 共同受注と
認めるに足る事実は認められなかったことから，この点の請求人の主張には理由がないと判断
し，Xの主張を認めなかった。

【事例3】において，国税不服審判所が述べているように，理由付記制度の趣旨は，原処分
庁の恣意抑制および納税者の不服申立ての便宜である。

理由付記の程度については，【事例3】において，国税不服審判所は，「法令解釈」として，
「帳簿書類の記載自体を否認して更正をする場合において更正通知書に付記すべき理由として
は，単に更正に係る勘定科目とその金額を示すだけではなく，そのような更正をした根拠を帳
簿記載以上に信憑力のある資料を摘示することによって具体的に明示することを要するが，帳
簿書類の記載自体を否認することなしに更正をする場合においては…更正通知書記載の更正の
理由が，そのような更正をした根拠について帳簿記載以上に信憑力のある資料を摘示するもの
でないとしても，更正の根拠を上記の更正処分庁の恣意抑制及び不服申立ての便宜という理由
付記制度の趣旨目的を充足する程度に具体的に明示するものである限り，法の要求する更正理
由の付記として欠けるところはないと解するのが相当である。」と判断している。

なお，法改正以前については，「その処分の理由を付記すべき旨を定めた法令の規定はない
ことから，理由付記は必要なく，この点についての違法はない。」と示すように，国税不服審
判所は，理由付記の法的義務付けはないという判断を下すことで一貫している。

コラム13　内縁の夫は控除対象配偶者には該当しない？！

　審査請求人Xは，平成17年分ないし平成19年分の所得税について，事実上の婚姻関係にあるが婚姻の届出をしていない者（以下「内縁の夫」という。）を控除対象配偶者として配偶者控除を適用して確定申告した。原処分庁は，内縁の夫は控除対象配偶者に該当せず，配偶者控除の適用は認められない等として更正処分をした。これに対し，Xが，その全部の取消しを求めた事例（国税不服審判所平成21年4月3日裁決・裁決事例集77集150頁）がある。

　国税不服審判所が示した法令解釈は以下のとおりであり，Xの請求を認めなかった。「所得税法第83条第1項は…居住者が控除対象配偶者を有する場合，配偶者控除を適用する旨規定している一方で，同法は配偶者についての定義規定を置いていないが，身分関係の基本法は民法であるから，所得税法上の配偶者については，民法の規定に従って解するのが相当であるところ，民法は，婚姻の届出をすることによって婚姻の効力が生ずる旨を規定し（民法739条1項），そのような法律上の婚姻をした者を配偶者としている（略）から，所得税法上の配偶者についても婚姻の届出をした者を意味すると解するのが相当である。」

コラム14　ふるさと納税

　「ふるさと納税」は，納税者は選べる返礼品も嬉しく税金の控除も受けられるし，自治体側もこの寄付によって「返礼品の生産」というビジネスを定着しつつある。だが，自治体間の豪華なお礼の品競争に警鐘が鳴らされ，総務大臣は，地方税法37条の2第2項の「募集の適正な実施に係る基準」を定め，総務省告示「ふるさと納税制度に係る募集適正基準等を定める平成31年総務省告示第179号」を発出した。

　大阪府泉佐野市を前記制度の対象に指定しなかったことから，泉佐野市が本件不指定の取消を求めた上告審（最三小判令和2年6月30日・判タ1479号5頁）において，最高裁は，その総務省告示2条3号の規定のうち，指定制度の導入前における寄附金の募集および受領について定める部分は，地方税法37条の2第2項および314条の7第2項の委任の範囲を逸脱した違法なものとして無効であると判断した。

地方税法

第37条の2　2　前項の特例控除対象寄附金とは，同項第1号に掲げる寄附金（略）であつて，都道府県等による第1号寄附金の募集の適正な実施に係る基準として総務大臣が定める基準（都道府県等が返礼品等（略）を提供する場合には，当該基準及び次に掲げる基準）に適合する都道府県等として総務大臣が指定するものに対するものをいう。

一　都道府県等が個別の第1号寄附金の受領に伴い提供する返礼品等の調達に要する費用の額として総務大臣が定めるところにより算定した額が，いずれも当該都道府県等が受領する当該第1号寄附金の額の百分の三十に相当する金額以下であること。

二　都道府県等が提供する返礼品等が当該都道府県等の区域内において生産された物品又は提供される役務その他これらに類するものであつて，総務大臣が定める基準に適合するものであること。

第8章

市民生活行政―性的マイノリティ，身分

はじめに

　日本国憲法第3章は，国民の権利・義務を規定する。その冒頭の10条（日本国民の要件）で，国籍要件法定主義が明示されている。そのため，従来は，国民を本来の人権主体としつつ，「一般国民のほかに，いかなる者が人権を享有するか」という議論がなされてきた。

　しかし，社会のグローバル化・成熟化・多様化等を背景として，その構成員としてさまざまな人権主体の態様を確認できるようになった。そこで，女性・子ども・高齢者・障害者・同和関係者・先住権を有する人々・外国人・HIV感染者等病気の罹患者・刑を終えて出所した人・犯罪被害者等，法的・社会的差別の対象となってきた人たちへの丁寧な対応が求められる。

　本章では，性的マイノリティ・身分に関する問題を検討していく。なかでも，性的マイノリティについては，LGBTという表現が定着したように思われる。LGBTとは，Lesbian（レズビアン，女性同性愛者），Gay（ゲイ，男性同性愛者），Bisexual（バイセクシュアル，両性愛者），Transgender（トランスジェンダー，生物学的な性別と違う性別で生きたい人）の頭文字で，性的少数者の総称として使われることが多い。

　このLGBTという表現は，一部の性的マイノリティを示すにとどまるため，LGBTQ+またはLGBTX等の表現も使用されるようになってきている。Qは，「クエスチョニング・クィア（Questioning Queer）」，または「ジェンダークィア（Gender Queer）」といって，自身の性自認や性的志向が定まっていない，または意図的に（まだ）定めていないことである。「Xジェンダー」という表現も類似の表現であるし，「性スペクトラム」という表現も一般的になりつつある。さらに，性愛や性欲を感じない「アセクシュアル」や，およそ2,000人に1人の割合とされる，生まれつき生殖系の構造に変異がある，もしくは性を特定する染色体パターンが一般的なものと合致していない「インターセックス（Intersex）」等の人もいる。

　憲法論としても，13条（個人の尊重），14条（差別の禁止）の問題として検討が求められる。

日本国憲法
第10条　日本国民たる要件は，法律でこれを定める。

性的マイノリティについて

【事例1】

　A（女性）は，小さいころから男の子っぽく，スカートをはくことにも抵抗があり，女子の会話にもなじめなかった。思春期になり，いよいよ自身が同性である女性に恋心を抱き始めたころに，自身はトランスジェンダーではないかと思うようになった。そんな A も 20 歳を超えて，自分の性と中身を理解してくれる恋人 B（女性）と出会え，結婚したいと思うようになった。

　「性同一性障害者の性別の取扱いの特例に関する法律」（2003（平成 15）年法律 111 号）が成立し，2004（平成 16）年から施行された。いわゆる性別適合手術および治療を受けることで，一定の場合には家庭裁判所で性別の取扱いの変更の審判を受け（同法 3 条，家事事件手続法（2011（平成 23）年法律 52 号）232 条），戸籍の性別の「変更」が認められる。性別適合手術については，公的医療保険の適用対象とするための検討が始まっている（産経ニュース 2017 年 11 月 29 日 11 時 30 分）。しかし，A は，手術や過分な治療等は受けたくはないと思っている。

　A と B が市役所の窓口に来た。この 2 人の婚姻に類する関係を証明できるような制度はないのだろうか。

図 8-1　電通ダイバーシティ・ラボ制作の「セクシュアリティマップ」

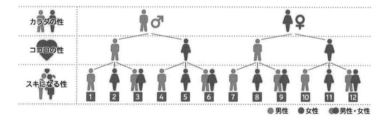

　（注）図内②（ストレート男性）と，図内⑩（ストレート女性）と回答した人以外を LGBT と集計している。
　（出所）dentsu 調査レポート 2015 年 4 月 23 日（http://www.dentsu.co.jp/news/release /pdf-cms/2015041-0423.pdf）より抜粋。

　電通総研が 2012（平成 24）年に行ったアンケートによると，20〜59 歳までの男女約 7 万人のうち，LGBT に該当する人の割合は 5.2％であったという。電通総研が 2015（平成 27）年に同じく約 7 万人を対象に実施した調査では 7.6％が当事者に該当すると回答している。

　この調査では，セクシュアリティを「身体の性別」，「心の性別」（自分は男だ，女だという性自認），「好きになる相手・恋愛対象の相手の性別」の 3 つの組み合わせで分類し，DDL（電通ダイバーシティ・ラボ）独自の「セクシュアリティマップ」（上記の図）を元に，ストレー

ト（異性愛者で，身体と心の性別が一致している人）セクシュアリティである図内②（ストレート男性）と，図内⑩（ストレート女性）と答えた人以外を LGBT 層と規定している。

　東京都渋谷区は，「渋谷区男女平等及び多様性を尊重する社会を推進する条例」を 2015（平成 27）年 4 月 1 日から施行した。この条例は，マスメディアを中心に「同性パートナーシップ条例」と呼ばれており，「パートナーシップ証明書」の交付（同条例 10 条）を行う部分がクローズアップされている。

　つまり，渋谷区では，同条例 2 条 1 項 8 号で「パートナーシップ」を，男女の婚姻関係と異ならない程度の実質を備えた，戸籍上の性別が同じ二者間の社会生活における関係と定義して，パートナーシップ証明書の交付受付を 2015（平成 27）年 10 月 28 日から，その交付を同年 11 月 5 日から実施している。

渋谷区男女平等及び多様性を尊重する社会を推進する条例
第 2 条　この条例において，次の各号に掲げる用語の意義は，それぞれ当該各号に定めるところによる。
　(8)　パートナーシップ　男女の婚姻関係と異ならない程度の実質を備える戸籍上の性別が同一である二者間の社会生活関係をいう。
第 10 条　区長は，第 4 条に規定する理念に基づき，公序良俗に反しない限りにおいて，パートナーシップに関する証明（以下「パートナーシップ証明」という。）をすることができる。
2　区長は，前項のパートナーシップ証明を行う場合は，次の各号に掲げる事項を確認するものとする。ただし，区長が特に理由があると認めるときは，この限りでない。
　(1)　当事者双方が，相互に相手方当事者を任意後見契約に関する法律（平成 11 年法律第 150 号）第 2 条第 3 号に規定する任意後見受任者の一人とする任意後見契約に係る公正証書を作成し，かつ，登記を行っていること。
　(2)　共同生活を営むに当たり，当事者間において，区規則で定める事項についての合意契約が公正証書により交わされていること。
3　前項に定めるもののほか，パートナーシップ証明の申請手続その他必要な事項は，区規則で定める。

　パートナーシップ証明書に法的拘束力はないが，同性パートナーでも慶弔休暇や介護の制度を使えるようにする企業もある。また，同条例 15 条には，相談および苦情の解決の段階において指導等に従わない関係者名その他の事項を公表するという制裁も明記されており，今後の運用が注目される。

渋谷区男女平等及び多様性を尊重する社会を推進する条例
第 15 条　区民及び事業者は，区長に対して，この条例及び区が実施する男女平等と多様性を尊重する社会を推進する施策に関して相談を行い，又は苦情の申立てを行うことができる。
2　区長は，前項の相談又は苦情の申立てがあった場合は，必要に応じて調査を行うとともに，相談者，苦情の申立人又は相談若しくは苦情の相手方，相手方事業者等（以下この条において「関係者」という。）に対して適切な助言又は指導を行い，当該相談事項又は苦情の解決を支援するものとする。
3　区長は，前項の指導を受けた関係者が当該指導に従わず，この条例の目的，趣旨に著しく反する行為

　　を引き続き行っている場合は，推進会議の意見を聴いて，当該関係者に対して，当該行為の是正について勧告を行うことができる。
　4　区長は，関係者が前項の勧告に従わないときは，関係者名その他の事項を公表することができる。

　条例ではないが，「世田谷区パートナーシップの宣誓の取扱いに関する要綱」（2015（平成27）年9月25日・27世人男女第184号）を根拠として，「パートナーシップ宣誓書」を区に提出し，「パートナーシップ宣誓書　受領証」をもらう仕組みもある。
　「宣誓」については，その2条2項および3条1項に記されている。通常の婚姻が届出であるのに対して，「宣誓」という大仰な文言を用いており，2名で市役所に行かねばならず，手続きも煩雑であることには幾分疑問を覚えるものの，こうした制度が創設されたことは大きな前進である。ちなみに，2017（平成29）年11月1日現在の宣誓件数（通算）は56件であり，周知と活用がなされていることが確認できる。

世田谷区パートナーシップの宣誓の取扱いに関する要綱（2019（平成31）年4月1日要綱改正）
第2条　この要綱において「同性カップル」とは，互いをその人生のパートナーとして，生活を共にしている，又は共にすることを約した性（自認する性を含みます。）を同じくする2人の者をいいます。
　2　この要綱において「パートナーシップの宣誓」とは，同性カップルであることを区長に対して宣誓することをいいます。
第3条　パートナーシップの宣誓は，次の要件を満たす同性カップルに限り，行うことができるものとします。ただし，第3号及び第6号に掲げる要件のうち区長が適当と認めたものは，この限りでありません。
　（1）から（6）略
　2　パートナーシップの宣誓は，パートナーシップの宣誓をしようとする同性カップルが区職員の面前において住所，氏名及び日付を当該同性カップルのそれぞれが自ら記載したパートナーシップ宣誓書（第1号様式。以下「宣誓書」といいます。）を，当該区職員に提出することにより行うものとします。

　なお，地裁判決であるが，同性の者同士の婚姻を認めていない民法および戸籍法の規定が，同性愛者に対しては，婚姻によって生じる法的効果の一部ですらもこれを享受する法的手段を提供しないとしていることは，立法府の裁量権の範囲を超えたものであって，その限度で憲法14条1項に違反するとされた事例（札幌地判令和3年3月17日・LEX/DB文献番号25568979）がある。

【事例2】

　性の多様性を認めるために，SOGI（ソジまたはソギ）ハラスメントへの対応が求められている。Sexual Orientation（性的志向：性愛や恋愛が向く相手の性別）とGender Identity（性自認：自分がどの性別なのかという認識）の頭文字を採ったものである（「なくそう！ SOGIハラ」実行委員会編『はじめよう SOGIハラのない学校・職場づくり』大月書店，34頁）。
　SOGIハラで問題となることの一つに「アウティング」がある。これは，本人の了解を得ず

に，公にしていないことを第三者に暴露することである。ここでは，性的指向や性自認等のセンシティブな情報（秘密）を暴露する行動のことを指す。それに対して，自身で納得しながら打ち明けることは「カミングアウト」と言う。これら2つの違いは，本人が了解しているかどうかということであるため，自己情報管理権（プライバシー権）の問題になる。

　訴訟では，東京地判平成31年2月27日・LEX/DB文献番号25559454同性愛暴露損害賠償事件がある。同性愛者だと同級生に暴露され，パニック発作を起こして転落したのは，適切に対応しなかった大学側の責任として，某国立大学法科大学院の男子学生（当時25歳）の遺族が，同大学を相手取り損害賠償を求めたものである。これは，アウティングした同級生が，本件アウティングをする以前から，性的指向が人権として尊重されることおよびセクシュアル・マイノリティをからかうことがセクハラに当たることを認識していたにも拘らず起きた，痛ましい事件である。裁判所は，地裁判決および高裁判決（東京高判令和2年11月25日・判例集未搭載同性愛暴露損害賠償控訴事件）においても，遺族の請求を退けた。

　高裁判決では，アウティングは「学生の人格やプライバシー権などを著しく侵害するもので，許されない行為であることは明らかだ」と指摘された。その上で，大学側の安全配慮義務違反や教育環境配慮義務違反により本件アウティングが発生したとはいえないと判断した。なお，暴露した同級生と遺族の間にはすでに和解が成立している（時事ドットコムニュース2020年11月25日16時37分）。

　この性的指向（SO）や性自認（GI）等のアウティングの規制に関しては，既に条例が策定されている自治体がある。市町村のなかで最初に策定したのは，国立市である。「国立市女性と男性及び多様な性の平等参画を推進する条例」の8条2項では，アウティングを禁止している。しかし，罰則はない。

　都道府県のなかでこのアウティング禁止条例が最初に策定されたのは三重県である。三重県では，アウティングのみならず，カミングアウトの強制も禁じており，2021（令和3）年4月1日から施行された。

国立市女性と男性及び多様な性の平等参画を推進する条例
第8条　何人も，ドメスティック・バイオレンス等，セクシュアル・ハラスメント，性的指向，性自認等を含む性別を起因とする差別その他性別に起因するいかなる人権侵害も行ってはならない。
2　何人も，性的指向，性自認等の公表に関して，いかなる場合も，強制し，若しくは禁止し，又は本人の意に反して公にしてはならない。
3　何人も，情報の発信及び流通に当たっては，性別に起因する人権侵害に当たる表現又は固定的な役割分担の意識を助長し，是認させる表現を用いないよう充分に配慮しなければならない。

性の多様性を認め合い，誰もが安心して暮らせる三重県づくり条例
第4条　何人も，性的指向又は性自認を理由とする不当な差別的取扱いをしてはならず，及び性的指向又は性自認の表明に関して，強制し，禁止し，または本人の意に反して，正当な理由なく暴露（本人が秘密にしていることを明かすことをいう。）をしてはならない。

身分について

夫婦別姓については，女性活用・ジェンダーバランス等を背景として，議論が盛り上がってきている。

【事例1】

雲母（きらら）さん（男性）と奉日本（たかもと）さん（女性）は結婚を前提におつきあいをしている。この度，結婚をすることになったものの，いずれの氏も稀有なもので，両家および両人ともこの姓を名乗る人を絶やしたくはないと考えている。雲母さんと奉日本さんは無事に結婚できるだろうか。

いわゆる夫婦別姓（氏）という難しい問題も絡んでいる。職業によっては氏の変更はマイナスになりかねない。また，少子化社会となったため，【事例1】のようなことも増えてくるのではなかろうか。

原則として，民法750条には，婚姻後の氏について以下のように規定されており，夫婦別姓（氏）は認められていない。ただし，通称としての旧姓利用は普及している。また，旅券（パスポート）にも，戸籍謄本に加えて，外国における旧姓での活動や実績が確認できる書面や，雇用主からの「旧姓を使用し，かつ業務渡航の必要がある」ことを証明する書類などの提出が必要ではあるものの，旧姓併記は可能である。

民法
第750条　夫婦は，婚姻の際に定めるところに従い，夫又は妻の氏を称する。

日本国憲法
第24条　婚姻は，両性の合意のみに基いて成立し，夫婦が同等の権利を有することを基本として，相互の協力により，維持されなければならない。
2　配偶者の選択，財産権，相続，住居の選定，離婚並びに婚姻及び家族に関するその他の事項に関しては，法律は，個人の尊厳と両性の本質的平等に立脚して，制定されなければならない。

女子差別撤廃条約（女子に対するあらゆる形態の差別の撤廃に関する条約）
第16条　締約国は，婚姻及び家族関係に係るすべての事項について女子に対する差別を撤廃するためのすべての適当な措置をとるものとし，特に，男女の平等を基礎として次のことを確保する。
　(a)　婚姻をする同一の権利
　(b)　自由に配偶者を選択し及び自由かつ完全な合意のみにより婚姻をする同一の権利
　(c)　婚姻中及び婚姻の解消の際の同一の権利及び責任
　(d)　子に関する事項についての親（婚姻をしているかいないかを問わない。）としての同一の権利及び

　　　　責任。あらゆる場合において，子の利益は至上である。
　(e)　子の数及び出産の間隔を自由にかつ責任をもって決定する同一の権利並びにこれらの権利の行使を
　　　　可能にする情報，教育及び手段を享受する同一の権利
　(f)　子の後見及び養子縁組又は国内法令にこれらに類する制度が存在する場合にはその制度に係る同一
　　　　の権利及び責任。あらゆる場合において，子の利益は至上である。
　(g)　夫及び妻の同一の個人的権利（姓及び職業を選択する権利を含む。）
　(h)　無償であるか有償であるかを問わず，財産を所有し，取得し，運用し，管理し，利用し及び処分す
　　　　ることに関する配偶者双方の同一の権利

【事例2】夫婦別姓（氏）訴訟大法廷判決

　Ｘらは，婚姻に際して夫婦の一方に氏の変更を強いる民法750条は，憲法13条（幸福追求権），14条1項（平等原則）および24条1項2項（家庭生活における個人の尊厳と両性の本質的平等）により保障されている権利を侵害し，また女子差別撤廃条約（女子に対するあらゆる形態の差別の撤廃に関する条約）16条1項（婚姻及び家族関係）等に違反することが明白であると主張している。そのため，Ｘらは，国会は民法750条を改正し，夫婦同氏制度に加えて夫婦別氏制度という選択を新たに設けることが必要不可欠であるにもかかわらず，何ら正当な理由なく長期にわたって立法措置を怠ってきたことから，当該立法不作為は国家賠償法1条1項上の違法な行為に該当すると主張して，慰謝料の支払を国に求めた。

　【事例2】は，最大判平成27年12月16日・判時2284号38頁である。第一審（東京地判平成25年5月29日・判時2196号67頁）および控訴審（東京高判平成26年3月28日・家庭の法と裁判5号62頁）ともＸらの請求が棄却されたため，Ｘらが上告した事案である。裁判所は，Ｘらの請求をいずれも棄却した。詳しく見てみよう。最高裁の判決は以下のとおりである。
　①　民法750条は，憲法13条に違反しない。
　②　民法750条は，憲法14条1項に違反しない。
　③　民法750条は，憲法24条に違反しない。
　　　（ただし，補足意見，意見，反対意見がある。）
最高裁は，①から③の判断において，以下のように判断している。
　①について　氏は，自らの意思のみによって自由に定めたり，または改めたりすることを認めることは本来の性質に沿わないものであることや，氏が，親子関係など一定の身分関係を反映し，婚姻を含めた身分関係の変動に伴って改められることがあり得ることは，その性質上予定されているといえること等，現行の法制度の下における氏の性質等に鑑みれば，婚姻の際に「氏の変更を強制されない自由」が憲法上の権利として保障される人格権の一内容であるとはいえないから，夫婦同氏制を定める民法750条は，憲法13条に違反しない。
　②について　夫婦同氏制を定める民法750条は，夫婦がいずれの氏を称するかを夫婦となろ

うとする者の間の協議に委ねており，その文言上性別に基づく法的な差別的取扱いを定めているわけではなく，同条の定める夫婦同氏制それ自体に男女間の形式的な不平等が存在するわけではなく，結果として夫の氏を選択する夫婦が圧倒的多数を占めることが認められるとしても，それは，同条の在り方自体から生じた結果であるということはできないから，同条は，憲法14条1項に違反しない。

　③について　家族の呼称を一つの氏に定めることには合理性が認められること，嫡出子であることを示すために子が両親双方と同氏である仕組みを確保することにも一定の意義があること，夫婦がいずれの氏を称するかは，夫婦となろうとする者の間の協議による自由な選択に委ねられていること，夫婦同氏制は，婚姻前の氏を通称として使用することまで許さないものではないこと等を総合的に考慮すると，民法750条に定める夫婦同氏制が，夫婦が別の氏を称することを認めないものであるとしても，直ちに個人の尊厳と両性の本質的平等の要請に照らして合理性を欠き，憲法24条に違反するものであるとは認められない。

　さらに，裁判所は，次のように述べている。

　「夫婦同氏制は，婚姻前の氏を通称として使用することまで許さないというものではなく，近時，婚姻前の氏を通称として使用することが社会的に広まっているところ，上記の不利益は，このような氏の通称使用が広まることにより一定程度は緩和され得るものである。」「以上の点を総合的に考慮すると，本件規定の採用した夫婦同氏制が，夫婦が別の氏を称することを認めないものであるとしても・・・直ちに個人の尊厳と両性の本質的平等の要請に照らして合理性を欠く制度であるとは認めることはできない。したがって，本件規定は，憲法24条に違反するものではない。」

　「なお・・・これよりも規制の程度の小さい氏に係る制度（例えば，夫婦別氏を希望する者にこれを可能とするいわゆる選択的夫婦別氏制）を採る余地がある，,，そのような制度に合理性がないと断ずるものではない。」「夫婦同氏制の採用については，嫡出子の仕組みなどの婚姻制度や氏の在り方に対する社会の受け止め方に依拠するところが少なくなく・・・この種の制度の在り方は，国会で論ぜられ，判断されるべき事柄にほかならないというべきである。」

　上記のように，2015（平成27）年に，大法廷判決は，夫婦同姓を定めた民法規定を「合憲」と判断している。続いて第二次夫婦別姓（氏）訴訟も提起されており，2020（令和2）年12月9日，最高裁判所第二小法廷と第三小法廷は，長官と判事の15人全員がそろう大法廷（裁判長・大谷直人長官）で審理すると決めた。これが，最大決令和3年6月23日・LEX/DB文献番号25571588である。本審は，夫婦別姓を認めない民法と戸籍法の規定は憲法に違反するかが争われた家事審判の特別抗告審であり，最高裁は，同姓で婚姻届を出すよう事実上求める戸籍法の規定等に関し，民法750条および戸籍法74条1号は，憲法24条に違反しないと判断した。

【事例3】筋ジストロフィー疾患を理由とする高校入学不許可処分取消訴訟判決

　原告は，1991（平成3）年度の尼崎市立尼崎高等学校の入学を志願したところ，調査書の学力評定および学力検査の合計点において合格点に達していたが，進行性筋ジストロフィー症に罹患しており，高等学校の全課程を無事に履修する見込みがないと判定され，入学不許可処分を受けた。そこで，被告尼崎市立尼崎高等学校長に対し，本件処分が身体的障害を唯一の理由としたもので，憲法26条1項，14条，教育基本法（当時）3条1項などに反し違法であるとして，その取消しを求めるとともに，被告尼崎市に対し，慰謝料の支払を求めたのが本件（神戸地判平成4年3月13日・判時1414号26頁）である。

> 教育基本法（当時）
> 第3条　すべての国民はひとしくその能力に応ずる教育を受ける機会を与えられねばならない。

　裁判所は，普通高校に入学できる学力を有し，かつ普通高校で教育を受けることを望む者に対し，身体に障害を有していることだけで入学の道を閉ざすことは許されないと断じた。その上で，筋ジストロフィーの疾患を有する入学希望者に対し，市立高等学校長がした入学不許可処分が裁量権を逸脱しまたは濫用したとして取消すこと，および，当該校長を任用している市に対し国家賠償法に基づき慰謝料100万円の支払いを命じた。

　裁判所の判断は以下の通りである。公立高等学校への入学許否処分は，憲法その他の法令から導き出される諸原則に反し，県教育委員会の定めた入学選抜要綱所定の手続を著しく逸脱し，当該処分が事実誤認に基づき，またはその内容が社会通念に照らして著しく不合理であったりするような場合には，裁量権を逸脱または濫用したものとして，違法となる。さらに，公立高等学校の入学者選抜において中学校から送付された調査書に記載されている学習評定以外の記録を資料として用いるか否かは，合否判定の権限を有する高等学校長の裁量にゆだねられていると解される。

　それゆえ，公立高等学校の入学者選抜において，学力以外の理由により高等学校の全課程を履修できないとの見込みが認められる場合に，その事情を考慮して合否判定をすることが，直ちに学校長の裁量権の逸脱または濫用に当たるわけではなく，その履修の可能性の判断に際し，身体の記録を参考としたとしても直ちにその判断が違法不当なものとなるわけではない。

　だが，身体に障害を有する生徒の高等学校への受入れに関して，障害のために単位認定が困難という理由だけで不合格の判断をすることは許されない。まして，身体に障害を有する入学希望者に対して市立高等学校長がした入学不許可処分が，同入学希望者の中学時代の学習状況および受験当時の身体状況，同校における過去の身体障害者の履修状況および受験当時の受入れ態勢等を総合すれば，同人が同校の全課程を履修することは十分可能であると認められ，同人が普通高等学校における教育を受けることを望んでいるにもかかわらず，養護学校の方が望ましいという理由で入学を拒否することは同人を不当に扱うものであるから，同処分は裁量権を逸脱または濫用した違法なものであるとして，取消を免れない。

> **コラム15**　**4月1日生まれが，1年上の学年になるわけ**
>
> 　年齢の数え方は，「年齢計算ニ関スル法律」（1902（明治35）年法律50号）という全3項（全54文字）の法律が規定している。年齢の加算については，同法2項が民法の規定を準用している。民法上，人が「年を取るタイミング」は，産まれた時刻に限らず，誕生日当日ではなく誕生日前日の午前0時と規定されている。そのため，4月1日生まれは，3月31日の午前0時に年齢が加算されることになる（大阪高判昭和29年2月9日・高刑集7巻1号64頁）。
>
> ┌──────────────────────────────
> 　年齢計算ニ関スル法律
> 　1　　年齢ハ出生ノ日ヨリ之ヲ起算ス
> 　2　　民法第143条ノ規定ハ年齢ノ計算ニ之ヲ準用ス
>
> 　民法
> 　第143条　週，月又は年によって期間を定めたときは，その期間は，暦に従って計算する。
> 　2　　週，月又は年の初めから期間を起算しないときは，その期間は，最後の週，月又は年においてその起算日に応当する日の前日に満了する。ただし，月又は年によって期間を定めた場合において，最後の月に応当する日がないときは，その月の末日に満了する。
>
> 　学校教育法
> 　第17条　保護者は，子の満6歳に達した日の翌日以後における最初の学年の初めから，満12歳に達した日の属する学年の終わりまで，これを小学校，義務教育学校の前期課程又は特別支援学校の小学部に就学させる義務を負う。（以下略）
> └──────────────────────────────
>
> 　4月1日生まれは，3月31日に6歳に達しているため，学校教育法（1947（昭和22）年法律26号）17条1項によれば，達した日の翌日である4月1日に入学することになる。

> **コラム16**　**市民課の業務**
>
> 　市役所等の市民課の業務は，「法令に基づく市民の身分関係や居住に関する届出，証明書等の発行」「市民の身分や居住に係る関係法令の運用」「窓口業務の連絡調整」等である。
>
> 　ウェブには，「市民課に行くと，職員の方々はとても暇そうに見えますが，本当はどうなんですか？」という質問が投じられている。実際の窓口業務の混み具合は，地方公共団体によってまた時節・時間帯によってもかなり異なるし，暇そうに見えるということは行けばいつでも対応してもらえるという余裕を確保できているということでもあり，決して無駄とは言い切れない。
>
> 　また，この市民課での対応または対処が発端となって訴訟に発展する事案も少なくはない。当該部署の分掌が冒頭の3つであれば，この複雑化した時代の多様化した市民の志向やニーズをくみ取り適切に業務を遂行することは，決してた易くはない。こうした複雑化および多様化した市民のニーズに，いかに向き合うべきか，また，どこまで向き合うべきかということ等にも社会全体でコンセンサスを図りながら進める必要がある。

第9章

市民生活行政，労働行政—居住等，ハラスメント

はじめに

　日本国憲法22条は，経済的自由権の一つである居住・移転の自由を保障する。その内容は，自己の住所または居所を自分で決定し，移動することである。これには，（国内で）旅行する自由も含まれているとするのが通説である。

　この権利は，前近代では制限されていたものであり，現代では，そうした身体の拘束を解く意義も有していると言われている。つまり，人身の自由の側面から捉えなおすのである。さらに，「個人の人格形成に寄与する意義」をも見いだせるのであり，それは精神的な自由（表現の自由等）の確保のためには居住・移転・旅行の自由が不可欠であることを理由とする。

　近代においても，居住・移転の自由が制限されていた事件があった。ハンセン病（癩病（らい病）とも呼ばれていたが，差別的な表現と受け取られるため，この表現は現在では通常は用いられていない。）患者に対する隔離政策である。明治時代に入り「癩予防ニ関する件（癩予防法，1907（明治40）年法律11号）」という「放浪癩」と呼ばれる患者や元患者をハンセン病療養所に入所させるための法律が制定され，ハンセン病患者の人権が大きく侵害された。第二次大戦後も，強制隔離政策を継続する「らい予防法（昭和28年法律214号）」が制定され，苦難の歴史は続いた。その後，療養所で暮らす元患者らの努力等によって，1996（平成8）年4月1日に「らい予防法」は廃止された。

　あわせて，国立療養所に入所していた患者たちが，らい予防法の下で厚生大臣が策定遂行したハンセン病の隔離政策，国会議員が新法を改廃しなかった立法不作為の違法等を理由に，被告国に対し，損害賠償を求めた。2001年には，同法による隔離政策を継続した厚生大臣の公権力の行使たる職務行為には違法がある等と判断し，国家賠償請求が認められた（熊本地判平成13年5月11日・判時1748号30頁ハンセン病訴訟熊本地裁判決）。

日本国憲法
第22条　何人も，公共の福祉に反しない限り，居住，移転及び職業選択の自由を有する。
2　何人も，外国に移住し，又は国籍を離脱する自由を侵されない。

居住について

【事例1】

　Aは市役所の市民課に勤務する職員である。ある日，市民課に債権回収会社の社員Xが訪ねてきた。「裁判を起こすために，被告となる人の住所を知りたいので住民票の写しを交付していただきたい」という。

　Aはどのように対応すべきか。

　"私人が裁判を起こしたい事案に，市役所が相手の住所を教えるというような助力をしても良いのだろうか。この場合の私人は，弁護士でもないのに。"と思った人は少なくはないだろう。しかし，結論から言えば，AにはXの要求に誠実に対応する義務がある。

　住民基本台帳法（1967（昭和42）年法律81号）において，かつては住民基本台帳の一部（住所，氏名，生年月日，性別）の写しの閲覧は，何人でも請求可能であるという「原則公開」であった。しかし，2016（平成28）年11月から法改正により公用・公益性が高いと認められるという場合にのみ閲覧可能となる「原則非公開」となった。

　具体的にどういう場合に閲覧可能となるかについては，住民基本台帳法11条（国または地方公共団体の機関の請求による場合）および11条の2（個人または法人の申出による場合）に規定されている。いずれも利用目的，利用する者，閲覧の範囲および閲覧により知り得た事項の管理方法等を明示する必要がある。

住民基本台帳法

第11条　国又は地方公共団体の機関は，法令で定める事務の遂行のために必要である場合には，市町村長に対し，当該市町村が備える住民基本台帳のうち第7条第1号から第3号まで及び第7号に掲げる事項（略）に係る部分の写し（略）を当該国又は地方公共団体の機関の職員で当該国又は地方公共団体の機関が指定するものに閲覧させることを請求することができる。

2　前項の規定による請求は，総務省令で定めるところにより，次に掲げる事項を明らかにしてしなければならない。

　一　当該請求をする国又は地方公共団体の機関の名称

　二　請求事由（略）

　三　住民基本台帳の一部の写しを閲覧する者の職名及び氏名

　四　前3号に掲げるもののほか，総務省令で定める事項（以下略）

第11条の2　市町村長は，次に掲げる活動を行うために住民基本台帳の一部の写しを閲覧することが必要である旨の申出があり，かつ，当該申出を相当と認めるときは，当該申出を行う者（略）が個人の場合にあっては当該申出者又はその指定する者に，当該申出者が法人（略）の場合にあっては当該法人の役職員又は構成員（略）で当該法人が指定するものに，その活動に必要な限度において，住民基本台帳の一部の写しを閲覧させることができる。

一 統計調査，世論調査，学術研究その他の調査研究のうち，総務大臣が定める基準に照らして公益性が高いと認められるものの実施

二 公共的団体が行う地域住民の福祉の向上に寄与する活動のうち，公益性が高いと認められるものの実施

三 営利以外の目的で行う居住関係の確認のうち，訴訟の提起その他特別の事情による居住関係の確認として市町村長が定めるものの実施

2 前項の申出は，総務省令で定めるところにより，次に掲げる事項を明らかにしてしなければならない。

一 申出者の氏名及び住所（略）

二 住民基本台帳の一部の写しの閲覧により知り得た事項（略）の利用の目的

三 住民基本台帳の一部の写しを閲覧する者（略）の氏名及び住所

四 閲覧事項の管理の方法

五 申出者が法人の場合にあつては，当該法人の役職員又は構成員のうち閲覧事項を取り扱う者の範囲

六 前項第1号に掲げる活動に係る申出の場合にあつては，調査研究の成果の取扱い

七 前各号に掲げるもののほか，総務省令で定める事項（以下略）

【事例1】は，同法11条の2第1項3号に該当する，プライバシーを侵害しておらずかつ公益性が高いと認められる事例であるため，適正な手続きを経れば公開可能となる。

【事例2】

Aは市役所の市民課に勤務する職員である。ある日，市民課にリサーチ会社の社員Xが訪ねてきた。「予備校から頼まれて，受験生の意識調査を行いたい。そのため，受験生の名前と住所を知りたいので住民票の写しを交付していただきたい」という。

Aはどのように対応すべきか。

【事例2】は，Xの用途には公益上の必要が認められないため，Aにとっては，閲覧を拒否すべき事例となる。

住民基本台帳法に係る争訟に関しては，審査請求前置の仕組みが置かれていたが，2014（平成26）年度の行政不服審査法改正時に国民の裁判を受ける権利を不当に制限しているとの批判もあり，廃止された。よって，拒絶されたXは，速やかに裁判所に提訴することが可能である。

【事例3】

Aは市役所の市民課に勤務する職員である。ある日，市民課に女性Xが相談に訪れた。夫からDV（ドメスティック・バイオレンス）を受けており，それから逃れたいため，こっそりと他県への引っ越しを計画しているとのことである。しかし，新しい住所の問い合わせをされたときに，それを教えてしまわれると困るため住民票や戸籍の閲覧・交付を制限したいとのことであった。Aはどのように対応すべきか。

　【事例3】はDV事案であるが，その他にもストーカー被害者，家庭内の児童虐待・家庭内の性的虐待事例にも住民票や戸籍の閲覧・交付の制限は可能である。この措置が取られるようになった理由は，被害者が，転居先を知られるのをおそれて住民票を移動させないことから，行政サービス・福祉サービスを受けられなくなることを防ぐためである。

　よって，Aは，それらを説明する必要がある。

　説明内容は次のようなものになろう。まずは，①裁判所，警察署，配偶者暴力相談支援センター（女性相談所）および福祉総合センター等の地域の役所で指定されている公的機関に，被害を相談する。②①の結果，被害が確認された場合には「（公的機関による）被害証明書」が交付され，住民登録の閲覧制限が必要と判断された場合には，相談先の意見が記載された「住民基本台帳事務における支援措置申出書」等が渡される。③市役所等に，②の証明書または相談先の意見が記された申出書等の資料等を提出して，「支援措置」を申し出る。④手続きに問題がなければ，市役所等から被害者に対して支援開始の連絡と，関係市町村区等への申出書転送が行われる。

図9-1　支援措置を受けるための手続きの流れ

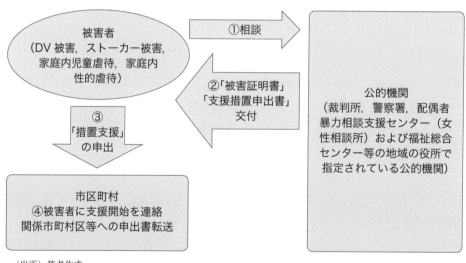

（出所）筆者作成。

　総務省は2004（平成16）年5月31日，DVやストーカーの被害者を保護するため，加害者らによる住民票の閲覧や写しの交付を制限するよう，省令を改正し，7月から全国の市区町村で実施した。続いて，総務省は，2012（平成24）年10月1日付で地方自治体向けの通達を改正し，家族による住民票閲覧を拒める対象について，家庭内の児童虐待および家庭内の性的虐待にも，市区町村が住民基本台帳の閲覧を拒否できるように制度を拡大した。

総行住第88号　法務省民一第2441号（平成24年9月26日）
住民基本台帳事務処理要領の一部改正について（通知）
　ドメスティック・バイオレンス及びストーカー行為等の被害者を保護するため，住民基本台帳事務処理要領（略）の一部を下記のとおり改正することとしましたので…下記事項に御留意の上，貴都道府県内の

　　市区町村に周知くださるようお願いいたします。

【事例4】

　Aは市役所の市民課に勤務する職員である。ある日，市民課に男性Xが相談に訪れた。双子が生まれたので，その出生届を出しにきたのである。子どもの名前としては，中性的な印象のものを希望されており，「棗（なつめ）」「檸檬（れもん）」にしたいとのことであった。Aは，その氏名に使われている漢字を調べて，「これらの漢字は，氏名には使えません。」と答えた。

　Xは，「画数は多いかもしれないが，読み間違えることもなく，日常生活においても定着している漢字だと思うが」と反論した。

　Aはどのように対処すべきであろうか。

　説明の仕方にはいろいろあるであろうし，それでXが納得するかどうかはわからないが，法令であれば，戸籍法（1947（昭和22）年法律224号）50条2項および同法施行規則（1947（昭和22）年司法省令94号）60条を示すことが可能である。具体的には，子どもの名前には，常用漢字表に掲げる漢字や平仮名・片仮名等が使用できることになっている。

戸籍法
第50条　子の名には，常用平易な文字を用いなければならない。
2　常用平易な文字の範囲は，法務省令でこれを定める。

戸籍法施行規則
第60条　戸籍法第50条第2項の常用平易な文字は，次に掲げるものとする。
　一　常用漢字表（略）に掲げる漢字（括弧書きが添えられているものについては，括弧の外のものに限る。）
　二　別表第二に掲げる漢字
　三　片仮名又は平仮名（変体仮名を除く。）

　かつて話題となった「『悪魔』ちゃん命名事件審判」（東京家裁八王子支部審判平成6年1月31日・判時1486号56頁）から20年が経過した。家庭裁判所は，「本件『悪魔』の命名は，命名権の濫用に当たり，戸籍法に違反するところ，本件名の届出を受理する前であれば，本件戸籍管掌者としての昭島市長において，受理を拒否すべき場合といえるが，本件昭島市長は，誤って，本件名を戸籍面に記載する等して，その届出を受理した。」との審判を下し，その更正方法（訂正の仕方）まで提示した（コラム17，90頁）。昨今では，読みづらいいわゆる「キラキラネーム」があふれている。どこまでの名称が命名権の濫用といえるのかに，いまだに明確な基準はないままである。

労働行政─ハラスメント

　「働き方改革」が叫ばれるきっかけの一つに，2015年12月に起きた新入社員の過労死事件がある。国際的なトレンドを創り出している株式会社電通（以下「電通」という。）の新人女性社員の過労自殺事件である。この件では，過労死のみではなく，パワハラ（パワーハラスメント：概して権力関係または優位的立場がある者からのハラスメント（嫌がらせ））も問題にすべきであるという声も聞かれた。

【事例1】労働基準法違反被告事件

　被告会社は，その事業場である東京本社に関し，被告会社と被告会社の労働組合との間で「時間外労働時間及び休日労働に関する協定」を締結し，労働基準監督署長に届け出ていた。しかしながら，同労働組合は同事業所の労働者の過半数で組織されていないことから，同協定が無効であったにも拘わらず，被告会社の労働者の労働時間の管理を行う3名の部長が，同協定が有効であると誤信していた。その上で，2015（平成27）年10月から同年12月にかけて，所属の4名の労働者に対し，法定労働時間を超えて延長することができる労働時間は1か月につき50時間などと定めた同協定に反して，1か月に50時間を超えて時間外労働を行わせたとして，労働基準法違反の罪で罰金50万円を求刑された事案である（東京簡裁平成29年10月6日・NBL1116号19頁）。

　被告人は罰金50万円に処された事件であるが，大企業である電通には軽すぎるのではないかと評価された罰金刑であった。

> 労働基準法（1947（昭和22）年法律49号）
> 第32条　使用者は，労働者に，休憩時間を除き一週間について四十時間を超えて，労働させてはならない。
> 第36条　使用者は，当該事業場に，労働者の過半数で組織する労働組合がある場合においてはその労働組合，労働者の過半数で組織する労働組合がない場合においては労働者の過半数を代表する者との書面による協定をし，厚生労働省令で定めるところによりこれを行政官庁に届け出た場合においては，第32条から第32条の5まで若しくは第40条の労働時間（略）又は前条の休日（略）に関する規定にかかわらず，その協定で定めるところによつて労働時間を延長し，又は休日に労働させることができる。
> 第121条　この法律の違反行為をした者が，当該事業の労働者に関する事項について，事業主のために行為した代理人，使用人その他の従業者である場合においては，事業主に対しても各本条の罰金刑を科する。ただし，事業主（略）が違反の防止に必要な措置をした場合においては，この限りでない。

　過労死ということになれば，違法な残業労働をさせた企業や上司（管理職，経営者等）の責任が問われる。他方，パワハラであれば，パワハラをした人とその人を放置していた職場（企

業）の責任が問われる。

　では，そもそもパワハラの法的定義は存在するのであろうか。

　パワハラの定義としては，厚生労働省ウェブサイトの「明るい職場応援団」において，以下のように記されている。ここで出てくる「職場内での優位性」という言葉からは，同僚であればパワハラに当たらないのかと思われそうだが，そうではない。一般的には上司・部下間の上下関係がある場合が多いが，「人間関係や専門知識，経験などの様々な優位性」が含まれることから，先輩・後輩間，または同僚間でもパワハラに当たることがある。

〔厚生労働省ウェブサイトより抜粋〕
　職場のパワーハラスメントとは，同じ職場で働く者に対して，職務上の地位や人間関係などの職場内での優位性を背景に，業務の適正な範囲を超えて，精神的・身体的苦痛を与える又は職場環境を悪化させる行為をいいます。

　2019（令和元）年5月29日，パワハラ防止を義務化した法律（概して「パワハラ防止法」の制定といわれる。）が制定された。正確には，労働施策総合推進法（労働施策の総合的な推進並びに労働者の雇用の安定及び職業生活の充実等に関する法律，1966（昭和41）年法律132号）の一部改正である。なお，改正案は，女性活躍推進法（女性の職業生活における活躍の推進に関する法律，2015（平成27）年法律64号）などとの一括法案として審議された。

　改正労働施策総合推進法には，「第8章　職場における優越的な関係を背景とした言動に起因する問題に関して事業主の講ずべき措置等」が新設された。

改正労働施策総合推進法
第8章　職場における優越的な関係を背景とした言動に起因する問題に関して事業主の講ずべき措置等
　（第30条の2―第30条の8）追加
第30条の2　事業主は，職場において行われる優越的な関係を背景とした言動であつて，業務上必要かつ相当な範囲を超えたものによりその雇用する労働者の就業環境が害されることのないよう，当該労働者からの相談に応じ，適切に対応するために必要な体制の整備その他の雇用管理上必要な措置を講じなければならない。
2　事業主は，労働者が前項の相談を行つたこと又は事業主による当該相談への対応に協力した際に事実を述べたことを理由として，当該労働者に対して解雇その他不利益な取扱いをしてはならない。
3　厚生労働大臣は，前二項の規定に基づき事業主が講ずべき措置等に関して，その適切かつ有効な実施を図るために必要な指針（略）を定めるものとする。（以下略）
第30条の3　国は，労働者の就業環境を害する前条第一項に規定する言動を行つてはならないことその他当該言動に起因する問題（以下この条において「優越的言動問題」という。）に対する事業主その他国民一般の関心と理解を深めるため，広報活動，啓発活動その他の措置を講ずるように努めなければならない。

　同法におけるパワハラの定義は，「職場において行われる優越的な関係を背景とした言動であつて，業務上必要かつ相当な範囲を超えたものによりその雇用する労働者の就業環境が害さ

れること（30条の2）」となる。また，30条の3第1項では，パワハラ行為に起因する問題を「優越的言論問題」と表現している。同法では，罰則は規定されていないが，第30条の2第3項で，厚生労働省が「指針」を策定することとしている。さらに，「国，事業主及び労働者の責務（30条の3）」，「紛争の解決の促進に関する特例（30条の4）」，「紛争の解決の援助（30条の5）」，「調停の委任（30条の6）」，「調停（30条の7）」，「厚生労働省令への委任（30条の8）」というように，紛争の解決について公が助力することも明記されている。

　あわせて，男女雇用機会均等法（雇用の分野における男女の均等な機会及び待遇の確保等に関する法律，1972（昭和47）年法律113号）の一部改正もなされた（概して「セクハラ・マタハラ規制強化法」の制定といわれる。）。「職場における性的な言動に起因する問題に関する国，事業主及び労働者の責務（11条の2）」，「職場における妊娠，出産等に関する言動に起因する問題に関する国，事業主及び労働者の責務（11条の4）」も新設された。
　この改正男女雇用機会均等法におけるセクハラ（セクシャルハラスメント）とマタハラ（マタニティハラスメント）の定義は，以下の条文の通りであり，これらに関しても，「指針」が定められている。

> 改正男女雇用機会均等法
> 第11条　事業主は，職場において行われる性的な言動に対するその雇用する労働者の対応により当該労働者がその労働条件につき不利益を受け，又は当該性的な言動により当該労働者の就業環境が害されることのないよう，当該労働者からの相談に応じ，適切に対応するために必要な体制の整備その他の雇用管理上必要な措置を講じなければならない。
> 第11条の2　国は，前条第1項に規定する不利益を与える行為又は労働者の就業環境を害する同項に規定する言動を行つてはならないことその他当該言動に起因する問題（以下この条において「性的言動問題」という。）に対する事業主その他国民一般の関心と理解を深めるため，広報活動，啓発活動その他の措置を講ずるように努めなければならない。
> 第11条の3　事業主は，職場において行われるその雇用する女性労働者に対する当該女性労働者が妊娠したこと，出産したこと，労働基準法第65条第1項の規定による休業を請求し，又は同項若しくは同条第2項の規定による休業をしたことその他の妊娠又は出産に関する事由であつて厚生労働省令で定めるものに関する言動により当該女性労働者の就業環境が害されることのないよう，当該女性労働者からの相談に応じ，適切に対応するために必要な体制の整備その他の雇用管理上必要な措置を講じなければならない。
> 第11条の4　国は，労働者の就業環境を害する前条第1項に規定する言動を行つてはならないことその他当該言動に起因する問題（以下この条において「妊娠・出産等関係言動問題」という。）に対する事業主その他国民一般の関心と理解を深めるため，広報活動，啓発活動その他の措置を講ずるように努めなければならない。

　なお，これらの法案の提出理由は，以下のように記されている。つまり，①国，事業者および労働者個人に，ハラスメント防止の努力義務が規定され，②事業主が講ずべき措置が明確にされたのが，この法改正であると言える。

改正法案提出理由
　女性をはじめとする多様な労働者が活躍できる就業環境を整備するため，女性の職業生活における活躍の推進に関する取組に関する計画の策定等が義務付けられる事業主の範囲を拡大するほか，いわゆるパワーハラスメント，セクシュアルハラスメント等の防止に関する①国，事業主及び労働者の努力義務を定めるとともに，②事業主に対してパワーハラスメント防止のための相談体制の整備その他の雇用管理上の措置を義務付ける等の措置を講ずる必要がある。これが，この法律案を提出する理由である。

　以下に，マタハラとされた事件（出産後職場復帰後も降格状態が継続した）を取り上げる。

【事例２】広島中央保健協同組合上告事件

　被告（被上告人）に雇用され副主任の職位にあった理学療法士である原告（上告人）が，労働基準法 65 条 3 項に基づく妊娠中の軽易な業務への転換に際して副主任を免ぜられ，育児休業の終了後も副主任に任ぜられなかったことから，被告に対し，副主任を免じた措置は男女雇用期間均等法 9 条 3 項に違反する無効なものであるなどと主張して，管理職（副主任）手当の支払および債務不履行または不法行為に基づく損害賠償を求めた事件である。

　原審では，本件措置が，上告人の同意を得た上で，被上告人の人事配置上の必要性に基づいてその裁量権の範囲内で行われたもので，上告人の妊娠に伴う軽易な業務への転換請求のみをもって，その裁量権の範囲を逸脱して男女雇用機会均等法 9 条 3 項の禁止する取扱いがされたものではないから，同項に違反する無効なものであるということはできないとし，上告人の請求を棄却したため，上告人が上告した事案である。

　最高裁（最一小判平成 26 年 10 月 23 日・判時 2252 号 101 頁）は，本件措置による降格は，軽易業務への転換期間の経過後も副主任への復帰を予定していないものといわざるを得ず，上告人の意向に反するものであったというべきであり，本件措置については，被上告人における業務上の必要性の内容や程度，上告人における業務上の負担の軽減の内容や程度を基礎付ける事情の有無などの点が明らかにされない限り，男女雇用機会均等法 9 条 3 項の趣旨および目的に実質的に反しないものと認められる特段の事情の存在を認めることはできない。ゆえに，上記特段の事情の存否について判断することなく，原審摘示の事情のみをもって直ちに本件措置が男女雇用機会均等法 9 条 3 項の禁止する取扱いに当たらないと判断した原審の判断には，審理不尽の結果，法令の解釈適用を誤った違法があるとし，本件を原審に差し戻した。

男女雇用機会均等法
第 9 条　3　事業主は，その雇用する女性労働者が妊娠したこと，出産したこと，労働基準法（略）第 65 条第 1 項の規定による休業を請求し，又は同項若しくは同条第 2 項の規定による休業をしたことその他の妊娠又は出産に関する事由であつて厚生労働省令で定めるものを理由として，当該女性労働者に対して解雇その他不利益な取扱いをしてはならない。

> **コラム17**　「悪魔」ちゃん命名事件審判
>
> 　申立人が，長男「悪魔」の出生届出をしたところ，市役所がこれを受理し，戸籍にもこの名の記載がなされた。後日，市長がこの戸籍の記載を抹消したので，申立人が，「悪魔」の名を長男の戸籍に再度記載することなどを市長に求めた事例である。
>
> 　裁判所は，「悪魔」の命名は命名権の濫用としたが，市長による当該記載を訂正（抹消）は違法，無効であるとして，「悪魔」の届出が受理されているので，当該記載を訂正（抹消）するには，法定の手続き（戸籍訂正）をとらねばならないことを指摘し，長男の名の受理手続を完成させることを命じた。

> **コラム18**　旧オウム真理教（アレフに改称）信者の転入届不受理事件
>
> 　1980年代末から1990年代中ごろに，麻原彰晃（本名・松本智津夫）を教祖とする「オウム真理教」という新興宗教が存在し，この宗教団体が武装化し行ったテロ行為等（例として，松本サリン事件，地下鉄サリン事件）を「オウム真理教事件」という。その後，法人としてのオウム真理教は破産し，破産管財人からその名称の使用を禁止されたために，2000年に「アレフ」，後に「アーレフ」に改称し，続いて「Aleph（日本語での発音はアレフ）」に改称した。2007年には，教団元幹部の上祐史浩氏らが分派し「ひかりの輪」を設立した。さらにアレフから女性元幹部らが「山田らの集団」に分派した。公安調査庁は3団体を観察処分の対象に加え，3年ごとに処分期間の更新を請求している（日本経済新聞2019年2月28日19:08等）。
>
> 　本件原告は，このアレフである。そのため，本件（最小一判平成15年6月26日・判時1831号94頁）では，地域の人たちの感情的なもの（嫌悪感や恐怖感等），およびそれを受けた自治体の意向から生じた「転入届不受理処分」が発端となっている。
>
> 　具体的には，同原告（被上告人）が，名古屋市A区の住所から同市B区の住所に異動したとして被告（上告人）B区長に対し転入届を提出したところ，同区長が上記届出を不受理にした。そこで，被上告人が本件処分は憲法22条1項，住民基本台帳法（住基法）3条1項等に違反する違法なものである等と主張して，本件処分の取消しおよび国家賠償を求めた事案である。
>
> 　最高裁は，市町村長は，住民基本台帳法の適用が除外される者以外の者から住民基本台帳法22条の規定による転入届があった場合には，その者に新たに当該市町村長の区域内に住所を定めた事実があれば，法定の届出事項に係る事由以外の事由を理由として転入届を受理しないことは許されないとして，被上告人の請求を認めた原審を維持し上告を棄却した。
>
> 住民基本台帳法
> 第3条　市町村長は，常に，住民基本台帳を整備し，住民に関する正確な記録が行われるように努めるとともに，住民に関する記録の管理が適正に行われるように必要な措置を講ずるよう努めなければならない。

第 10 章

公による賠償
―公の営造物の管理責任，自然公物の管理

はじめに

　国家賠償法 2 条 1 項は，公の営造物の設置および管理に瑕疵があった場合の公の（国および地方公共団体）賠償責任を認めている。

> 国家賠償法
> 第 2 条　道路，河川その他の公の営造物の設置又は管理に瑕疵があつたために他人に損害を生じたときは，国又は公共団体は，これを賠償する責に任ずる。

　そのため，「公園で遊具にはさまってけがをした。公の責任であるので施設管理者である市に対して国家賠償請求訴訟が起こされた。」というニュースは少なくない。公園遊具のみならず，道路交通標識，駐車場の縁石，樹木の管理，用水路およびため池等の公の営造物の管理に対しての市民の目は厳しい。厳しいがゆえに，公の営造物をどこまで公の用に供するかということの判断もためらわれることが少なくない。しかし，安易に「点検中・整備中」「天候が危ぶまれる」等を理由として市民に使わせないとすることは許されない。ただし，「危険」「関係者以外立ち入り禁止」という表示等によって注意喚起および啓発することで，危険回避を喚起し，危険な使用法をとった人と責任のいくばくかをシェアすることができる。

　「公の営造物」とは，国または公共団体により公の目的に供される有体物ないしは物的施設をいう。公の営造物とは，公の用に供される有体物を意味する「公物」と同義であり，設置管理者にあたる国・公共団体が被害者に賠償すべきこととなる。また，公の用に供されていれば，国や地方公共団体等が所有権を有するか否かは無関係であることから，「私有公物」も含まれることになる。例として，私有地が公道等として利用されている場合が挙げられる。一方，公の用に供されていない国公有地（コラム 20，100 頁）等は，公の営造物に含まれない。

　ここで「公の用（目的）に供される」とは何ぞやという疑問が生じる。より具体的には，（自然公園内でも私有地は存在するため，）国立公園等の指定を受ける等の観念的供用では足りず，国等が「権原」により「公の用に供している」必要がある。

公の営造物の管理責任

【事例1】

　ある日，A は，市民センターの学習室に出かけた。傘は据え置きの傘立てに，レインブーツは鍵付きではない靴箱に入れた。帰りに傘立てに A の傘が見つからず，職員に苦情を申し出た。職員にお願いして「傘を間違えて持って帰った人は申し出てください」との張り紙も掲示してもらったが，まだ見つからない。

　A は，市民センターは公の営造物であり，そこでの管理不行き届きのせいで傘立てに置かれた傘が紛失したのだから，市に対して訴えようかと思っている。

　【事例1】のような案件（傘立てに入れた傘が紛失して国家賠償請求が争われた事例）は実際にある（特別区人事・厚生事務組合法務部編『自治体訴訟事件事例ハンドブック』第一法規に登載）。その裁判では，A は，公（そこでは区）の傘立ての管理が不十分であったことに不法行為責任があるとして，区に 2,000 円の損害賠償を求めた。裁判所は，「傘立て」について，その設置が義務付けられるような必須のものではなく，施設利用者の便宜を図るために任意に設けられたものであるから，利用するかしないかは施設利用者の自由意思にゆだねられていること，そして，区も善良な管理者の注意義務を怠ったとはいえないことを理由に，A の請求を認めなかった。また，区側は，この学習室を無料で開放していたことを強調しており，裁判所もその点は認定した。

　では，市民センターの職員が，「傘は（学習室に）持ち込まず，傘立てに置いてください」と表示または口頭案内等をしていた場合であれば，どうなるのだろうか。また，学習室利用が有料である場合，または有料の催し物に参加していた折に傘が紛失されたのであれば，どうなるのであろうかという疑問は残る。

【事例2】

　X（小学 2 年生の女児）が近所の Y 市立公園内に設置された箱型ブランコで遊んでいたときに，同ブランコの底部と地面との間に頭部を挟まれてケガをした。そこで，X の両親は，X のケガは，同ブランコの設置または管理の瑕疵に起因すると考えている。X の両親には何ができるか。

　【事例2】の解答の一つとして，同ブランコを設置し管理していた Y 市に対し，国家賠償法 2 条 1 項に基づく損害の賠償を求めることが可能である。実際に訴訟に及んだ事例の一つが，さいたま地熊谷支部判平成 16 年 3 月 1 日・LEX/DB 文献番号 28091901 である。

　この裁判では，箱型ブランコを巡る利用方法の変化，揺動部と底面との間の間隔の欠如に伴う挟み込み事故の発生および業界団体内部の基準策定といった状況を勘案した。そのうえで，揺動部と底面との間の間隔の欠如に伴う事故は，箱型ブランコの揺動部付近で転倒するといった通常の遊戯の過程で生じ得るものであり，しかも結果が重大であるということに鑑みて，管理者にとって予測可能な限度においては，もはや営造物として通常有すべき安全性を欠いているものと評価するのが相当であると判断して，Xの両親による請求を一部認容した。

【事例3】　損害賠償請求事件

　Xは，都立公園に設置されたいわゆるターザンロープで遊戯中に，出発台から転落し，頭部強打により左眼を失明した。Xは，本件事故はターザンロープの設置または管理に瑕疵があったためとして，都に対して損害賠償を求めた。

　【事例3】は，東京地判平成3年4月23日・判タ767号96頁である。
　Xは，①勢いをつけて出発することを防止する措置を講じなかったこと，②出発台の側方に転落防止の柵等を設けなかったこと，③出発台周辺の敷地をより軟らかな地盤にしなかったことの瑕疵を訴えた。だが，裁判所は，現状以上に安全性を求めることは困難であり，設置管理に瑕疵があったとはいえないとして，請求を棄却した。
　ブランコで遊んでいたときの事故は損害賠償してもらえるが，ターザンロープの場合は損害賠償してもらえない，というわけではない。あくまで公立公園の遊具で遊んでいたときの事故のすべての責任が，営造物の設置管理者に課せられているわけではなく，厳密な立証と個別の状況判断がなされているということである。
　厳密な立証と個別の状況判断がなされている事例をいくつか見てみよう。

【事例4】　損害賠償請求事件

　Y市のA公民館は，ホールにおいて子ども向けの無料夏休み納涼映画会を主催することを予定し，同館の玄関にポスターを掲示するなどしてその旨の宣伝をした。この企画においては，児童・年少生徒が単独で参加することが予定されていた。この映画会の当日は，ホール客席後方に設置された映写機からロビー床を横切ってロビー隅のコンセントに電源コードが接続され，この電源コードは，ロビー床に固定されず，自由に遊動する状態であった。
　X（当時7歳，小学2年）は，同映画会に参加するため，早めに同公民館に入場したが，上映まで時間があったため，ホールやロビーで遊んでいた。その頃，幾人かの他の子ども達も来場し，ホールやロビー周辺で，追いかけっこをする等して上映までの時間を過ごしていた。
　同日午前，Xは，本件窓ガラスに内側から接触または衝突し，この衝撃で本件窓ガラスが割れると共に，Xは割れた本件窓ガラス面を貫通して外側に転倒し，出血性ショックにより，同日午後，収容先の病院で死亡した。そこで，Xの遺族は，損害賠償を求めて提訴した。

【事例4】は，名古屋地判昭和62年11月13日・判時1267号111頁である。Xは次のいずれかの形態で本件窓ガラスに衝突したと考えられた。

① ロビー隅コンセントからホール内に引き込まれた遊動状態にある電源コードに足をひっかけ，つまずいて転倒した。

② ロビー内で遊んでいるうち，本件窓ガラス近くでバランスを崩した。

③ 床ですべったかあるいはロビー内で遊んでいた別の子どもに強く押された。

④ ガラスの存在に気づかず，そこを空間と錯覚して飛び出そうとした。

⑤ 本件窓ガラスを扉と錯覚して強く押した。

そのため，裁判所は，本件のような事故は十分に予想されるところであったというべきであるから，窓ガラスにシール等の警戒票を貼付する等事故の発生を防止する措置を講ずべきであったとして，それをしなかったY市の営造物責任を認めた。

【事例5】　損害賠償請求事件

Xは，普通乗用自動車を運転して中央自動車道上り線を東京都三鷹市方面から新宿方面に向けて進行中，一般道路への出口に通じる減速車線と本線との分岐端であるコンクリート台座に衝突し死亡した（以下，「本件事故」という。）。Xの遺族は，中央自動車道（以下，「本件道路」という。）は，夜間，降雨時の高速自動車国道の走行に対する安全性を欠き，本件事故は日本道路公団（Y）の本件道路の設置・管理の瑕疵により発生したものであるとして，国家賠償法2条1項に基づき，生じた損害を賠償すべき責任があると提訴した。

【事例5】は，東京地判昭和62年8月25日・交通事故民事裁判例集20巻4号1069頁である。裁判所は，本件事故現場付近の本件道路には高速自動車国道として通常有すべき安全性に欠けるところはなかったというべく，かえって，本件事故は，降雨により本線の路面が濡れスリップの危険が高かったにもかかわらず，指定最高速度を40kmも上回る時速100km以上の高速度で走行したXの過失により生じたものであって，Yに道路の設置または管理の瑕疵に基づく責任があったものと認めることはできないと判断した。

【事例4】および【事例5】では，安全配慮をおこたっていたかどうかのみならず，その使用のされ方の予見可能性についても検討されている。【事例4】では，子どもが大勢集まるのであれば彼らがどのような動きをするかは予見可能であるという判断が働いている。一方，【事例5】における大幅なスピード違反については，想定の範囲外として判断している。

【事例6】　損害賠償請求事件，保険代位による求償金請求事件

X1が，X1所有の車両を運転して，県道（以下，「本件道路」という。）を，ぶどう峠方面からY県上野村方面に向けて走行中，進行方向右側の山側斜面から落石があり，当該落石が車両のフロントガラス等に衝突した。その衝撃により，X1の車両が本件道路の進路方向左側の

ガードレールに接触し，その後，橋の欄干（らんかん）に衝突して停止した（以下，「本件事故」という。）。

　そこで，X1が，Y県に対し，国家賠償法2条1項に基づき損害賠償を請求し，X1に対して人身傷害保険金を支払った保険会社X2が，Y県に対して，保険代位に基づき，求償金を求めた。

　【事例6】は，さいたま地判平成27年9月30日・判自411号83頁である。「道路として通常有すべき安全性」が問題とされている。裁判所は，本件道路は，本件事故当時，客観的にみて落石の可能性があったものであり，Yもそのことを認識することが可能であったなどとして，Xの受傷と本件事故との間の相当因果関係を認め，Y県の国家賠償責任を認めた。その上で，X1はX2からその損害を填補されているためその請求を棄却し，X2の請求を一部認容した。すなわち，【事例6】では，X1が被害者であるが，その損害分については保険会社X2から給付を受けており，Yの賠償はX2になされることになった。

【事例7】　奈良県道工事中車両転落事件（赤色灯破損事件）

　Aの運転する普通乗用自動車が県道工事現場付近で道路から田圃に転落し，同乗していたBが死亡するに至った事故が起きた。亡Bの相続人であるXらが，本件事故は道路の管理者であるY県の道路の管理の瑕疵に起因するものであるとして，Yに対し，国家賠償を請求した事例の上告審である。第一審，控訴審ともYが無責とされたため，原告が上告したものである。

　【事例7】は，最一小判昭和50年6月26日・判時785号49頁である。最高裁は，本件事故発生当時，Yにおいて設置した工事標識板，バリケードおよび赤色灯標柱が道路上に倒れたまま放置されていたのであるから，道路の安全性に欠如があったといわざるをえないが，それは夜間，しかも事故発生の直前に先行した他車によって惹起されたものであり，時間的に被上告人において遅滞なくこれを原状に復し道路を安全良好な状態に保つことは不可能であったと認定した。このような状況のもとにおいては，Yの道路管理に瑕疵がなかったと認めるのが相当であるとして，上告を棄却した。【事例7】では，道路の安全性に欠陥があったことは認めつつも，それを補うことは時間的に無理として道路管理者の瑕疵を認めなかった。

　一方，国道上に駐車中の故障した大型貨物自動車を「約87時間」放置していたことが道路管理者の瑕疵にあたるとされ，国家賠償請求が認容された事例（最三小判昭和50年7月25日・判時791号21頁）もある。道路管理者（県）は道路交通法（1960（昭和35）年法律105号）上，違法駐車に対して駐車の方法の変更・場所の移動などの規制を行うべきものとされていることが理由である。

自然公物および公園内の自然の管理

　河川は自然であり，自然公物といわれる。つまり，人間には制御できない部分もあるという判断があるのであろう。道路は通行規制が可能であるが，河川ではそれはできない。そのため，道路のような人工のものとは異なる判断がなされる。

　また，公園や遊歩道という人工物とされるところにも自然は存在する。公園内の樹木が倒れたり遊歩道に枝が落ちてきたりしてケガをしたら，公園管理者や遊歩道管理者はその責任を問われる。概して，遊歩道の場合には一般の道路と同じ程度の管理責任が問われ，自然状態に近い登山道では管理責任は相対的に軽いとされる。責任を問われるとすれば，できるだけ（制御不可能な）自然の要素を排除した公園や遊歩道を築くことにもつながる。警告表示も増える。

【事例1】

　A川は，二級河川であり，河川管理者は県（Y）である。毎年，雨量が増える時期には流域のどこかで氾濫を起こしている。洪水防止対策としては，本来であれば，もっと川幅を広げる方が望ましいのであろうが，それには地域住民に立ち退きを要請せねばならず，その合意も得づらく，財政的にも社会的にも制約があり，断念した経過がある。そこで，改修工事計画が立案され，今まさに改修工事中である。改修工事には合計30年間を要し，被害の多い場所とその上流部分から進めている。

　今年は，50年に一度といわれる集中豪雨があり，A川の中流付近で決壊した。その被害者団体が，Yに対して国家賠償法2条1項に基づく請求をすることは可能だろうか。

　河川は，国土交通省の管轄であり，河川法（1964（昭和39）年法律167号）に基づき管理されている。国土交通省によれば，「一級河川は，私たちの暮らしを守り，産業を発展させるうえで特に重要なかかわりをもっている水系（一級水系）のなかの河川のうち，国が管理している河川です。二級河川は，一級水系以外の比較的流域面積が小さい水系（二級水系）の河川のうち，都道府県が管理している河川です。」と説明されている。

> 河川法
> 第2条　河川は，公共用物であつて，その保全，利用その他の管理は，前条の目的が達成されるように適正に行なわれなければならない。
> 第3条　この法律において「河川」とは，一級河川及び二級河川をいい，これらの河川に係る河川管理施設を含むものとする。
> 2　この法律において「河川管理施設」とは，ダム，堰，水門，堤防，護岸，床止め，樹林帯（略）その他河川の流水によつて生ずる公利を増進し，又は公害を除却し，若しくは軽減する効用を有する施設を

　いう。（以下略）

　第4条　この法律において「一級河川」とは，国土保全上又は国民経済上特に重要な水系で政令で指定し
　　たものに係る河川（略）で国土交通大臣が指定したものをいう。

　第5条　この法律において「二級河川」とは，前条第1項の政令で指定された水系以外の水系で公共の利
　　害に重要な関係があるものに係る河川で都道府県知事が指定したものをいう。

　【事例1】の判断については，【事例2】がリーディング・ケースになっている。

【事例2】　大東水害訴訟上告審判決

　1972（昭和47）年7月の豪雨により，床上浸水の被害を受けた大阪府大東市の低湿地帯の
住民であるXらが，河川管理者である国，府および市（市を「Y」とし，国，府および市を
「Yら」という。）に対し，損害賠償を求めた。

　【事例2】は，最一小判昭和59年1月26日・判時1104号26頁である。最高裁は，我が国
の治水事業において当該河川の管理についての瑕疵の有無は，過去に発生した水害の規模，発
生の頻度，発生原因などの諸般の事情を総合的に考慮し，河川管理上の諸制約の下での同種，
同規模の河川の管理の一般水準および社会通念に照らして相当とすべき安全性を備えていると
認められるかどうかを基準として判断すべきであり，改修中の河川については，過渡的安全性
で足りるとした。その上で，本件の事実関係の下では，Yらの河川管理は，合理的，整合的
であって，過渡的安全性を備えていたということができ，行政計画の策定および実施において
非難に値する違法不当性は認められないと判断した。また，Yが事実上管理する水路につい
ても，Yの管理に瑕疵があったとは認められないとして，Yらの河川管理上の瑕疵を否定し，
請求を棄却した。

　【事例2】をもう少し詳しく見てみよう。最高裁は，河川の管理は，道路の管理等とは異な
り，本来的にかかる災害発生の危険性をはらむ河川を対象として，その危険を治水対策事業に
より軽減し，より安全なものに近づける努力の過程であること，よって，絶対的安全性を具備
することは不可能であるとともに，道路におけるような一時閉鎖，通行止め等の緊急の危険回
避手段を有しない点において道路その他の営造物の管理とは大きな差異があることを前提とし
た。その上で，河川の改修には財政的，技術的および社会的に諸々の制約が伴うため，改修工
事が終わっていないことをもって瑕疵とは言えないと判示した。

　では，河川改修ではなく，河川法3条2項の「河川管理施設」，すなわちダム，堰，水門，
堤防，護岸，床止め，樹林帯等の管理に瑕疵があり，水害が起きた場合には国家賠償請求は認
容されるのであろうか。

　差戻控訴審（大阪高判昭和62年4月10日・判時1229号27頁）では，水路の排水機能につ
いて以下のように判断されている。「本件水路のうちの甲路の排水機能が不十分であつたこと

が, 右湛水による浸水被害の一因であつたことも否定できない。しかしながら…甲路の排水機能が十分でないのは, 甲路がもともと農業用水路であつて…農業用水路を, そのまま都市下水路代りに使用していたことに排水不良ないし湛水の原因があつたと推認される。そして, 急激な都市化によつて, 低湿田を宅地化し, その上に家屋を建築するなどして居住すれば…家屋の浸水, の被害が生じる可能性のあることは, 見易い道理であり, 莫大な費用と長年月を要すると思われるその地域の排水構造の抜本的修正をしない限り, 水田の宅地化に伴う構造的必然性であるともいえるのであつて, そのようないわば居住不適の地帯に住居を求めた X ら自身においても, 当然予知しなければならなかつた事柄に属する。」つまり, 浸水は河川管理施設の不備も一因であろうが, 改修整備には時間と費用も要する。とすれば, 「居住不適の地帯に住居を求めた X ら自身」の責めによるところも少なくないとした。

　宅地開発には許可が必要であり, 都市計画法 (1968 (昭和 43) 年法律 100 号) の定める要件を満たせば許可はなされる。許可に何らかの条件を付せるような条文の規定はない。建築基準法 (1950 (昭和 25) 年法律 201 号) では確認に条件は付せず, 宅地造成等規制法 (1961 (昭和 36) 年法律 191 号) は, 土砂災害は射程内であるが水害までカバーしておらず, 排水施設の設置を予定するくらいしか対処できない。ゆえに立法的な対処が求められる。流域の水害対策として, 宅地嵩上げの実施やハザード・マップの作成・公表等も求められる。

【事例 3】

　A は小学 1 年の女児であった。休日に, 近所の市立公園での森林体験講座に参加したところ, 落ちてきた枝で頭を打って死亡した。当日は風が強く, 強風等で枝の落下が予測できたにもかかわらず, 公園の管理者と講座の主催者は安全対策を怠ったとして, 業務上過失致死の疑いで書類送検された。送検容疑は, 強風等で枝の落下が予測できたのに, 樹木の点検やヘルメット着用等の安全対策を行わず, A の頭に枝が落下する事故を引き起こしたことである。枝は, 樹齢約 110 年のスギの高さ 23 メートルの地点から落ちたものである。

　【事例 3】は, 2012 年に実際に岐阜県大垣市で起きた事故と, その刑事処分 (2014 年 8 月新聞報道) の内容である。岐阜県警によると, 現場周辺では断続的に強い風が吹いていたのであり, 事故が起きた時間には最大瞬間風速 14.9 メートルを観測した。枝は, 長さ約 3.4 メートル, 直径約 5 センチ, 重さ約 5.35 キロで, 風にあおられ, 重さに耐えきれず落下したとみられている。

　「枝」というと小さなものを想定する人も少なくないが, 決して小さなものではなく, この大枝が高さ 23 メートルから落ちてきたとすれば現場では大惨事が繰り広げられていたと想像できる。このような大枝が折れるほどの強風であったにもかかわらず安全措置をしなかったこと, および樹齢約 110 年のスギであり, 大枝が折れる可能性もある老木であるにもかかわらず事前の点検を怠っていたという点に (業務上の) 過失が認められたわけである。

【事例4】　奥入瀬落枝損害賠償事件

　国立公園内の遊歩道付近で観光中であった X が落下したブナの木の枝の直撃を受け傷害を負った。この事故につき，X およびその夫が，県（Y1）および国（Y2）に対して，国家賠償法2条1項，および民法717条2項に基づき損害賠償請求した。

　【事例4】の第一審（東京地判平成18年4月7日・判時1931号83頁損害賠償請求事件）は，本件事故現場付近は Y1 によって通行の安全性が確保されていなかったものと言わざるを得ず，その管理について通常有すべき安全性を欠いていたとして，Y1 は国家賠償法上の賠償責任を負うとし，また，天然木であっても占有者等が一定の管理を及ぼしその効用を享受しているような場合には，これに対する「支持」があることにほかならないとして，Y2 は民法717条2項に基づき賠償責任を負うとした。

　控訴審（東京高判平成19年1月17日・判自288号41頁）は，民法717条2項にいう「竹木」には，天然木が含まないとの解釈は相当でなく，また，「竹木」の「支持」とは，支柱を施すなどの物理的な措置だけを指すものではなく，竹木の維持，管理一般を指すものと解すべきであるなどとして，請求を認容した原判決を維持し，賠償額についてのみ変更した。

　「支持」とは，一般的には「ささえもつこと。ささえてもちこたえること。」である。民法717条2項の工作物責任で規定されており，その法的意味が一つの論点にもなった。第一審判決は，天然木であってもそれは全くの自然のものというわけではなく，人為による管理をもってそこに据えられている（植栽され支持された）工作物の一つであるという意味で捉えるべきであると判断している。高裁判決においては，植栽や支柱を施す等の行為のみではなく，維持・管理全般の責任を Y1 および Y2 に認めたものと解せられる。

　民法
　第717条　土地の工作物の設置又は保存に瑕疵があることによって他人に損害を生じたときは，その工作物の占有者は，被害者に対してその損害を賠償する責任を負う。ただし，占有者が損害の発生を防止するのに必要な注意をしたときは，所有者がその損害を賠償しなければならない。
　2　前項の規定は，竹木の栽植又は支持に瑕疵がある場合について準用する。

　なお，現場は国立公園であり，当該事故現場付近を事実上管理していた県（Y1）の管理上の瑕疵が問題となった。結果として，①Y1 が国（Y2）から貸付を受けていないとしても事実上は管理を行っており，事故回避措置を講ずることができたのであるから管理責任を免れるものではなく，他方，②Y1 が事実上の管理を行っていたからといっても Y2 が事故現場付近一帯の占有者としての責任を免れることはできないとの理由により，Y1，Y2 のいずれについても本件事故について結果回避の可能性がなかったとみることはできないとして，双方の責任が認められた。

> **コラム19**　国家賠償請求訴訟における勝訴とは？

　公による賠償の【事例3】，【事例4】等の水路や池に落ちて死傷したという事故は後を絶たない。こうした事件で国家賠償請求および工作物責任請求の訴訟が提起されると，過失割合が確定される。管理者責任はゼロになることは少なく，被害者原告の勝訴としてセンセーショナルに取り上げられることが多い。勝訴といっても，過失割合によってはシビアな結果となり，被害者側の損害保険の会社がその実質的弁償を免れる（求償先確保）にすぎないことが多い。ただし，これは結果として損害保険料の高額化を抑制することにつながり，税金でリスクを負担する仕組みとして機能している。被害者も「裁判を受ける権利」を行使して感情の整理ができ，社会的問題提起にも資するという成果がある。つまり，社会全体でリスクを分担しているともいえる。

　他方，管理者はいっそう管理を精緻に行うことになる。「立ち入り禁止」「危ない」「危険」という周知および啓発の札を立て，適時に「通行止め」をするようになる。すると「なぜ安易に使用禁止にするのか」「自己責任で触れ合う機会の確保を」という苦情が出る。ただし，混同してはいけないのは，管理者による安全性確保は必須であり，それ以上の規制か，すなわち安全に使用可能な公の営造物なのに使わせないのかどうかということが問われるべきなのである。

> **コラム20**　国有林野は国家賠償法2条1項の「公の営造物」にあたるか

　このタイトルの問いについて，公の営造物でないと判断したものに，秋田地判平成23年4月15日・訟月58巻1号113頁がある。Xは，Aが経営する温泉旅館で冬季は除雪作業に従事している。露天風呂付近で除雪作業をしていたところ，同旅館の裏山斜面で発生した雪崩により傷害を負い，治療費等の損害を被った。Xは，この事故は，Y（国）が所有・占有し管理する国有林野である温泉旅館の敷地ないし裏山斜面の設置および管理に瑕疵があり，またYが故意・過失により雪崩の危険に対処する注意義務を怠ったことによるものであるとして，Yに対し，損害賠償等を求めた。

　裁判所は，YはAの温泉施設業を通じて国有林野の公益的機能の維持増進を図り，地域産業の振興および住民の福祉に寄与することを意図してAの敷地をレクリエーションの森に指定したが，それ以上に遊歩道等何らかの施設を設置するなどして公共の目的に供する等しておらず，本件使用許可地は公の営造物に該当せず，裏山斜面がこれと一体として公の営造物であるとはいえないとして，国の国家賠償法2条1項の責任を否定した。つまり，国有林野は行政財産のなかでも国有林野事業のための「森林経営用財産」であり，公共用財産には該当しないのである。

> 地方自治法（1947（昭和22）年法律67号）
> 238条　3　公有財産は、これを行政財産と普通財産とに分類する。
> 　4　行政財産とは、普通地方公共団体において公用又は公共用に供し、又は供することと決定した財産をいい、普通財産とは、行政財産以外の一切の公有財産をいう。

第11章

土地利用行政―空家管理，土地収用

はじめに

　土地は財産権の最たるものとされていた時代もあったが，現代では，その状況も変化してきている。「土地の資産性に対する国民の意識」調査によれば，「土地は預貯金や株式に比べて有利」と回答する割合が減少傾向である。国土交通省による 2019（令和元）年調査では，有利だと思う 27.1％，どちらともいえない 21.4％，わからない 6.2％，有利だと思わない 45.3％であった。同年の「土地の所有に対する国民の意識」調査によれば，「土地を所有したくない」と答えた割合は 32.5％で，その理由の第一位は所有するだけで費用や手間がかかるから，第二位は使い道がないから，であった。土地を財産として消極的にとらえる傾向が強まっている。

　不動産所有権をめぐる今日的課題の一つが，所有者不明土地問題である。時間の経過と相続等を経るとともに，関心を失われた土地の管理は怠われ，所有者すらも明白ではない状態となっていく。すると，その土地の荒廃ぶりが，人々の生活を脅かすようになっていく。

　こうした現況に歯止めをかけるために，不動産所有権の使用収益権能の制限（相続登記の義務化と土地所有者による適正利用）と帰属の制限（収用，利用権の取得およびみなし放棄）について検討がなされてきた。とりわけ，憲法 29 条 2 項の「公共の福祉」についての議論は重要である。従来型の内在的制約のみならず，現代型の社会の成熟と自然環境・都市環境の重要性の認識に伴って生じた，土地の外部からの要請に基づく使用収益権能の制約（外在的制約）も検討していく必要がある（吉田克己「不動産所有権の今日的課題」NBLNo.1152, 7-9 頁）。

　なお，土地法には，土地公法と土地私法がある。前者には，憲法や土地基本法（1989（平成元）年法律 84 号）等があり，後者には民法，借地借家法等がある。

民法
第 206 条　所有者は，法令の制限内において，自由にその所有物の使用，収益及び処分をする権利を有する。
第 207 条　土地の所有権は，法令の制限内において，その土地の上下に及ぶ。

空家管理

【事例１】

　Aは甲市の職員であり，現在は住宅行政の部署で空家対策を担当している。甲市は雪深い地域にあり，冬になると大雪が降る。そのため，老朽化した空家が通学路に面している等の事由により，そのまま放置すれば著しく保安上危険となるおそれのある状態の空家，いわゆる空家特措法の「特定空家等」に該当する物件に関しては，徹底した管理を行っている。

　乙物件も特定空家等に該当し，その持ち主は一人暮らしのB（79歳）である。Bは，養護老人ホームに入居しており，空家となっているZ物件のことは気にしているが，もはや自身では屋根の雪下ろしをすることもできないし，倒壊してご近所や登下校の児童生徒に迷惑がかかることも避けたいと考えている。

　Aは，Bにどのように対処すべきか。

　土地公法として，都市計画法がある。旧都市計画法（法律 36 号）は，大正 8（1919）年に，市街地建築物法（現在の建築基準法の前身，法律 37 号）と共に制定された。日本に用途地域制（住居，商業，工業など市街地の大枠としての土地利用を定める制度）を初めて導入した。

　戦後の復興期を乗り越え，高度経済成長期に行われた都市および都市近郊でのスプロール開発は，無秩序および無計画に展開された。それによって生じた多くの乱開発，ならびにそれに抗うかの街づくり住民運動の高まり，および地価の上昇は，現行の都市計画法の制定，および建築基準法における昭和 45（1970）年の集団規定（建築物と都市との関係について規定されている条文）の改正によって，いくばくかは沈静化した。昭和 44（1969）年の都市再開発法（法律 38 号）および昭和 45（1970）年の農業振興地域の整備に関する法律（法律 58 号）の制定も，開発の秩序化に奏功した部分もある。

　その後の日本は，昭和 47（1972）年からの「日本列島改造論」およびバブル景気に沸騰した。その過程で，国土利用計画法（昭和 49（1974）年法律 92 号）および土地基本法も制定されたが，土地の利用規制については，実効性は発揮できなかった。

　近年は，空家問題，空き地問題というものがクローズアップされてきている。宅地としての利用も土地利用の一種である。「平成 30（2018）年住宅・土地統計調査結果」（総務省統計局）によれば，空家は 848 万 9 千戸と 5 年前から 3.6％の増加，空家率は 13.6％と過去最高値となっている。

　その対策のためにも，全国で 401 の自治体が，いわゆる空家条例を制定していた（2014 年10 月時点）。平成 26（2014）11 月 27 日には，空家等対策の推進に関する特別措置法（いわゆる「空家特措法」のこと）も制定されるに至った。

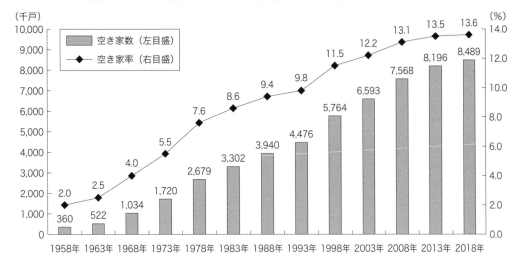

図 11-1　空き家数および空き家率の推移─全国（1958〜2018 年）

（出所）「平成 30 年住宅・土地統計調査結果」令和元年 9 月 30 日，総務省統計局。

　空家特措法 2 条は，「空家等」および「特定空家等」を規定する。特定空家等とは，具体的には以下の状態である（2 条 2 項）。

　・そのまま放置すれば倒壊等により著しく保安上危険となるおそれのある状態

　・著しく衛生上有害となるおそれのある状態

　・適切な管理が行われていないこと等により著しく景観を損なっている状態

　・その他周辺の生活環境の保全を図るために放置することが不適切である状態

　特定空家等に対する措置は 14 条に規定される。よって，【事例 1】において，A は，まずは，特定空家の所有者である B に対して助言または指導等を行い（14 条 1 項），続いて勧告（同条 2 項），命令（同条 3 項）ならびに行政代執行（同条 9 項）を執ることが求められる。なお，14 条の執行にあたっては，国土交通省による「『特定空家等に対する措置』に関する適切な実施を図るために必要な指針（ガイドライン）」に詳細が規定されており，参考になる。

　行政代執行を行った事例も複数ある。全国で初の行政代執行による空家解体の事例は，【事例 1】の甲市ような雪による空家の倒壊への対処を求められていた大仙市（秋田県）にあった。

空家特措法
第 2 条　この法律において「空家等」とは，建築物又はこれに附属する工作物であって居住その他の使用がなされていないことが常態であるもの及びその敷地（立木その他の土地に定着する物を含む。）をいう。ただし，国又は地方公共団体が所有し，又は管理するものを除く。
2　この法律において「特定空家等」とは，そのまま放置すれば倒壊等著しく保安上危険となるおそれのある状態又は著しく衛生上有害となるおそれのある状態，適切な管理が行われていないことにより著しく景観を損なっている状態その他周辺の生活環境の保全を図るために放置することが不適切である状態にあると認められる空家等をいう。
第 6 条　市町村は，その区域内で空家等に関する対策を総合的かつ計画的に実施するため，基本指針に即して，空家等に関する対策についての計画（以下「空家等対策計画」という。）を定めることができる。

第14条　市町村長は，特定空家等の所有者等に対し，当該特定空家等に関し，除却，修繕，立木竹の伐採その他周辺の生活環境の保全を図るために必要な措置（そのまま放置すれば倒壊等著しく保安上危険となるおそれのある状態又は著しく衛生上有害となるおそれのある状態にない特定空家等については，建築物の除却を除く。次項において同じ。）をとるよう助言又は指導をすることができる。

2　市町村長は，前項の規定による助言又は指導をした場合において，なお当該特定空家等の状態が改善されないと認めるときは，当該助言又は指導を受けた者に対し，相当の猶予期限を付けて，除却，修繕，立木竹の伐採その他周辺の生活環境の保全を図るために必要な措置をとることを勧告することができる。

3　市町村長は，前項の規定による勧告を受けた者が正当な理由がなくてその勧告に係る措置をとらなかった場合において，特に必要があると認めるときは，その者に対し，相当の猶予期限を付けて，その勧告に係る措置をとることを命ずることができる。

9　市町村長は，第3項の規定により必要な措置を命じた場合において，その措置を命ぜられた者がその措置を履行しないとき，履行しても十分でないとき又は履行しても同項の期限までに完了する見込みがないときは，行政代執行法（昭和23年法律43号）の定めるところに従い，自ら義務者のなすべき行為をし，又は第三者をしてこれをさせることができる。

行政代執行法
第1条　行政上の義務の履行確保に関しては，別に法律で定めるものを除いては，この法律の定めるところによる。
第2条　法律（略）により直接に命ぜられ，又は法律に基き行政庁により命ぜられた行為（他人が代つてなすことのできる行為に限る。）について義務者がこれを履行しない場合，他の手段によつてその履行を確保することが困難であり，且つその不履行を放置することが著しく公益に反すると認められるときは，当該行政庁は，自ら義務者のなすべき行為をなし，又は第三者をしてこれをなさしめ，その費用を義務者から徴収することができる。

　そもそも行政代執行とは，行政上の強制執行の一種である。義務者が行政上の義務を履行しない場合に，行政庁が，自ら義務者のなすべき行為をなし，または第三者をしてこれをなさしめ，その費用を義務者から徴収することをいう（行政代執行法1条，2条）。所有している空家が特定空家等と認定された物件に対して，所有者に代わって行政が強制的に解体する場合には，行政代執行となる。また，その物件の所有者を特定できない場合に略式代執行となる。

　そのため，費用の徴収に関して，行政代執行では空家の所有者から強制徴収できるのに対して，略式代執行ではいったん自治体が負担して「所有者が確定した段階」で請求するという違いがある。後者の場合には，市区町村が利害関係人として家裁に財産管理人の選任を申し立て，財産管理人が跡地を売却した収益から費用を徴収した事案（一例として厚木市）もある。

　国交省の報道発表（2020（令和2）年4月8日）によると，空家特措法に関し，空家等対策計画（6条）は法施行後4年半で全市区町村の63％となる1,091市区町村において策定されている。同法の効果として，4年半で7,552物件の特定空家等の除却等（うち代執行196件）が進んでおり，空家法に基づく助言・指導などの措置件数も年々増えていることが挙げられる。また，同法に限らず，市区町村における様々な空家対策に関する取組の効果として，4年半で

約 7.7 万物件の管理不全の空家の除却等が進んでいる。

　空家は 2009 年 7 月の国土審議会土地政策分科会企画部会報告によれば，外部不経済をもたらす土地利用に該当している。というのも，空家の存在は，地域にあっては防災および防犯上の危険を増加させることはもとより，荒れた景観を形成し，住民の当地に住み続けるというモティベーションの維持を困難にしかねないからである。他方，昨今では地方への移住希望者は増えているといわれており，彼ら移住希望者の移住が促進されれば，人口減少社会の影響を受けやすい中山間地域のコミュニティの存続および活性化にもつながる可能性も十分にあると考えられる。しかしながら，特に中山間地域への移住に際しては，経済的負担に加えて地域社会との融和の難しさから，住宅購入や賃借には困難が伴う。それでも，こうした中山間地域への移住希望者にとって，空家はむしろ有益な資源であるといえ，定住化促進のためにもぜひとも有効利用を促進することが望ましいと考えられる。そのため，家主の意向を十分に踏まえつつも，地域の暮らしを守るために，自治体によって空家をより早期かつ的確に管理および活用していく施策が始められている。

　全国の空家条例の傾向も，変遷してきている。空家という文言をその名称にもつ条例を大まかに分類するとすれば，「空家等の適正管理に関する条例」「空家等の適正管理及び有効活用に関する条例」「定住促進や地域活性化のための空家活用住宅の管理運営に関する条例」等に分類できる。なかでも中山間地域をもつ自治体における条例は，概括すると「空家の適正管理」⇒「適正管理と活用」⇒「適正管理と，空家を活用しての定住促進または地域の活性化」に移行してきている。すなわち，①所有者による空家の適正管理義務の履行のみではなく，②より早めにより多くの空家を提供してもらう（劣化を防ぐ）ことと，③提供してもらった空家を利用しての定住促進および活性化であろうと思われる。空家対策を通じた持続可能な地域づくりを志向するようになってきているのである。

　そのため，国土交通省は，そのウェブサイト「空き家・空き地バンク総合情報ページ」(https://www.mlit.go.jp/totikensangyo/const/sosei_const_tk3_000131.html) で，同省が構築・運営の支援をした全国版空き家・空き地バンクに関する情報を発信している。そこには，「全国版空き家・空き地バンク」，「公的不動産（PRE）情報公開サイト」，「国有財産売却情報サイト」，および「自治体が運営する空き家情報サイト」もある。

　この「全国版 空き家・空き地バンク」サイトには，各自治体の各種支援制度情報等（2019（平成 31）年 3 月 29 日〜），国有財産の売却情報（2019（令和元）年 10 月 23 日〜），地域の魅力を新コンテンツで紹介（2020（令和 2）年 7 月 2 日〜），おためし移住サイト（令和 2 年 8 月 19 日〜），地域の魅力を発見できる動画ポータルページ（令和 2 年 10 月 22 日）等が，順に開設され機能も拡充されてきている。

　なお，自治体等が運営協力するから公の運営，というわけではないことに留意を要する。

土地収用

【事例1】

　Xらが所有する山林に道路を通す計画ができた。ちょうどX所有の土地は道路等になるため，その土地を売却してくれと自治体の職員らが頼みに来た。Xは，当初は，「売ろうとしても売れない田舎の土地に買い手がついた」と思って喜んでいたが，現在の地価に基づく売値は決して高くはない。一方，この山林に土地を所有する他の人たちは，「道路ができるおかげで地価が上がる」「ドライブインもできるらしいから，何か事業でも始めたい」と言っている。Xは，このままの売値で土地を売却すると，自分だけが損をするのではないかと不安になっている。

【事例2】

　Aが住む甲市は，市街地の周りにグリーンベルト（緑化帯）を形成するために，その部分の土地に開発規制をする条例を制定した。Aが所有する土地もこの条例の適用により，開発が抑制されることとなった。Aはこの土地に息子夫婦の家を建築する予定であったが，それができなくなった。Aは何ができるか。

　土地収用とは，公共の利益となる事業に必要な土地等の使用に係る公共の福祉と私有財産権の両者の要請を調整するための制度である。憲法29条3項の損失補償規定に基づき，土地収用法（1951（昭和26）年法律219号）3条に規定する公共の利益となる事業の用に供するため，適法な公権力行使により加えられた財産上の特別の犠牲に対して，全体的な公平負担の見地からこれを調整するために財産的補償を行う。これにより，公共の利益の増進と私有財産との調整を図り，国土の適正かつ合理的な利用を促進するのである。

> 日本国憲法
> 第29条　財産権は，これを侵してはならない。
> 2　財産権の内容は，公共の福祉に適合するやうに，法律でこれを定める。
> 3　私有財産は，正当な補償の下に，これを公共のために用ひることができる。
>
> 土地収用法
> 第1条　この法律は，公共の利益となる事業に必要な土地等の収用又は使用に関し，その要件，手続及び効果並びにこれに伴う損失の補償等について規定し，公共の利益の増進と私有財産との調整を図り，もつて国土の適正且つ合理的な利用に寄与することを目的とする。
> 第2条　公共の利益となる事業の用に供するため土地を必要とする場合において，その土地を当該事業の用に供することが土地の利用上適正且つ合理的であるときは，この法律の定めるところにより，これを

収用し，又は使用することができる。

第3条　土地を収用し，又は使用することができる公共の利益となる事業は，次の各号のいずれかに該当するものに関する事業でなければならない。

　一　道路法（略）による道路，道路運送法（略）による一般自動車道若しくは専用自動車道（略）又は駐車場法（略）による路外駐車場

　二　河川法（略）が適用され，若しくは準用される河川その他公共の利害に関係のある河川又はこれらの河川に治水若しくは利水の目的をもつて設置する堤防，護岸，ダム，水路，貯水池その他の施設（以下略）

　大日本帝国憲法には財産権の保障について 27 条 1 項に規定を置いていたものの，損失補償条項は存在しなかった。土地収用法（旧土地収用法，1900（明治 33）年法律 29 号）47 条には，収用に際しての補償条項があり，これに関する争いは通常裁判所の管轄と定められていた（82 条）。

大日本帝国憲法

第 27 条　日本臣民ハ其ノ所有権ヲ侵サルヽコトナシ

2　公益ノ為必要ナル処分ハ法律ノ定ムル所ニ依ル

旧土地収用法

第 47 条　土地所有者及関係人ノ受ク損失ハ起業者之ヲ補償スヘシ

2　損失ノ補償ハ各人別ニ之ヲ為スヘシ但シ具ノ各人別ニ見積リ難キトキハ此ノ限ニ在ラス

　戦後になると，民主化のために財閥と寄生地主制の解体が断行された。農地を小作人らに開放するため，1946（昭和 21）年に自作農創設特別措置法（法律 43 号）が制定された。そして耕地整理法に代わって 1949（昭和 24）年に土地改良法（法律 195 号）が，1952（昭和 27）年に農地法（法律 229 号）が改定され，食糧（料）を増産するために農地の移動が制限された。さらに 1951（昭和 26）年には新しい土地収用法が立法化された。

　現行の土地収用法による損失補償の規定は 68 条以下にある。

土地収用法

第 68 条　土地を収用し，又は使用することに因つて土地所有者及び関係人が受ける損失は，起業者が補償しなければならない。

第 69 条　損失の補償は，土地所有者及び関係人に，各人別にしなければならない。但し，各人別に見積ることが困難であるときは，この限りでない。

第 70 条　損失の補償は，金銭をもつてするものとする。但し，替地の提供その他補償の方法について，第 82 条から第 86 条までの規定により収用委員会の裁決があつた場合は，この限りでない。

第 71 条　収用する土地又はその土地に関する所有権以外の権利に対する補償金の額は，近傍類地の取引価格等を考慮して算定した事業の認定の告示の時における相当な価格に，権利取得裁決の時までの物価の変動に応ずる修正率を乗じて得た額とする。（以下略）

【事例1】は，「開発利益」の帰属が問題となっている。つまり，Xは収用される側であり，開発利益を享受できないが，他の収用されない土地の所有者は開発利益を享受するのである。さらに，Xは，Xが得た補償額では周辺の土地を（値上がりのため）購入することができないことも問題となる。

【事例2】では，こうしたゾーニング規制（土地利用を面的に規制していく方式）に対しての，損失補償の要否が問われる。憲法で保障された財産権の侵害であるとの違憲訴訟も提起される可能性もあろう。詳細は，事案に応じて検討するしかないが，実際に巨額の損失補償が必要となれば，自治体の予算等との関連において，そうした開発規制そのものが見直されることにつながるであろう。

【事例2】のような土地利用制限も収用にあたるのかについては，最三小判平成17年11月1日・判時1928号25頁は否定している。

なお，同判決に対しては，藤田宙靖裁判官による以下の補足意見がある。「本件における建築制限を憲法29条3項にいう私有財産を公のために用いる場合に当たる，と考える場合，理論的には，これを，論旨のいうように『土地利用権を収用している』（いわば，土地所有権の部分収用）と法律構成するのか，それとも，一種の公用使用権類似の権利が設定された，と見るのか，という問題（この問題は，補償額の算定にも関わってくる可能性があろう），更に又，補償の要否の判断に，制限が課せられた期間の長短を考慮に入れることとする場合，そもそもどの時点をもって補償不要の状態から要補償の状態に移行したと考えるのか，といった問題が生じよう。」「しかしながら，（中略）このような本件土地に関する具体的事情に照らせば，本件土地に課せられた上記の建築制限が長期間にわたっていることを考慮に入れても，いまだ，上告人らが制限を超える建築をして本件土地を使用することができなかったことによって受けた損失をもって特別の犠牲とまでいうことはできず，憲法29条3項を根拠とする補償を必要とするとはいえないという評価も成り立ち得るところであ」る。

さらに，藤田裁判官は，土地利用制限を「公共のために用いる」ときとする法律構成について，以下のように述べている。「公共の利益を理由としてそのような制限が損失補償を伴うことなく認められるのは，あくまでも，その制限が都市計画の実現を担保するために必要不可欠であり，かつ，権利者に無補償での制限を受忍させることに合理的な理由があることを前提とした上でのことというべきであるから，そのような前提を欠く事態となった場合には，都市計画制限であることを理由に補償を拒むことは許されないものというべきである。」

【事例3】　損失補償価額変更等請求事件

都市再開発法（1969（昭和44）年法律38号）に基づく第一種市街地再開発事業である再開発事業の施工地区内の建築物の一部である建物部分につき，借家権を有していたXら（Xらは，再開発事業によって建築される施設建築物の一部についての借家権を希望しなかった）に

対し，再開発事業の施工者である市街地再開発組合（Y）は，権利変換計画において，同法91条に基づく補償に係る借家権の価額を0円と定めた。そこで，Xらは，これは違法であるとして，同法85条1項に基づき東京都収用委員会にその価額の裁決の申請をしたが，同委員会も借家権の価額を0円と定める旨の裁決をした。よって，XらがYに対し，同法85条3項，土地収用法133条に基づき，借家権の価額の変更を求めた。

【事例3】は，東京高判平成27年11月19日・LEX/DB文献番号25447951である。都市再開発法に係る損失補償額に対して不服がある場合については，同法85条および土地収用法129条，133条等の定めに従う。本件においては，都市再開発法85条1項に基づき東京都収用委員会にその価額の裁決の申請をした。さらにXらは，その裁決を不服として，同法85条3項および土地収用法133条に基づき提訴した。しかし，価額0円は妥当として棄却された。

なお，収用委員会の裁決のうち損失の補償について不服がある場合は，裁決書の正本の送達を受けた日の翌日から起算して6か月以内に，裁判所に訴え（形式的当事者訴訟，行政事件訴訟法4条）を提起することができる。この場合，訴えを提起する者が土地所有者または関係人であるときは，起業者を被告としなければならない（土地収用法133条2項，3項）。

都市再開発法

第85条　第73条第1項第3号，第11号又は第12号の価額について第83条第3項の規定により同条第2項の意見書を採択しない旨の通知を受けた者は，その通知を受けた日から起算して30日以内に，収用委員会にその価額の裁決を申請することができる。

2　前項の規定による裁決の申請は，事業の進行を停止しない。

3　土地収用法第94条第3項から第8項まで，第133条及び第134条の規定は，第1項の規定による収用委員会の裁決及びその裁決に不服がある場合の訴えについて準用する。この場合において必要な技術的読替えは，政令で定める。（以下略）

第91条　施行者は，施行地区内の宅地若しくは建築物又はこれらに関する権利を有する者で，この法律の規定により，権利変換期日において当該権利を失い，かつ，当該権利に対応して，施設建築敷地若しくはその共有持分，施設建築物の一部等又は施設建築物の一部についての借家権を与えられないものに対し，その補償として，権利変換期日までに…権利変換計画の認可の公告の日までの物価の変動に応ずる修正率を乗じて得た額に…利息相当額を付してこれを支払わなければならない。（以下略）

土地収用法

第129条　収用委員会の裁決に不服がある者は，国土交通大臣に対して審査請求をすることができる。

第133条　収用委員会の裁決に関する訴え（次項及び第3項に規定する損失の補償に関する訴えを除く。）は，裁決書の正本の送達を受けた日から3月の不変期間内に提起しなければならない。

2　収用委員会の裁決のうち損失の補償に関する訴えは，裁決書の正本の送達を受けた日から6月以内に提起しなければならない。

3　前項の規定による訴えは，これを提起した者が起業者であるときは土地所有者又は関係人を，土地所有者又は関係人であるときは起業者を，それぞれ被告としなければならない。

> **コラム21**　草刈り条例
>
> 　空き地（現に使用していない土地）が適切に管理されないことにより「犯罪または火災の発生ならびに廃棄物の投棄等を未然に防止するため」に，いわゆる「草刈り条例」を制定している自治体がある。その条例によって，自治体は，空き地の所有者または管理者に，当該空き地が危険な状態にならないように適切な管理義務を課し，これに違反した者に対しては勧告や措置命令を行えるものとしている。よって，市民は，近所の空き地が管理されておらず草ぼうぼうで近所に草の種も胞子も飛ばし放題で迷惑しているのであれば，市民は役所に当該空き地の所有者に管理させるよう促すことが可能である。
>
> 　では，措置命令に応じない場合にはどうなるのか。行政代執行法の規定により代執行を行うことができるのであるが，それを条例に明記したのが「名張市あき地の雑草等の除去に関する条例」である。名張市は，条例を改正し，2008（平成20）年4月から行政代執行による強制除草をできるようにした。毎年6月，空き地の所有者に適正管理を促すはがきを発送する。複数回にわたって勧告や命令をしても改善されない場合，所有者の住所や氏名を公表し，市が強制的に除草する。除草に要した費用は空き地の所有者に求償される。
>
> 　おかげで，いくばくか空き地はきれいになったのであろうが，市への苦情件数も4倍に増えたとのことである（2009年度の苦情件数は約1,400件と改正前の4倍弱に急増した：日本経済新聞電子版2010年8月2日）。

> **コラム22**　所有者不明土地の把握や抑制のための仕組みづくり
>
> 　増田寛也元総務相らの研究会の試算では，所有者不明土地は2016年時点で約410万ヘクタールある。これは，九州本土よりも大きいという想定になるが，正確な面積と所在地は確定されていないのが実態である。
>
> 　そのため，政府は，①登記官に変則型登記の所有者を特定する調査権限の付与，②国土調査法（1951（昭和26）年法律180号）等を改正し地籍調査を急ぐ，③土地基本法の改正（2020（令和2）年），④相続登記の義務化，⑤マイナンバー等で登記簿と戸籍の情報を連携させ，所有者情報を把握，⑥土地所有権の放棄やみなし制度の導入等に取り組んでいる。
>
> > 改正土地基本法（下線は，筆者により，法改正によって加筆された部分に付されている。）
> > 第1条　この法律は，土地についての基本理念を定め，並びに<u>土地所有者等</u>，国，地方公共団体，事業者及び国民の土地についての基本理念に係る責務を明らかにするとともに，土地に関する施策の基本となる事項を定めることにより，<u>土地が有する効用の十分な発揮，現在及び将来における地域の良好な環境の確保並びに災害予防，災害応急対策，災害復旧及び災害からの復興に資する適正な土地の利用及び管理並びにこれらを促進するための土地の取引の円滑化及び適正な地価の形成</u>に関する施策を総合的に推進し，もって<u>地域の活性化及び安全で持続可能な社会の形成を図り</u>，国民生活の安定向上と国民経済の健全な発展に寄与することを目的とする。

第12章

産業振興行政—許認可等

はじめに

日本国憲法における経済的自由権は，22条（職業選択の自由（営業の自由），居住・移転の自由）と 29 条（財産権）に規定される。22 条１項と 19 条２項には，「公共の福祉」による制限が付されている。日本国憲法は，全部で４カ所に「公共の福祉」という表現が使用されているところ，これらの「公共の福祉」による経済的自由権の制限は，社会・経済的平等を確立するための積極的・政策的制約であり，憲法 12 条と 13 条の「公共の福祉」による消極的・警察的制約，あるいは内在的制約とは異なるものであると説明される。これは，資本主義の進展により，社会・経済的な不平等の拡大と大企業等の社会的権力の増大を背景に，経済的自由権は実質的平等確保のために社会的に規制される対象となっていることを示している。

なお，大日本帝国憲法では，法律の範囲内での居住・移転の自由（22条）と，所有権の不可侵，公益のための処分の法定（27 条）が定められていた。

大日本帝国憲法
第 22 条　日本臣民ハ法律ノ範囲内ニ於テ居住及移転ノ自由ヲ有ス
第 27 条　日本臣民ハ其ノ所有権ヲ侵サル、コトナシ
2　公益ノ為必要ナル処分ハ法律ノ定ムル所ニ依ル

日本国憲法
第 12 条　この憲法が国民に保障する自由及び権利は，国民の不断の努力によつて，これを保持しなければならない。又，国民は，これを濫用してはならないのであつて，常に公共の福祉のためにこれを利用する責任を負ふ。
第 13 条　すべて国民は，個人として尊重される。生命，自由及び幸福追求に対する国民の権利については，公共の福祉に反しない限り，立法その他の国政の上で，最大の尊重を必要とする。
第 22 条　何人も，公共の福祉に反しない限り，居住，移転及び職業選択の自由を有する。
2　何人も，外国に移住し，又は国籍を離脱する自由を侵されない。
第 29 条　財産権は，これを侵してはならない。
2　財産権の内容は，公共の福祉に適合するやうに，法律でこれを定める。
3　私有財産は，正当な補償の下に，これを公共のために用ひることができる。

許認可等（1）

【事例1】

Xは，カフェ（喫茶店）を開業したいと考えている。何をすればよいか。

　概して事業といわれるものの開始には，許可，認可および認定等の審査ならびに手続き等が必要になる。カフェ（喫茶店）は，食品衛生法（1947（昭和22）年法律233号）54条の「公衆衛生に与える影響が著しい営業」の一つとして食品衛生法施行令（1953（昭和28）年政令229号）35条に該当するため，同法55条の規定により都道府県知事の許可が必要になる。

食品衛生法

第54条　都道府県は，公衆衛生に与える影響が著しい営業（略）であつて，政令で定めるものの施設につき，厚生労働省令で定める基準を参酌して，条例で，公衆衛生の見地から必要な基準を定めなければならない。

第55条　前条に規定する営業を営もうとする者は，厚生労働省令で定めるところにより，都道府県知事の許可を受けなければならない。

2　前項の場合において，都道府県知事は，その営業の施設が前条の規定による基準に合うと認めるときは，許可をしなければならない。ただし，同条に規定する営業を営もうとする者が次の各号のいずれかに該当するときは，同項の許可を与えないことができる。

一　この法律又はこの法律に基づく処分に違反して刑に処せられ，その執行を終わり，又は執行を受けることがなくなつた日から起算して2年を経過しない者

二　第59条から第61条までの規定により許可を取り消され，その取消しの日から起算して2年を経過しない者

三　法人であつて，その業務を行う役員のうちに前二号のいずれかに該当する者があるもの

3　都道府県知事は，第1項の許可に5年を下らない有効期間その他の必要な条件を付けることができる。

食品衛生法施行令

第35条　法第54条の規定により都道府県が施設についての基準を定めるべき営業は，次のとおりとする。

一　飲食店営業

二　調理の機能を有する自動販売機（略）により食品を調理し，調理された食品を販売する営業

三　食肉販売業（食肉を専ら容器包装に入れられた状態で仕入れ，そのままの状態で販売する営業を除く。）

四　魚介類販売業（略）

　食品衛生法55条には「都道府県知事の許可」を受けなければならないと規定している。しかし，組織のトップが細かい仕事の一つひとつを行っているわけではない。ここでは，地域保

健法（1947（昭和22）年法律101号）9条に基づき，同法6条各号に係る業務の権限の「委任」が行われている。ここでの「委任」は，知事のためにまたは知事に代わって行う（民法上の委任）のではなく，保健所長が自己の権限として許可権限を行使するのである。なお，保健所は，同法5条に基づき設置される。

> 地域保健法
> 第5条　保健所は，都道府県，地方自治法（略）第252条の19第1項の指定都市，同法第252条の22第1項の中核市その他の政令で定める市又は特別区が，これを設置する。（以下略）
> 第6条　保健所は，次に掲げる事項につき，企画，調整，指導及びこれらに必要な事業を行う。
> 　一　地域保健に関する思想の普及及び向上に関する事項
> 　二　人口動態統計その他地域保健に係る統計に関する事項
> 　三　栄養の改善及び食品衛生に関する事項（以下略）
> 第9条　第5条第1項に規定する地方公共団体の長は，その職権に属する第6条各号に掲げる事項に関する事務を保健所長に委任することができる。

【事例2】

　Xは，カフェ（喫茶店）を開業するため，食品衛生法55条に基づく許可申請を保健所長Yに行った。しかし，申請の後，3か月たっても応答がない場合に，Xが求めうる救済にはどのようなものがあるか。

　【事例2】においては，申請に対して応答しないという「不作為」状態であることから，行政事件訴訟法37条に基づき，不作為の違法確認訴訟（同法3条5項）を提起することができる。これは，裁判所に，申請の処理が遅れていることについてYを咎めてもらう行為である。また，Yは「許可」「不許可」の判断を下しておらず，裁判所はYに対して許可をすべきことを命じるように求める申請型義務付け訴訟（同法3条6項2号）も可能となる。

　さらにこの「不作為」状態は，国家賠償法1条1項にいう「公権力の行使」を怠った状態に該当する。そこで，許可が得られていれば得られたはずの「得べかりし利益」が失われてしまったこと，すなわち損害があることを理由として金銭賠償の請求が可能である。

> 行政事件訴訟法
> 第3条　5　この法律において「不作為の違法確認の訴え」とは，行政庁が法令に基づく申請に対し，相当の期間内に何らかの処分又は裁決をすべきであるにかかわらず，これをしないことについての違法の確認を求める訴訟をいう。
> 　6　この法律において「義務付けの訴え」とは，次に掲げる場合において，行政庁がその処分又は裁決をすべき旨を命ずることを求める訴訟をいう。
> 　一　行政庁が一定の処分をすべきであるにかかわらずこれがされないとき（次号に掲げる場合を除く。）。
> 　二　行政庁に対し一定の処分又は裁決を求める旨の法令に基づく申請又は審査請求がされた場合において，当該行政庁がその処分又は裁決をすべきであるにかかわらずこれがされないとき。

第37条　不作為の違法確認の訴えは，処分又は裁決についての申請をした者に限り，提起することができる。

国家賠償法
第1条　国又は公共団体の公権力の行使に当る公務員が，その職務を行うについて，故意又は過失によって違法に他人に損害を加えたときは，国又は公共団体が，これを賠償する責に任ずる。(以下略)

2013（平成25）年，薬事法（1960（昭和35）年法律145号）が改正された。【事例3】医薬品ネット販売の権利確認等請求事件（最二小判平成25年1月11日・判時2177号35頁）において，一般用医薬品のインターネット販売等を一律に禁止することは違法なものとして無効であると判示されたからである。

【事例3】　市販薬ネット販売権訴訟上告審判決

　薬事法施行規則の改正により，郵便等販売を行う場合は，第一類・第二類医薬品の販売または授与は行わない旨の規定が設けられた。つまり，一般用医薬品の店舗販売業者に対し，一般用医薬品のうち第一類医薬品および第二類医薬品について，店舗において対面で販売させまたは授与させなければならない，店舗内の情報提供を行う場所において情報の提供を対面により行わせなければならない，郵便等販売をしてはならないもの等と規定していた。

　これに対し，インターネットを通じた医薬品販売を行う事業者であるXらが，上記改正は，新薬事法の委任の範囲外の規制を定めるものであって違法である等として，Xらが第一類・第二類医薬品につき郵便等販売をすることができる権利の確認等を求めた。

　【事例3】において，最高裁は，薬事法施行規則等の一部を改正する省令は，一般用医薬品の店舗販売業者に対し，一般用医薬品のうち第一類医薬品および第二類医薬品について，当該店舗において対面で販売させまたは授与させなければならないものとし，また，郵便等販売をしてはならないものとしたため，いずれもこれらの医薬品に係る郵便等販売を一律に禁止することとなる限度において，薬事法の趣旨に適合するものではなく，同法の委任の範囲を逸脱した違法なものとして無効であると判示した。

　従来，職業選択の自由に基づく「営業の自由」に関しては，憲法22条1項の「公共の福祉」との関係において，目的二分論で議論されていた。目的二分論とは，まず ① 主として国民の生命および健康に関する危険を防止もしくは除去ないし緩和する目的（消極目的・警察的目的），または ② 福祉国家の理念に基づいて経済の調和のとれた発展を確保し，特に社会的・経済的弱者を保護する目的（積極目的・社会経済政策目的）に分ける。そのうえでそれらの合憲性については，① 消極目的規制には，厳格な合理性の基準が該当するとし，② 積極目的規制には，立法府の広い裁量を認め，明白の原則で判断するというものである。しかし，実際の規制目的は，必ずしも①②のいずれかに分けられるものではないことも指摘されている。

この目的二分論に基づき判断されたものに，【事例4】最大判昭和50年4月30日・判時777号8頁がある。最高裁は，距離制限は，職業の自由に対し強力な制限を課すため，その合憲性を肯定するためには，消極的（警察的）措置の場合には，「許可制に比べて職業の自由に対するよりゆるやかな制限である職業活動の内容及び態様に対する規制によつては右の目的を十分に達成することができないと認められることを要する」と判示した。

【事例4】　薬局距離制限事件（行政処分取消請求上告事件）

　スーパーマーケットを経営するXが，その店舗内での医薬品の一般販売業の許可を申請したが，Y知事が本件不許可処分を下したところ，Xが本件処分の取消しを求めた事案である。薬局開設の条件に，既存の薬局から約100メートルの距離制限が広島県条例に規定された背景には，かつては薬局において薬を調剤しており，薬の乱売・廉売が社会問題化していたことから，競争が強いられるとこうした問題がより深刻化すると考えられてのことであった。

　これに対して，最高裁は，薬局等の設置場所の地域的制限の必要性と合理性を裏付ける理由としてYの指摘する「薬局等の偏在－競争激化－－一部薬局等の経営の不安定－不良医薬品の供給の危険又は医薬品乱用の助長の弊害」という因果関係に立つ不良医薬品の供給の危険は，単なる観念上の想定に過ぎず合理的な判断とは認めがたく，薬局開設許可基準の一つとして地域的制限を定めた薬事法6条2項，4項は，憲法22条1項に違反し無効であるとした。

【事例5】　一般廃棄物処理業（原告適格）事件（小浜市）

　既存の一般廃棄物収集運搬業者であるX（上告人）が，Y市長により同法に基づいて会社A等に対する一般廃棄物収集運搬業の許可更新処分等がされたことにつき，Y市長を相手に，会社A等に対する各許可更新処分は違法であると主張して，それらの取消しを求めるとともに，国家賠償法1条1項に基づく損害賠償を求めた。

　【事例5】は，新規参入業者（ライバル社）に一般廃棄物処分業の許可をしたことを不服とした既存業者が，当該許可処分の取消しを訴えた事案である。このように，営業上競争関係にあり，両者に極めて密接な利益・不利益関係がある場合の訴訟での争いを競業者訴訟という。最三小判平成26年1月28日・判時2215号67頁を素材としており，本件では行政事件訴訟法9条にいう「法律上の利益を有する者」の意義，すなわちXの原告適格の有無が問われた。

　最高裁は，廃掃法の定める受給状況の調整に係る規制の仕組みおよび当該許可の性質等を総合考慮し，同法は，全体として，既存業者の個別的利益を保護する趣旨を含むものであると解した。つまり，市町村長は，一般廃棄物処理業の許可処分または許可更新処分を行うに当たり，既に許可またはその更新を受けている者の営業上の利益に配慮し，これを保護すべき義務を負うという判断である。よって，既に許可またはその更新を受けている者は，新規ライバル社A等への許可処分の取消しを求める原告適格を有すると判断された。

許認可等 (2)

【事例1】　病院開設中止勧告取消訴訟事件

　病院開設の許可申請をしたXが，Y知事から医療法（1948（昭和23）年法律205号）30条の7に基づく病院開設の中止勧告を受け，その後許可処分を受けたものの，それと同時に同勧告に従わない場合は保険医療機関の指定申請を拒否する旨の通告部分を含む文書を受けた。そこで，Xは，これらの勧告および通告部分の取消しを求めた。

　【事例1】は，最二小判平成17年7月15日・判時1905号49頁である。最高裁は，通告部分は行政事件訴訟法3条2項の行政庁の処分等に該当しないとして取消請求を却下した原審の判断を支持したが，中止勧告については，勧告の保険医療機関の指定に及ぼす効果および指定の持つ意義を併せ考えると行政庁の処分等に該当するとして，第一審裁判所に差し戻した。

　最高裁は，勧告は医療法上は当該勧告を受けた者が任意にこれに従うことを期待してされる行政指導と定められているが，これに従わない場合には相当程度の確実さをもって健康保険法による保険医療機関の指定を受けることができなくなるという結果をもたらすので，行政処分であると判断した。ここでいう「保険医療機関の指定」とは，厚生労働大臣の指定を受けて，国民健康保険や健康保険などに加入している被保険者やその家族に対して保険診療を行う病院・診療所であり，この指定が受けられなければ健康保険の適用がなくなるということに他ならない。とすれば，通常の病院であれば経営は難しくなることが見込まれるからである。

> 医療法
> 第30条の7　医療提供施設の開設者及び管理者は，医療計画の達成の推進に資するため，医療連携体制の構築のために必要な協力をするよう努めるものとする。

　【事例1】に関連して，開設予定病院の所在地付近で医療施設を開設している法人および医師ならびに地元医師会らが，当該許可は医療法の病院開設許可要件を満たさず違法であるとして，許可の取消しを求めた事例で病院開設許可処分取消請求事件（最二小判平成19年10月19日・判時1993号3頁）がある。しかし，最高裁は，これらの者は開設許可の取消しを求める原告適格を有しないと判断した。

【事例2】　酒類販売免許制違憲訴訟上告審判決

　Xが，酒税法（1953（昭和28）年法律6号）9条1項の規定に基づき酒類販売業免許の申請をしたところ，処分庁Yが，酒税法10条10号の「経営の基盤が薄弱であると認められる場合」に該当するとして，同免許の拒否処分をしたため，Xが同処分の取消しを求めた。

　【事例2】は，最三小判平成4年12月15日・判時1464号3頁である。最高裁は，租税の適正かつ確実な賦課徴収を図るという国家の財政目的のための職業の許可制による規制については，その必要性と合理性についての立法府の判断が，政策的，技術的な裁量の範囲を逸脱するもので，著しく不合理なものでない限り，これを憲法22条1項の規定に違反するということはできないとした。その上で，本件当時においてなお酒類販売業免許制度を存置すべきであるとした立法府の判断が著しく不合理であるとまではいえず，その免許基準も立法目的からして合理的なものであるといえるから，酒税法の各規定が憲法22条1項に違反するとはいえないと判断した。つまり，国家の財政のための積極目的規制と捉えたのである。

> 酒税法
> 第10条　第7条第1項，第8条又は前条第1項の規定による酒類の製造免許，酒母若しくはもろみの製造免許又は酒類の販売業免許の申請があつた場合において，次の各号のいずれかに該当するときは，税務署長は，酒類の製造免許，酒母若しくはもろみの製造免許又は酒類の販売業免許を与えないことができる。
> 　十　酒類の製造免許又は酒類の販売業免許の申請者が破産者で復権を得ていない場合その他その経営の基礎が薄弱であると認められる場合

　これには，「国家の財政目的のためであるとはいっても，許可制による職業の規制については，事の軽重，緊要性，それによって得られる効果等を勘案して，その必要性と合理性を判断すべきものと考える」とした坂上壽夫裁判官の反対意見がある。また，園部逸夫裁判官は，多数意見に同調しつつも，「私は，財政目的による規制は，いわゆる警察的・消極的規制ともその性格を異にする面があり，また，いわゆる社会政策・経済政策的な積極的規制とも異なると考える。一般論として，経済的規制に対する司法審査の範囲は，規制の目的よりもそれぞれの規制を支える立法事実の確実な把握の可能性によって左右されることが多いと思っている。」として，「多数意見の説示が，酒税の国税としての重要性を再確認し，現行の酒税法の法的構造とその機能の現状を将来にわたって積極的に支持したものと理解されるようなことがあれば，それは私の本意とは異なる」との補足意見を述べている。

【事例3】　優生保護法指定医の指定取消処分取消等請求事件

　いわゆる赤ちゃんのあっせんをしたことを理由に，旧優生保護法（1948（昭和23）年法律156号，現在の母体保護法）14条1項による指定医師の指定を撤回された医師Xが，その指定取消処分の取消しを求めた。

　【事例3】は，最二小判昭和63年6月17日・判時1289号39頁である。最高裁は，法令上その撤回について直接明文の規定がなくとも，指定医師の指定の権限を賦与されている医師会は，その権限においてXに対する指定を撤回することができるというべきであると判断した。

優生保護法

第14条　地区優生保護委員会は，前条第1項の規定による申請を受けたときは，命令の定める期間内に，同条第1項に規定する要件を具えているかどうか及び未成年者についてはその同意が他から強制されたものでないかどうかを審査の上，人工妊娠中絶を行うことの適否を決定して，その結果を，申請者に通知する。

第15条　指定医師は，前条の決定に従い，人工妊娠中絶を行うことができる。

　ここでの「指定」は，本来医師であっても行えない人工妊娠中絶を，一定の場合に適法に行えるものとする資格または地位を付与するものであるから「特許」の法的性質を持つといえる。この「特許」を与えるのは，民間団体である都道府県医師会であり，都道府県医師会は指定医師審査委員会を設置し，審査を行っていた。

　本件で論点となっている撤回の法的根拠については，最高裁は，直接明文の規定がないことを認めつつも，次のように判示している。「指定医師の指定の撤回によってXの被る不利益を考慮しても，なおそれを撤回すべき公益上の必要性が高いと認められるから，法令上その撤回について直接明文の規定がなくとも，指定医師の指定の権限を付与されているY医師会は，その権限においてXに対する右指定を撤回することができるというべきである。」

【事例4】　パチンコ店営業許可取消処分取消請求事件

　Xは風俗営業者であったが，パチンコ営業許可名義を他に貸与したところ営業許可取消しがされたので，大阪府公安委員会（Y）に対し営業許可取消処分の取消しを請求した。

　第一審（大阪地判平成9年2月13日・判自166号101頁）および控訴審（大阪高判平成9年10月1日・判タ962号108頁）ともに，風俗営業許可の取消しに係る要件に関しては，名義貸しに対する法定刑に幅があり，様々な態様の名義貸しが想定されており，同要件の該当性については営業主体よりも営業態様の観点からなされるべき性質であるから，名義貸しが当然に，同要件を充足させるものと解することはできないとして請求を認容した。

　しかし，最高裁（最三小判平成12年3月21日・判時1707号112頁）は，パチンコ屋を営業するXに対し，名義貸しを理由として，Yがしたいわゆる風俗営業法（風俗営業等の規制及び業務の適正化等に関する法律，1948（昭和23）年法律122号）11条，26条1項の規定に基づく風俗営業許可取消処分に違法はないとした。

風俗営業法

第11条　第3条第1項の許可を受けた者は，自己の名義をもって，他人に風俗営業を営ませてはならない。

第26条　公安委員会は，風俗営業者若しくはその代理人等が当該営業に関し法令若しくはこの法律に基づく条例の規定に違反した場合において著しく善良の風俗若しくは清浄な風俗環境を害し若しくは少年

の健全な育成に障害を及ぼすおそれがあると認めるとき，又は風俗営業者がこの法律に基づく処分若しくは第3条第2項の規定に基づき付された条件に違反したときは，当該風俗営業者に対し，当該風俗営業の許可を取り消し，又は6月を超えない範囲内で期間を定めて当該風俗営業の全部若しくは一部の停止を命ずることができる。

　第一審および控訴審ともに，風俗営業法26条1項がその処分要件として第一要件「風俗営業者若しくはその代理人等が当該営業に関し法令若しくはこの法律に基づく条例の規定に違反した場合」とは独立に第二要件「著しく善良の風俗若しくは清浄な風俗環境を害し若しくは少年の健全な育成に障害を及ぼすおそれがあると認めるとき」を定めている場合に，特段の法令上の根拠がないにもかかわらず，第一要件の充足をもって事実上第二要件の充足を推定し，Xにおいて第二要件該当事由が存在しないことの主張立証の負担を負わせるとの解釈は，採用することはできないと判断した。それに対して，最高裁は，同法11条に違反する「名義貸し」を行ったことの実質を重く受けとめて判断した。

【事例5】　排水設備設置義務免除及び放流許可に係る不許可処分取消請求事件

　下水を自社の排水処理施設で浄化して河川に直接放流することにより，下水道使用料を軽減しようとしたXが，Y市に対し下水道法（1958（昭和33）年法律79号）10条1項但書の規定による排水設備設置義務免除および放流許可に係る申請をした。しかし，Y市は，「放流下水は，排水処理施設等を経由しない，未処理の状態であること」という基準に該当しないとして不許可決定をしたため，Xは，Y市に対し，同決定の取消しを求めた。

　【事例5】は，静岡地判平成13年11月30日・判自228号63頁である。裁判所は，本件基準の定めは，公共用水域の水質保全等の目的を達するための手段として相応の合理性を有していたものと解し得るとしても，処分の時点においては，社会観念上著しく妥当性を欠き，Yの裁量権の範囲を超えた違法なものとなったから，本件処分も違法であるとして，Xの請求を認容した。

下水道法
第10条　公共下水道の供用が開始された場合においては，当該公共下水道の排水区域内の土地の所有者，使用者又は占有者は，遅滞なく，次の区分に従つて，その土地の下水を公共下水道に流入させるために必要な排水管，排水渠その他の排水施設（略）を設置しなければならない。ただし，特別の事情により公共下水道管理者の許可を受けた場合その他政令で定める場合においては，この限りでない。

　直接放流を認める許可基準をして「特別な事情」としか規定がないことから，処分庁の裁量に委ねられるといえるが，その基準は法目的に適合する合理的なものでなければならず，決して下水道の維持費確保のためであってはならない。

コラム23　民業圧迫の引き際？

　民業圧迫とは，同種の事業を行う政府および地方公共団体などの公共部門と民間部門との間で，公正な競争が確保されず，民間の事業者が不利な競争を強いられることと説明される。公が，本来民間の事業者が従する業種に参入して競争が激化されることである。例として，歴史的には，①郵便局が事実上の旅館業を営んでいた「かんぽの宿」，社会保険庁が営んでいた「厚生年金休暇センター」，②日本司法支援センター法テラスが，当地の弁護士たちに与えている影響，そして昨今では③自治体が運営する結婚支援事業（婚活・結婚支援サービス），④自治体が運営する定住促進のための不動産事業（空き家バンク登録制度），民営化したとはいえ影響力が大きい⑤ゆうちょ銀行の存在等がある。

　民業圧迫を禁止する根拠法令は，憲法 22 条 1 項（職業選択の自由）であるとされている。自己の選択した職業を遂行する自由である「営業の自由」も含まれると解釈されるからである。

　公による事業参入の場合には，いずれも，公共性（公益性）の観点からその事業の「必要性」「有効性」「達成度」「効率性」が確認されていることが望ましい。例として，「その分野のけん引役を行政が務めることが望ましい場合」「法に抵触するであろう派生ビジネスが多数出現する可能性がある場合」等，公も何らかの対処を余儀なくされるおそれがあるのであれば，民業圧迫という形になってもやむを得ない。ただし，引き際を見誤ってはいけない。

コラム24　二重の基準論と規制目的二分論

　小売商業調整特別措置法違反被告事件（最大判昭和 47 年 11 月 22 日・判時 687 号 23 頁）は，市場経営等を業とする法人である株式会社の代表取締役である被告人が，知事の許可を得ないで小売商業調整特別措置法所定の指定区域内で鉄骨モルタル塗平家建 1 棟を建築し，小売市場とするために右建物を店舗の用に供する小売商人らに貸し付けた事案の上告審である。

　本件の合憲性判断には，まず，「個人の経済活動の自由に関する限り，個人の精神的自由等に関する場合と異なつて，右社会経済政策の実施の一手段として，これに一定の合理的規制措置を講ずることは，もともと，憲法が予定し，かつ，許容するところと解するのが相当であり，国は，積極的に，国民経済の健全な発達と国民生活の安定を期し，もつて社会経済全体の均衡のとれた調和的発展を図るために，立法により，個人の経済活動に対し，一定の規制措置を講ずることも，それが右目的達成のために必要かつ合理的な範囲にとどまる限り，許されるべきであつて，決して，憲法の禁ずるところではないと解すべきである」として「二重の基準」論を採用した。次に，経済的自由権の規制について，消極的・警察的目的による規制と，積極的・社会経済政策的目的による規制の二つに分類する「規制目的二分論」を採用した。

　最高裁は，小売商業調整特別措置法所定の小売市場の許可制は，国が社会経済の調和的発展を企図するという観点から中小企業保護政策としてとられたものであり，目的において一応合理性があり，規制手段・態様も著しく不合理であることが明白ではないので，憲法 22 条 1 項に違反するとはいえないと判示し，原審の判断は相当であるとして，上告を棄却した。

第13章

産業行政と環境保全・資源管理

はじめに

　アイヌ民族の保護を目的とするはじめの法律は，1899（明治 32）年制定の「北海道旧土人保護法（法律 27 号）」であった。その後，1997（平成 9）年に制定された「アイヌ文化振興法（アイヌ文化の振興並びにアイヌの伝統等に関する知識の普及及び啓発に関する法律）法律 52 号」はアイヌ文化の振興が中心の内容であった。しばらく後，2007（平成 19）年に国連において「先住民族の権利に関する宣言」が採択されて国内外で先住民族への配慮を求める声が高まったことから，翌年の国会で「アイヌ民族を先住民族とすることを求める決議」が採択され，これを受けて政府が有識者懇談会を設置し，その報告をもとに 2009 年に「アイヌ政策推進会議」を発足させて，新たなアイヌ施策展開について検討してきた。その結果として，アイヌ新法（アイヌ施策推進法，アイヌの人々の誇りが尊重される社会を実現するための施策の推進に関する法律，2019（平成 31）年法律第 16 号）の成立につながった。

　同法 1 条では，アイヌ民族が北海道の先住民族としての権利（先住権）を有することが認められている。また，2020（令和 2）年 7 月には，同法 2 条 3 項に定義するアイヌ文化の復興や創造の拠点となるナショナルセンターとして「ウポポイ」（アイヌ語で「（おおぜいで）歌うこと」）を愛称とする「民族共生象徴空間」が，北海道白老郡白老町のポロト湖畔に開業した。

アイヌ新法（アイヌ民族支援法）

第 1 条　この法律は，日本列島北部周辺，とりわけ北海道の先住民族であるアイヌの人々の誇りの源泉であるアイヌの伝統及びアイヌ文化（以下「アイヌの伝統等」という。）が置かれている状況並びに近年における先住民族をめぐる国際情勢に鑑み，アイヌ施策の推進に関し，基本理念，国等の責務，政府による基本方針の策定，民族共生象徴空間構成施設の管理に関する措置，市町村（略）によるアイヌ施策推進地域計画の作成及びその内閣総理大臣による認定，当該認定を受けたアイヌ施策推進地域計画に基づく事業に対する特別の措置，アイヌ政策推進本部の設置等について定めることにより，アイヌの人々が民族としての誇りを持って生活することができ，及びその誇りが尊重される社会の実現を図り，もって全ての国民が相互に人格と個性を尊重し合いながら共生する社会の実現に資することを目的とする。

第 2 条　3　この法律において「民族共生象徴空間構成施設」とは，民族共生象徴空間（略）を構成する施設（略）であって，国土交通省令・文部科学省令で定めるものをいう。

アニマルウェルフェア

　アニマルウェルフェア（AW，動物福祉）という表現を聞いたことはあるだろうか。動物愛護という表現には幾分なじみもあるかもしれないが，動物にも「福祉」の概念をという発想には，少し戸惑いを覚える人もいるであろう。

　アニマルウェルフェアとは，1960年代に英国で生まれた動物の福祉のための「5つの自由」がその基礎になっている（枝廣淳子『アニマルウェルフェアとは何か　倫理的消費と食の安全』岩波ブックレット，39頁）。具体的には以下の5つになる。

① 空腹および渇きからの自由（健康と活力を維持させるため，新鮮な水およびエサの提供）
② 不快からの自由（庇陰場所や快適な休息場所などの提供も含む適切な飼育環境の提供）
③ 苦痛，損傷，疾病からの自由（予防および的確な診断と迅速な処置）
④ 正常行動発現の自由（十分な空間，適切な刺激，そして仲間との同居）
⑤ 恐怖および苦悩からの自由（心理的苦痛を避ける状況および取り扱いの確保）

　その後，1986年に英国でBSE（狂牛病，牛海綿状脳症）が発見され，家畜は本来の生理的な行動様式に沿った飼い方をせねばならないのではないかという議論が沸き起こった。さらに，ホルモンや抗生物質を投与され育てられた肉を食べることへの消費者の抵抗感も高まった。

　国際獣疫事務局（OIE）は，世界の動物衛生の向上を目的とする政府間機関であり，動物衛生や人獣共通感染症に関する国際基準の策定等を行っている。国際的には，このOIEのアニマルウェルフェアに関する勧告の序論の，「アニマルウェルフェアとは，動物が生活および死亡する環境と関連する動物の身体的および心理的状態をいう。」との定義が知られている。

【事例1】 元農相を巡る汚職事件

　東京地検特捜部が吉川貴盛元農相（70）を収賄罪で，鶏卵生産大手「アキタフーズ」（広島県福山市）グループの秋田善祺元代表（87）を贈賄罪で，在宅起訴した。起訴状によると，吉川被告はAWの国際基準に反対する意見を取りまとめるなど，業界への便宜を図ってもらいたいという趣旨と知りながら，2018年11月21日に東京都内のホテルで200万円，2019年3月26日と同8月2日に大臣室でそれぞれ200万円と100万円を秋田被告から受け取ったとされる（起訴は2021年1月15日付）。（戸田一法「卵が『国際基準』で高騰する可能性，元農相を巡る汚職事件で表面化」2021.2.9 4:25，ダイヤモンドオンライン）

【事例2】 鶏卵は「物価の優等生」

　鶏卵は「物価の優等生」と言われている。その理由は，「安値で安定しているから」である。総務省の消費者物価指数によると，食料全体の物価は約50年前から約3.5倍になってい

るが，オイルショックやバブル，鳥インフルエンザなど，さまざまな影響があったにも拘わらず，鶏卵は約 1.5 倍にとどまっているからである。

　なぜ安く提供し続けられるのか？　その理由は，「生産から流通まで，あらゆる段階で工夫と努力を続けてきたから」と生産者は言う。確かにそうであろう。「徹底した機械化」を行い，「昔は人手と時間がかかっていたエサや水やりの時間」を削減し，流通面も合理化したからである。

　加えて，日本の鶏卵は，卵かけご飯（TKG）のように生食が当たり前とされる。国際的には，サルモネラ菌が食中毒の原因菌となるケースが圧倒的に多いとされている中，世界的にも珍しく，日本の非常に高い衛生・品質管理の仕組みはもっと評価されてよいといえる。

　【事例1】と【事例2】は，一見して関連が無いように思える。しかし，アニマルウェルフェア（AW）がこれら2件をつなげてくれる。つまり，「日本の鶏卵業界は，国際的な AW の流れに抗い現状の飼育方法を継続するため，政治家に賄賂を渡した」という構図である。

　採卵鶏の飼い方は次の4種類あり，AW 度が高くなる順番は以下のようになる。①「バタリーケージ」であり鳥かごを積み重ねた立体的な鶏の飼育舎で飼う方法である。一羽当たりの面積は，20 センチ×21.5 センチ（430 平方センチメートル）と，鳥の体より小さいスペースに押し込むことになる。②「エンリッチド（より豊かな）ケージ」を用いるもので，一羽当たりの面積は 750 平方センチメートルである。③「平飼い（多段式も含む）」で，屋内の地面に放し飼いする方法である。④「放牧（放し飼い含）」という屋内と屋外で飼養する方法である。日本では，ほとんどが①の方法であり，一羽当たりの面積は 550 平方センチメートルというものが 93％を占める。また 95％が，一つのケージに鶏を二羽以上入れていると回答した（枝廣・前掲 7 頁）。窮屈な空間で卵を産むためだけに飼養されている存在が，採卵鶏なのである。

　国際的な AW の流れと表現したが，他国はどうなのだろうということを見てみる。従来型の①「バタリーケージ」の禁止は，スイス（1991 年）を皮切りにスウェーデン（1999 年），フィンランド（2005 年），ドイツ（2007 年）において進んだ。EU では，2012 年 1 月から，禁止された。一羽当たりの面積が，それまでの 550 平方メートルから 750 平方メートルにまで広げられ，止まり木や爪研ぎ，巣箱などを設置した②「エンリッチド（より豊かな）ケージ」がケージ飼育での最低基準とされた。

　韓国でも 2018 年に，近年の農薬問題や鳥インフルエンザを受けて，鳥の飼育密度を現行の一羽当たり 500 平方センチメートルから 750 平方センチメートルにする試みがなされた。

　この流れは，流通過程にまで及んでおり，実際に米国では，「ケージフリー・エッグ（ケージ（鳥かご）に入れずに飼育する鶏が産んだ卵のこと）」というものに切り替えることを宣言したスーパーマーケット（ウォルマート）や飲食店チェーン（マクドナルド，サブウェイ，スターバックスやデニーズ）も出てきている。

「AW は，卵の味にまで影響があるのか？」という点が気になるところではある。より福祉的な環境で育てられた鶏が生むので，健康的な卵なのだろうと期待される。他方，こうした AW は，一見すると非効率的に思えるし，コストが上がるため卵の値段が上がるということはたやすく予測できる。以下が，目安となる値段である（Foodist，2016年5月23日）。

ケージ飼い	平均単価	36 円	最安	19 円
平飼い		60 円		31 円
放牧（放し飼い含）		83 円		59 円
有機飼育		126 円		120 円

「英米に共通するのは，オーガニック卵のマーケットとケージ卵のマーケットの間に AW 卵のマーケットが位置づく構造である点である。オーガニックマーケットがほぼ存在しない日本では，栄養素添加が付加価値形成に寄与しうる構造が残されているかもしれ」ない，と報告書も締めくくられている（平成26年度畜産関係学術研究委託調査報告書，麻布大学「平飼い卵を中心とした鶏卵販売動向の研究アニマルウェルフェア対応の可能性」74頁）。

次に，屠畜（とちく）におけるアニマルフェアについて考えてみよう（漢字制限され「と畜」とも書く）。屠畜とは，家畜等の動物を食肉・皮革などにするため殺すことである。「屠る」は「ほふる」と読み，からだを切りさく，また，きり殺すことを意味する。他方，口蹄疫などの伝染病が感染した家畜を殺して埋めることは殺処分と表現する。

食べるために殺しちゃうのでしょう，それなのに AW？と思う人もいるかもしれない。しかし，できるだけ「苦痛を与えない方法」によって殺すことが AW であると捉えられている。

そのため，日本における牛の屠畜では，「ノッキングガン」と呼ばれる銃によって，牛の意識を失わせる方法が用いられている。牛の額に正確に打ち込めば，瞬時に意識を失わせることが可能である。豚の屠畜では，頭部に電気を流すことによる気絶処理が一般的であるが，炭酸ガスによって仮死状態にする食肉処理場もある。これらの方法は，AW に資するという面もあるが，①電気式突き棒や刺し棒を用いると，家畜にストレスが加わって肉質が落ちる，②労働者の安全のために気絶（スタニング）処理を行うという理由による（枝廣・前掲34-35頁）。

こうした家畜の取扱いや殺処分等に関する法令上の基準等については，「動物の愛護及び管理に関する法律」（1973（昭和48）年法律105号）やそれに基づく「産業動物の飼養及び保管に関する基準」（1987（昭和62）年総理府告示22号：改正2013（平成25）年環境省告示85号），「動物の殺処分方法に関する指針」や，「家畜伝染病予防法」（1951（昭和26）年法律166号）に基づく「飼養衛生管理基準」等がある。また，死体の処理については，「化製場等に関する法律」（1948（昭和23）年法律140号），「廃棄物の処理及び清掃に関する法律（廃掃法）」等に定められている。

なお，前述の OIE の規約「OIE の陸生動物衛生規約『動物の屠畜』」は，大手消費者グルー

プや食肉生産者，科学者グループに対して国際的な影響力を持っている。その第7.5.1条一般
原則には，「ほとんどの飼育動物は，臭いに対して非常に敏感な感覚を持っており，屠殺場の
臭いに対しては様々な形で反応する。臭いはネガティブな反応や恐怖を引き起こす原因となる
ため，動物を管理する時には，考慮すること。」「家畜の動物は，人よりもずっと広い範囲の周
波数の音を聞き取ることができ，高周波数に対する感受性が強い。継続的な大きな騒音や突然
の騒音におびえる傾向があり，それがパニックの原因となるかもしれない。動物を取り扱う場
合には，そのような騒音に対する感受性を考慮すること。」との記述がある（和訳はアニマル
ライツセンター公式サイトより抜粋。筆者により一部改変。）。

　さらに，運搬（輸送）時における取り扱いにも，注意が払われねばならない。家畜は，最終
的には屠畜場という牛や豚，馬などの家畜を殺して解体し，食肉に加工する施設（食肉解体施
設，食肉処理場，食肉工場などともいう。）に運ばれる。
　家畜の適切な取扱いや輸送に関しての法的な規定やガイドラインとしては，「動物の愛護及
び管理に関する法律」やそれに基づく「産業動物の飼養及び保管に関する基準」，「家畜伝染病
予防法」に基づく「飼養衛生管理基準」，「牛の個体識別のための情報の管理及び伝達に関する
特別措置法（牛トレーサビリティ法）」（2003（平成15）年法律72号）等が定められている。
さらに，（公社）畜産技術協会は，「アニマルウェルフェアの考え方に対応した家畜の輸送に関
する指針」令）和3年3月（第2版）を発出している。

> アニマルウェルフェアの考え方に対応した家畜の輸送に関する指針（抜粋）
> 第2　家畜の輸送に関する基本事項
> 1　家畜の輸送に携わる者の責務　家畜の健康と安全を保持し，快適性に配慮して輸送するためには，家
> 畜の管理者や飼養者だけでなく，輸送業者，車両の運転手や船の責任者等を含めた家畜の輸送に携わる
> 者の全てが連携の上，責任を持って輸送するとともに，家畜を丁寧に取扱い，快適な環境を確保するこ
> との重要性や必要性について十分理解し，家畜の快適性に配慮するために適切な対策を講じるよう努
> めることとする。輸送中（略）は，家畜の状態を確認するための観察，輸送状況の確認・記録，緊急時
> の対応等を行うため，輸送管理者を置くものとする。輸送管理者は，飼養者が務めるか，もしくは車両
> の運転手や船の責任者が務める。輸送管理者は，日頃から必要に応じて，獣医師等のアドバイスも受け
> ながら，家畜の基本的な行動様式や移動する際の家畜の習性，家畜にとっての適切な環境，健康状態の
> 判断方法，病気の発生予防等に関する知識の習得に努めることとする。また，輸送のために家畜を取り
> 扱う場合は，自らの安全にも配慮して輸送を実施することが重要である。
> 2　家畜への配慮　輸送が家畜にとって過度な負担にならないように配慮するとともに，家畜の基本的な
> 行動様式や移動する際の家畜の習性等に配慮し，不要なストレスを与えないようにすることが重要であ
> る。群を構成して輸送を行う場合は，同体格の家畜や飼養時と同じ家畜で群を構成し，互いに傷つけ合
> う可能性のある家畜や攻撃的な家畜，異なる畜種が混在しないようにすることが望ましい。大きさが極
> 端に異なる家畜等を同時に輸送する場合は，区分する枠等を別に設けることが望ましい（略）。また，
> 過度の空腹，渇水，疲労が予測される長時間の輸送の場合は，適切に給餌・給水及び休息をとる必要が
> ある。（以下略）

釣り，漁業等

1990年代にはバス釣りブームがおきていた。バスとは，いわゆるブラックバスの略であり，正しくは，オオクチバス，コクチバス等のオオクチバス属に属する8種（11亜種）の淡水魚の総称である。バス釣りは，食べるための釣りではなく，基本的にはスポーツフィッシング（プレジャーフィッシング）に分類される。そのため，基本的にはキャッチ・アンド・リリース（再放流ともいう。釣りで釣った魚を生かしたまま，釣った水域，地点で同所的に放流する行為のこと。）をする人が多い。その面白さは，多様なルアーの中から自分の思うものを選ぶこと，そして，魚がかかった瞬間の興奮，緊張感が楽しく，大きなバスが釣れた時の感動も大きいと言われている。

こうした釣りブームはアウトドアブームと共に去り，「レジャー白書」によれば，2006年のおよそ1,300万人をピークに次第に減少傾向である。2012年には810万人，2013年には770万人，2016年以降は600万人台を推移している。こうした落ちこみの理由は，レジャー費用が（携帯電話やスマートフォン等の）移動体通信機器の利用料やパソコンといった情報機器購入，さらにはゲーム機やゲームソフトの購入に充てられるようになり，余暇の過ごし方の変化とともにレジャー産業全体に打撃をもたらしているからといえよう。

さらに，いわゆる外来生物法（特定外来生物による生態系等に係る被害の防止に関する法律，2004（平成16）年法律78号）の制定も，バス釣り離れに拍車をかけた。外来生物法は，特定外来生物による生態系，人の生命・身体，農林水産業への被害を防止し，生物の多様性の確保，人の生命・身体の保護，農林水産業の健全な発展に寄与することを通じて，国民生活の安定向上に資することを目的としている（1条）。そのために，問題を引き起こす海外起源の外来生物を特定外来生物として指定し，その飼養，栽培，保管，運搬，輸入といった取扱いを規制し，特定外来生物の防除等を行うこととしている。

オオクチバス，コクチバスおよびブルーギルもこの特定外来生物に指定されているため，「その飼養，栽培，保管，運搬，輸入といった取扱い」が禁じられている。しかしながら，バス釣り自体は禁じられているわけではないし，キャッチ・アンド・リリースも禁じられているわけではない。しかし，外来生物に関する啓発や環境教育が進んだおかげで，外来生物，とりわけ特定外来生物の防除を行い，在来種を大切にせねばならないという考え方は確実に浸透してきている。例として，テレビ東京の「緊急SOS！ 池の水ぜんぶ抜く大作戦」のシリーズという，危険生物に悩まされる近隣住民や自治体からの要請をうけて，外来種が大量発生し困っている池の水を全部抜き，そこには何が潜んでいるのかを調査する番組は人気が高い。

こうした背景のもとに，滋賀県では「琵琶湖のレジャー利用の適正化に関する条例」が制定された。せっかく釣ったバスは，特定外来生物という防除対象魚である。それゆえ，キャッ

チ・アンド・リリースするのではなく，釣った機会に防除できればと考えるのも無理はない。しかしながら，この条例策定に関して，釣り人から【事例1】のような訴訟が提起された。

> 滋賀県琵琶湖のレジャー利用の適正化に関する条例（平成14年滋賀県条例52号）
> 第18条　レジャー活動として魚類を採捕する者は，外来魚（ブルーギル，オオクチバスその他の規則で定める魚類をいう。）を採捕したときは，これを琵琶湖その他の水域に放流してはならない。

【事例1】オオクチバス再放流禁止義務不存在確認等請求事件

　被告滋賀県が，採捕したオオクチバス等の外来魚を琵琶湖に再放流してはならないとの規定を含む条例を制定し，施行した。このことについて，釣り人である原告らが，被告に対し，キャッチ・アンド・リリースによって魚釣りを楽しむという釣り人としての自己決定権やオオクチバスを殺生することなく再放流するという思想的信条および宗教的信念という憲法上の具体的権利を侵害すると主張して，行政事件訴訟法4条の「当事者訴訟」として，外来魚を再放流してはならない義務がないことの確認および当該規定の取消しまたは無効確認等を求めた。

　【事例1】大津地判平成17年2月7日・判時1921号45頁において，原告らは，当該条例の制定により，バス釣りをした後は，そのバスを生きたまま再放流できないことになる。つまり，殺生せねばならなくなるわけであり，それは殺生することなしにバス釣りだけを楽しむという権利や信条を貫くことを甚だしく損なうと主張した。

　裁判所は，当該規定そのものが原告らの主張する憲法上の権利等に重大な関わり合いをもつものとして，その適用によって，これらの権利等に直接具体的な影響を及ぼすとは認められないとした。さらに，当該規定の制定行為は抗告訴訟の対象となる処分に当たらないなどとして，義務の不存在確認請求および当該規定の取消しまたは無効確認請求に係る訴えを却下した。

　その内容は，以下のようなものである。そもそも，憲法13条（自己決定権）が釣りを楽しむことをも保護していると解する余地はあるが，それ以上に特定の場所で特定の魚類のキャッチ・アンド・リリースをすることまでを保護するものではなく，また憲法19条（思想的信条）および20条（宗教的信念）もそのような権利ないし法的利益を保障していない。そのため，県条例により釣り人に課せられた，琵琶湖でのオオクチバスのキャッチ・アンド・リリースをしない義務の不存在の確認を求める公法上の当事者訴訟は確認の利益を欠いている。また，琵琶湖でのオオクチバスのキャッチ・アンド・リリースをしない義務を課している県条例は，原告が主張しているキャッチ・アンド・リリースによって魚釣りを楽しむという自己決定権や，オオクチバスを殺生することなく再放流するという思想的信条および宗教的信念に直接具体的な影響を与えるものではないので，その制定行為には処分性が認められない。

　次に，2018（平成30）年に成立した改正漁業法（1949（昭和24）年法律267号）が規定

する「資源管理」に関する裁判【事例2】札幌地判令和2年11月27日・LEX/DB 文献番号25568415 をみていく。この改正には，実効性が伴うとみられる一方，その運用に失敗すると逆に資源が枯渇するリスクも潜んでいるという。

　ポイントは，TAC（漁獲可能量制度）にある。TAC（漁獲可能量制度）とは，水産資源の維持のため特定の魚種ごとに捕獲できる総量を定めたもので，毎年設定される。本来は，漁業資源を枯渇させないための保全の仕組みであるが，この漁獲枠を厳格に守ることによって資源管理するために，国内では毎年，都道府県ごとに漁獲枠が定められ，取りすぎてしまった量は翌年以降の漁獲量から差し引く制度を設けている。

　このような仕組みであれば，翌年以降のことを考えて余計に取りすぎないように自主規制するのではないかと思われる。そのためにも，漁獲枠は都道府県ごとに設定されるので，都道府県内に複数ある漁業協同組合間や漁業者間の調整，および都道府県による漁獲量の逐次の監視（モニタリング）が必要になる。そして，この漁獲量データ等を基に，都道府県によって，必要に応じて助言，指導（32条2項），命令等（33条2項）が行われることになっている。

漁業法
第32条　農林水産大臣は，次の各号のいずれかに該当すると認めるときは，それぞれ当該各号に定める者に対し，必要な助言，指導又は勧告をすることができる。(中略)
2　都道府県知事は，次の各号のいずれかに該当すると認めるときは，それぞれ当該各号に定める者に対し，必要な助言，指導又は勧告をすることができる。
一　知事管理区分における特定水産資源の漁獲量の総量が当該知事管理区分に係る知事管理漁獲可能量を超えるおそれが大きい場合　当該知事管理区分において当該特定水産資源の採捕をする者
二　一の特定水産資源に係る全ての知事管理区分における当該特定水産資源の漁獲量の総量が当該都道府県の都道府県別漁獲可能量を超えるおそれが大きい場合　当該全ての知事管理区分のいずれかにおいて当該特定水産資源の採捕をする者
第33条　農林水産大臣は，次の各号のいずれかに該当すると認めるときは，それぞれ当該各号に定める者に対し，農林水産省令で定めるところにより，期間を定め，採捕の停止その他特定水産資源の採捕に関し必要な命令をすることができる。(中略)
2　都道府県知事は，次の各号のいずれかに該当すると認めるときは，それぞれ当該各号に定める者に対し，規則で定めるところにより，期間を定め，採捕の停止その他特定水産資源の採捕に関し必要な命令をすることができる。
一　知事管理区分における特定水産資源の漁獲量の総量が当該知事管理区分に係る知事管理漁獲可能量を超えており，又は超えるおそれが著しく大きい場合　当該知事管理区分において当該特定水産資源の採捕をする者
二　一の特定水産資源に係る全ての知事管理区分における当該特定水産資源の漁獲量の総量が当該都道府県の都道府県別漁獲可能量を超えており，又は超えるおそれが著しく大きい場合　当該全ての知事管理区分のいずれかにおいて当該特定水産資源の採捕をする者

【事例2】TAC による太平洋くろまぐろの漁獲枠が制限されることに関する国家賠償請求事件

　被告国は，くろまぐろの小型魚につき，2017（平成29）年7月1日から2018（平成30）

年6月30日までの期間（第3管理期間）における北海道の沿岸漁業での漁獲可能な数量を「111.81トン」としていたところ，実際にはこれを大幅に超過する漁獲がされてしまったため，当該超過分を差し引き，同年7月1日から2019（平成31）年3月31日までの期間（第4管理期間）における北海道の沿岸漁業での漁獲可能な数量をわずか「8.3トン」とした。このことについて，北海道内の漁業者である原告らが，被告国および被告北海道は漁業者への法的措置を講じず，漫然と漁業者の自主管理に委ねた結果，第3管理期間において上限を大幅に超過する漁獲を招き，もって第4管理期間以降のくろまぐろ漁が事実上できなくなったなどと主張して，被告国および北海道に対し，国家賠償法1条1項に基づき，損害賠償を請求した。

図13-1　TACによる太平洋でとれるクロマグロの漁獲枠削減に関する国家賠償請求事件

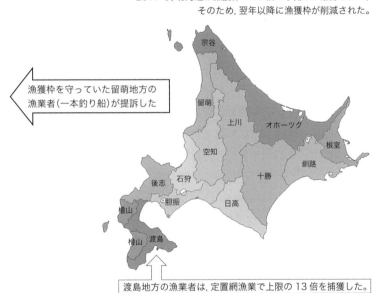

2017年，北海道は漁獲枠の10倍の水揚げが確認された。そのため，翌年以降に漁獲枠が削減された。

漁獲枠を守っていた留萌地方の漁業者（一本釣り船）が提訴した

裁判所は，①当時，国が，法令に基づく法的措置を行わなかったことが，著しく不合理なものであったとはいえない，②道の法令に基づく法的措置の行使については，法令に基づく法的措置を行わなかったことが，著しく不合理なものであったとはいえないと判断した。
（被告の裁量を認めて，原告敗訴）

渡島地方の漁業者は，定置網漁業で上限の13倍を捕獲した。

（出所）北海道漁協一覧，および無料画像を基に筆者作成。

　しかし，裁判所は，①国について，法令に基づく法的措置の行使については，国（農林水産大臣）の広範な裁量に委ねられている。原告らの主張する時点において法令に基づく法的措置を行わなかったことが，著しく不合理なものであったとはいえない，②道について，法令に基づく法的措置の行使については，被告北海道（都道府県知事）の広範な裁量に委ねられているところ，法令に基づく法的措置を行わなかったことが，著しく不合理なものであったとはいえない，とそれぞれ判断し，原告らの請求は棄却された。
　他方，裁判とは別に北海道函館市の南かやべ漁協が，大量に捕獲してしまった「迷惑料」として約1億5千万円を拠出する方針であることも報じられた。支払先や使途は，日本定置漁業協会（東京）と協議するとのことである（産経BIZ，2018年2月28日18:25）。

コラム25　実験動物のアニマルウェルフェア

　東京地判平成 16 年 12 月 24 日・判タ 1211 号 69 頁は，原告が，行政機関の保有する情報の公開に関する法律（2001（平成 13）年法律 140 号による改正前）3 条に基づき，動物実験に関する行政文書の開示の請求をしたところ，国立大学法人である被告が，一部を不開示とする旨の決定をしたため，その取消しを求めた事案である。第 1 審は棄却し，控訴審である東京高判平成 17 年 8 月 9 日・LEX/DB 文献番号 25410448 も控訴を棄却した。最高裁（最二小判平成 19 年 7 月 6 日・LEX/DB 文献番号 25480611）は，上告を棄却および不受理とした。

　裁判所は，国立大学の動物実験計画書のうち，申請者氏名欄および連絡先欄（いずれも講師以上の者を除く。）を記載した文書に記載された情報につき，大学の助手および大学院生の氏名が含まれることからも，行政機関の保有する情報の公開に関する法律（2001（平成）13 年法律 140 号による改正前）5 条 1 号本文の個人識別情報に当たるとした。さらに，①実験動物として搬入されるニホンザルを個体管理するために作成したニホンザル戸籍簿の実験利用記録欄等の情報には，当該研究の独創性や独自性，研究者の着眼点等，研究者の優先権に相当する部分が含まれていることが認められること，②ニホンザルの写真が動物実験に対する反対活動に用いられることによって実験のスムーズな遂行に支障をきたすおそれがあること，③大学に対して実験動物を納入している実験動物取扱業者の名称や当該業者の納入した実験動物の種類，品質等が明らかになると，平和的な抗議活動や言論活動だけでなく，これらの業者の営業に不当な圧力をかけたり，営業を妨害するなどの活動が行われる可能性があることなども指摘された。

コラム26　サケ漁許可と先住権

　2007 年の国連先住民族権利宣言には日本も賛成している。しかし，日本の先住権保障は十分ではないと評価されている。ちなみに，アイヌの人々は，2017（平成 29）年の調査では，5,571 世帯，13,118 名が確認されている（平成 29 年「北海道アイヌ生活実態調査」）。

　問題となっていることの一つとして，アイヌ民族にとっては生活の糧であり，アイヌ語では「カムイチェプ（神の魚）」と呼ばれる特別な存在であるサケの漁が，明治期以来，水産資源保護法（1951（昭和 26）年法律 313 号）等で禁じられてきたことがある。そのため，アイヌ民族の子孫らが原告となって，彼らには先住権としてのサケ漁の権利があり，これを禁じた法令は適用されないことの確認を求める訴えが提起された。（槙場勇太・芳垣文子「アイヌ先住権訴訟『大きな転換点に』『議論深まれば』」朝日新聞デジタル 2020 年 8 月 18 日 11 時 00 分）

水産資源保護法
第 25 条　漁業法第 8 条第 3 項に規定する内水面においては，溯河魚類のうちさけを採捕してはならない。ただし，漁業の免許を受けた者又は同法第 65 条第 1 項若しくは第 2 項及びこの法律の第 4 条（略）の規定に基づく農林水産省令若しくは規則の規定により農林水産大臣若しくは都道府県知事の許可を受けた者が，当該免許又は許可に基づいて採捕する場合は，この限りでない。

第14章

動物行政—愛玩動物，野生動物

はじめに

　「ペットを飼う権利」が日本国憲法13条（幸福追求権）で保障されるかどうかについて真正面から判示されたものはないが，ペットが，愛玩動物，伴侶動物，コンパニオンアニマル等と称され，それらに癒しや活力をもらい家族のような密接な関係性を築く対象であることは，既に広く受け入れられている。では，どのような動物であればペットとして飼うことができるのであろうか。ここでは，ペットとして飼うにあたり，規制がある動物について述べる。

　珍しい動物のなかには，種の保存のため保護対象となる動物がいる。まず，いわゆる「ワシントン条約」（絶滅のおそれのある野生動植物の種の国際取引に関する条約，CITES）は，野生動植物の特定の種が過度に国際取引に利用されることのないようこれらの種を保護することを目的とした条約である。この条約は，締約国に，絶滅のおそれがあり保護が必要と考えられる野生動植物を附属書 I，II，III という3つの分類に区分し，この附属書に掲載された種についてそれぞれの必要性に応じて国際取引の規制を行うこととしている。そのため，珍しい動物を輸入する場合には，同条約の規制対象になっていないかを確認する必要がある。

　次に，「種の保存法」（絶滅のおそれのある野生動植物の種の保存に関する法律，1992（平成4）年法律75号）は，レッドデータブックやレッドリストを基に，国内に生息・生育する絶滅のおそれのある野生生物のうち，人為の影響により存続に支障をきたすと判断される種等を「国内希少野生動植物種」に指定している（4条3項）。2021（令和3）年1月4日現在，国内希少野生動植物種は395種であり，個体の捕獲・採取・殺傷・損傷（9条）や，譲渡し（12条）やそれを目的とする広告・陳列（17条）等が原則として禁じられている。

　また，動物愛護管理法では，人の生命，身体等に被害を与えるおそれがある動物として政令で定める動物（特定動物）を規制対象としている。さらに，外来生物法では，特定外来生物の飼養，栽培，保管，運搬，輸入といった取り扱いを禁じている。いわゆる家畜として飼われている動物をペットとして飼う場合には，家畜伝染病予防法に基づく届出（12条の2）が必要であるし，飼養に際して使用施設の衛生状態を維持するための管理基準である飼養衛生管理基準を守ることが求められている（12条の3）。

愛玩動物

　ペット（愛玩動物・伴侶動物・コンパニオンアニマル）は，法律上は民法 85 条の「モノ」である。かつ，同法 86 条 2 項の「動産」である。つまり「人」ではない。それゆえ，他人が所有するペットを故意に殺傷すれば，刑法（1907（明治 40）年法律 45 号）の「器物損壊罪」に問われることになる。しかし，器物損壊罪についても，その条文では「他人の物を損壊し，又は傷害した」と定めている。前者は（モノを）「損壊し」とあるのに対して後半の「傷害した」は動物を傷つける行為を想定しており，動物と「モノ」とを明確に区別している。

> 民法
> 第 85 条　この法律において「物」とは，有体物をいう。
> 第 86 条　土地及びその定着物は，不動産とする。
> 2　不動産以外の物は，すべて動産とする。
>
> 刑法
> 第 261 条　前三条に規定するもののほか，他人の物を損壊し，又は傷害した者は，3 年以下の懲役又は 30 万円以下の罰金若しくは科料に処する。

　一方，「生きているモノ（生命あるモノ）」であることも法律には明示されている。例として，動物愛護管理法 44 条を参考にしてほしい。

> 動物愛護管理法
> 第 44 条　愛護動物をみだりに殺し，又は傷つけた者は，2 年以下の懲役又は 200 万円以下の罰金に処する。
> 2　愛護動物に対し，みだりに，給餌若しくは給水をやめ，酷使し，又はその健康及び安全を保持することが困難な場所に拘束することにより衰弱させること，自己の飼養し，又は保管する愛護動物であつて疾病にかかり，又は負傷したものの適切な保護を行わないこと，排せつ物の堆積した施設又は他の愛護動物の死体が放置された施設であつて自己の管理するものにおいて飼養し，又は保管することその他の虐待を行つた者は，100 万円以下の罰金に処する。
> 3　愛護動物を遺棄した者は，100 万円以下の罰金に処する。
> 4　前三項において「愛護動物」とは，次の各号に掲げる動物をいう。
> 一　牛，馬，豚，めん羊，山羊，犬，猫，いえうさぎ，鶏，いえばと及びあひる
> 二　前号に掲げるものを除くほか，人が占有している動物で哺乳類，鳥類又は爬虫類に属するもの

【事例 1】

　A の職場の同僚の B と C は，職場に隣接する公園で野良猫を飼い始めた。理由は，「かわいそうだから」「でも，自宅マンションでは飼えないから」というものであった。B と C は，

公園内に雨露をしのげるようにとノラネコ用シェルターを作り，「餌を定期的にあげているので，捨てないでください」と注意書きをしていた。せっせと休み時間にも休日にも餌をやりに行っている。餌をやりに行ったときに見つからないと，「どこに行ったのだろう」とそわそわしていて，業務中も仕事に身が入らないことが少なくなかった。

　Ａは，（野良猫はかわいそうだとは思うものの，）この状況に納得がいかなかった。近所では，野良犬が見つかれば，安全と衛生のためにも保健所の人たちに捕獲を依頼しているし，この地域（甲市）にはいわゆる野良猫餌やり禁止条例というものもあるらしく，皆それを意識している。Ａには何ができるか。

【事例２】　乙市への相談メール

「2015 年 4 月受付

　近所の野良猫について，困っております。近所に野良猫にエサをやり，放置していた人がいました。不妊手術等いっさいしてありませんでした。数が増え，十数匹はおります。

　猫の不妊手術推進の会等に相談しましたが，それなりに費用がかかる上，外で生活させるとなると，エサ，トイレ，医療費等の問題があり，近所の人や村の代表の人の了解を得ることが出来ません。費用や時間の負担を個人で負担することにも，納得いきません。野良猫は逃げるので，個人でつかまえることが出来ず，保護や保健所への持ち込みも無理です。町内の人は，皆困っています。行政でボランティアの人と連けいをしてでも対応できないでしょうか。」

　【事例１】【事例２】ともに，よくある事例である。野良猫に餌をやれば成長し，いずれは子孫を増やすという懸念もある。野良猫が増えてしまうわけである。動物愛護管理法も 2012 年に改正されて，飼い主は犬・猫の終生飼養を求められるようになった（7 条 4 項）。もはや，かわいそうというだけで，一時的に餌を与えて放逐するということは違法ともいえる行為となった。野良猫（ノラネコ）や野猫（ノネコ）が，希少な野生動植物種等の生存を脅かしてしまう事例もある（コラム 27，140 頁）。

> 動物愛護管理法
> 第 7 条　4　動物の所有者は，その所有する動物の飼養又は保管の目的等を達する上で支障を及ぼさない
> 　　範囲で，できる限り，当該動物がその命を終えるまで適切に飼養すること（以下「終生飼養」という。）
> 　　に努めなければならない。

　まずは，野良猫や野良犬を増やさないために，甲市のようにルール（マナー等）を条例化して適正化を図ろうとしている自治体がある。以下で京都市の条例を見てみよう。

> 京都市動物との共生に向けたマナー等に関する条例（2015（平成 27）年 7 月 1 日施行）
> 第 3 条　所有者等は，人に迷惑を及ぼすことのないよう動物の適正な飼養及び保管に努めなければならな

　い。
　4　猫の所有者等は，飼い猫が自宅等以外の場所に侵入することにより人に迷惑を及ぼすことを防止する
　　観点から，飼い猫を屋内において飼養し…保管するよう努めなければならない。
第4条　本市は，次に掲げる責務を有する。
　⑴　動物の適正な取扱いに関する指導及び意識の啓発を行うこと。
　⑵　公共の場所における動物のふん尿による被害の防止に関する施策を実施すること。
　⑶　野良猫に対する適切な給餌（給水を含む。以下同じ。）に係る活動を支援すること。（以下略）
第5条　市民等は，動物との触れ合いに際して，人に迷惑を及ぼすことがないよう，動物を適正に取り扱
　　うよう努めなければならない。
第9条　市民等は，所有者等のない動物に対して給餌を行うときは，適切な方法により行うこととし，周
　　辺の住民の生活環境に悪影響を及ぼすような給餌を行ってはならない。
　2　市長は，前項の動物に対する給餌について，必要があると認めるときは，適切な給餌の方法に関し市
　　民等が遵守すべき基準を定めることができる。
第10条　市長は，前条第1項の規定に違反し，又は同条第2項に規定する基準に従わずに行われている
　　給餌に起因して周辺の住民の生活環境に支障が生じていると認めるときは，当該支障を生じさせている
　　者に対し，必要な措置を採ることを勧告することができる。
　2　市長は，前項の規定による勧告を受けた者がその勧告に係る措置を採らなかったときは，その者に対
　　し，相当の期限を定めて，その勧告に係る措置を採ることを命じることができる。
第14条　次の各号のいずれかに該当する者は，50,000円以下の過料に処する。
　⑴　第10条第2項の規定による命令に違反した者（以下略）

　同条例で注目を浴びたのは，14条の5万円以下の過料の条文である。同条1号は，市長は
不適正な給餌を行った者に是正のための勧告および命令を発出することが可能であり，それで
も対応しない場合には過料に処されるということになる。なお，本条例は，野良猫の捕獲およ
び駆除に尽力するためのものではない。それは，同条例4条（本市の責務）3号に，「野良猫
に対する適切な給餌（給水を含む。以下同じ。）に係る活動を支援すること」と明記されてい
ることからも明らかである。つまり無責任な餌やりを禁止するものである。
　よって，【事例1】のBとCは，公共施設内にて野良猫を飼養しており，ふん尿問題や避妊
去勢にも対応しておらず，適切な給餌をしているとはいえず，条例で禁止する予定の無責任な
餌やりに該当すると思われる。
　一方，【事例2】の乙市には，このような条例はない。しかし，そのホームページ上（市へ
のご意見・ご要望（市民の声））で，以下のように返答している。

「1、野良猫のエサやりについて
　　無責任に野良猫にエサを与える行為は，野良猫の増加や，庭を荒らすなど，地域への迷惑となりま
　す。エサを与えている人が特定できれば，その方に対し，避妊去勢を行うなど適正に管理していただく
　よう，保健所から指導いたします。
　2、野良猫の避妊去勢について
　　野良猫の避妊去勢につきましては，別紙のとおり，避妊去勢手術の一部を補助する制度を設けてお
　り，町内単位で申請を行うことができます。

　町内会などで，対応への理解が得られるよう話し合っていただくようお勧めしております。
　3、野良猫の保健所への持ち込みについて
　猫につきましては，動物愛護法第44条で定める愛護動物のため，みだりに捕まえることは出来ません。そのため，人に迷惑をかけるなどやむをえない場合に限り，迷惑を受けている人が捕獲し保健所へ持ち込み頂くことで，引取りをしております。保健所の職員が出向いて捕まえることは行っておりません。」

【事例3】　鎌倉市における騒音等による健康被害等責任裁定申請事件

　X夫婦は，昭和55年から神奈川県鎌倉市内に居住していたが，平成23年10月，神奈川県甲市所在のマンションに転居した。その理由は，Yが，平成11年4月，Xらの居宅敷地の南側隣地にドッグスクールを開校したからであった。Yはその施設において，ペット犬のしつけ，トレーニングを行っているほか，飼い主不在時などの短期間の宿泊預かり，犬のトレーナーの養成を事業として行っている。

　Xらは，ドッグスクールの窓が開かれた状態であると騒がしいと感じるため度々苦情を申しいれており，次第にYとの関係は悪化してきていた。さらに，NPO法人等に依頼し境界での音の大きさの測定・検証も繰り返してきていた。なお，Xらは夏でも扇風機以外の冷房器具は使用せずに暮らしていた。

　Xらは，Yが営むドッグスクールの犬の鳴き声等による騒音によって不安，不眠，食欲低下などの症状を生じるようになり，その結果，転居を余儀なくされた。そのため，Yに対し，不法行為による損害賠償請求権に基づき，損害金の支払いを求めて公害等調整委員会に対して裁定申請を行った。

　【事例3】は，公害等調整委員会平成28年6月28日裁定・LEX/DB文献番号25544274である。

　公害等調整委員会は，いわゆる受忍限度論を導いた最一小判平成6年3月24日・判時1501号96頁に基づき判断を下した。すなわち，①侵害行為の態様，侵害の程度，②被侵害利益の性質と内容，③当該施設等の所在地の地域環境，④侵害行為の開始とその後の継続の経過および状況，⑤その間にとられた被害の防止に関する措置の有無およびその内容，効果等の諸般の事情を総合的に考慮したのである。

　その結果，Yのドッグスクールからの騒音によるXらの被害について不法行為が成立するとして，Xらの請求を一部認容し，その余の請求を棄却した。裁定では，Xらは夏でも扇風機以外の冷房器具は使用せずに暮らしていた点にふれ，Xらはエアコン等の設置によって騒音を回避できたとも言及したが，この点には疑問が残る。Xらは「感受性が鋭く繊細な人」であると推認され，こうした人たちも視野に入れた騒音対策やゾーニングが必要であろうと思われる。

野生動物

　野生動物は，無主物である。現に何人の所有にも属していない動産であれば，無主物先占（民法 239 条）できる。ただし，野生の鳥獣であってもその取得にはいわゆる鳥獣保護管理法（鳥獣の保護及び管理並びに狩猟の適正化に関する法律，2002（平成 14）年法律 88 号）等の規制があり，魚介も禁漁期間等の規制や入漁料の収受等が想定される。

> 民法
> 第 239 条　所有者のない動産は，所有の意思をもって占有することによって，その所有権を取得する。

【事例 1】　損害賠償請求事件

　X は，野生の猿の生息地として天然記念物の指定をされた公園を散策中，接近した猿に驚いて，遊歩道から 30 センチメートルの段差のある通路に転落し，傷害を負った。公園内のサルは天然記念物指定されており，Y 市がその管理団体としての指定を受けている。X は，同天然記念物の管理団体の指定を受けた Y 市に対し，Y 市が猿害対策を怠ったことが違法であると主張して，国家賠償を求めることができないかと考えている。

　【事例 1】は，大阪地判平成 14 年 8 月 30 日・判時 1804 号 85 頁である。野生猿と Y 市の関わりは，次のとおりである。箕面山には野生の猿が生息しており，Y 市（当時は Y 町）は，昭和 29 年ころ，大分県高崎山のように猿を観光資源とする目的で，箕面山にいた猿の餌付けを開始し，昭和 30 年ころには餌付けに成功した。Y 市は，昭和 29 年，箕面の猿について天然記念物指定申請を行い，昭和 30 年，天然記念物管理団体指定申請を行った。また，Y 市は，昭和 30 年 5 月 1 日，箕面山自然動物園として，入場料をとって開園した。

　しかし，餌付け以後，猿が人家に侵入したり，付近の土産物屋を荒らしたりするなどの猿害が生じるようになった。これに対し，Y 市は，昭和 35 年 1 月，天然記念物現状変更願を提出し同許可を得て，100 頭以上の猿を捕獲した。また，Y 市は，昭和 56 年 3 月，「天然記念物箕面山に生息する猿による被害補償規則」を制定した。Y 市は，大阪府に対し，昭和 51 年 5 月，天然記念物指定解除協議申請書を提出したが，昭和 52 年 3 月，文化庁の調査団は，天然記念物地域の指定解除は行わず，国，大阪府，箕面市でプロジェクトチームを作り，① ドライブウェイのそばにある餌場を奥地へ移す，② 観光客が菓子類を与えるのを厳禁する等して人馴れすぎた猿を山中に移し "野生化" させるという決定を行った。これを受けて，昭和 52 年 12 月，箕面山の猿の保護に関して必要な調査研究を行い，その保護対策を企画立案することを目的として箕面山猿調査会が発足したという経緯がある。

　Xは，「猿が増え，猿害を及ぼすこととなったのは，Y市が観光資源とするため餌付けを行い，猿を保護・管理してきたためであり，かかるY市の行為は十分責任根拠足りえるものである。また，Y市は，自らの利益のために，人に危害を及ぼす可能性のある猿を管理してきたものであるところ，自らの利益のために危険なものを管理する者が，そのものから生じた損害について責任を負うのは当然であり，猿は，時として，観光客に危害を加えるおそれがあるのであるから，Y市はこれに対する対策を十分にとり観光客の安全を図るべき注意義務がある。」「Y市は，天然記念物管理団体であるから，管理の対象である猿が観光客等に危害を与えることのないよう，安全に配慮した対策を立て，実行すべき注意義務があるというべきである」と主張した。

　しかし，裁判所は，Y市が観光目的で猿の餌付けを行ったのは40年以上前であり現在でも猿害がなくならないのは観光客による餌やりが原因であること，市が野生猿の存在により利益を得ているとしても観光地としての名声や観光客の増大など無形的なものにすぎないこと，文化財保護法は天然記念物に指定された猿の管理団体であるY市に当該天然記念物が周辺に危害を加えるおそれがある場合に取り締まるよう義務づけることを目的とはしていないこと等からすると，市に，猿害対策を講ずべき作為義務が存在するとはいえないと判断し，Xの請求を棄却した。Y市が公園内の猿に餌付けを行ったことをもって作為義務を根拠づける先行行為とみることはできないと判断したのである。

【事例２】　損害賠償請求事件

　北海道内の高速道路において，自動車の運転者が，キツネとの衝突を避けようとして自損事故を起こし停車中，後続車に衝突されて死亡した。上記運転者の相続人であるXらが，上記高速道路の管理者であった日本道路公団に対し，キツネの侵入防止措置が不十分であった点で，上記高速道路の設置又は管理に瑕疵があったと主張して，国家賠償法２条１項に基づく損害賠償を求めた。

　【事案２】は，最三小判平成22年3月2日・判時2076号44頁である。
　控訴審（札幌高判平成20年4月18日・EX/DB文献番号28141135）は，Xらの請求を一部認容した。というのも，高速道路の利用者は，一般道路に比較して高速でも安全に運転することができるものと信頼して走行していることからすれば，自動車の高速運転を危険にさらすことになるキツネが，決して低くはない頻度で本件の走行区間に現れることは，そのこと自体により，本件道路が営造物として通常有すべき安全性を欠いていることを意味する。動物注意の標識が設置されていることは，この判断を左右するものではない。また，日本道路公団では野生動物の侵入防止策を記載した資料を1989年の時点で作成しており，その中には，キツネ等中小動物の侵入防止策として，金網型の柵にした上で柵と地面の隙間がないようにし，地盤との間を掘って侵入されないようにコンクリート等を敷設するとの対策が記載されている。それ

らの対策により，かなりの程度はキツネの侵入を防止することができた。以上によれば，本件道路には設置又は管理の瑕疵があったというべきとしたのである。

　しかし，最高裁は判断を覆した。㋐走行中の自動車が上記道路に侵入したキツネ等の小動物と接触すること自体により自動車の運転者等が死傷するような事故が発生する危険性は高いものではないこと，㋑金網の柵を地面との透き間無く設置し，地面にコンクリートを敷くという小動物の侵入防止対策が全国で広く採られていたという事情はうかがわれず，そのような対策を講ずるためには多額の費用を要することは明らかであること，㋒上記道路には動物注意の標識が設置されていたこと等判示の事情の下においては，対策が講じられていなかったからといって，上記道路に設置又は管理の瑕疵があったとはいえないという理由に基づく。

【事例3】 費用支出差止請求事件（住民訴訟）

　シャチは人気があり，名古屋港水族館に導入されようとしていた。愛知県の住民であるXらは，シャチやイルカが水族館で飼養されることに賛成していない。というのも，シャチは知能も高く感情も社会性もあり，こうした動物を狭い空間に閉じ込めて見世物とする行為は動物福祉等の観点からも許されないと考えているためであった。そのため，特別地方公共団体である名古屋港管理組合が水族館の管理の委託を受け，財団法人が入手を予定しているシャチの購入費用等を同財団に対して支出することが違法であると主張して，支出命令権者であるYに対し，支出差止を求めた事案である。Xらはシャチの購入が，動物愛護法，生物多様性条約，ワシントン条約，種の保存法等に違反し，その購入契約が公序良俗に反すると主張している。

　【事例3】は，名古屋地判平成15年3月7日・判タ1147号195頁である。
　裁判所は，動物園や水族館が野生動物の保護・保存のための施設として活用されることも人類と動物の共生のあり方の一つとして是認されて然るべきとして，Xらの請求を棄却した。
　原告らは，シャチを狭小なプールや水槽で飼育することにより，シャチ本来の社会性等を奪い，群の文化を学ぶ機会を失わせる旨主張し，それに沿う証拠を提出した。この点に関して，裁判所は，理解を示しつつも，①動物園や水族館が果たしている生命の尊さやそれらの生命を育んだ自然環境に対する意識を高揚させるという重要な役割と社会的意義，②自然界には，絶滅のおそれのある野生動物が多く存在しており，このような野生動物については積極的にその保護・保存を図っていく必要性が高いことを挙げ，これらの点から動物園や水族館が野生動物を自然界から隔離し，人工的な環境に置くことについては正当な理由が存在すると解されるから，これをもって直ちに虐待に該当するとはいえないと判断した。さらに，原告らが問題視したプールの規模に関しても，裁判所は，シャチの飼育が予定されている施設は，世界最大級のプールであり，このプールは水族館の飼育施設の規模について規定した米国の動物福祉法（Animal Welfare Act）および同細則に定める基準を満たしていることにも触れた。
　このように，そもそも，Xらがこの住民訴訟で争いたいのは野生のシャチを飼養すること，

およびそのための購入の是非であるが，本件で争われたのは本件契約が違法であるかどうかであった。そのため，一部事務組合が，水族館の管理について委託を受けた財団法人との間で締結した協定に基づき，同財団法人が入手を予定しているシャチの購入費用等を同財団法人に支出することは違法でないとして，同支出の差止めを求めたこの住民訴訟は決着した。

【事例４】国家賠償請求事件

　X は，オーストラリア在住のジャーナリストであり，非営利法人を設立してイルカに対する取扱いを改善することを目指している。Y 町が設置・管理する Y 町立くじらの博物館は，鯨類等の水族を飼育し，展示すること等を目的とし，鯨類に関する博物館としては世界最大の規模を誇っている。X は，Y 町立くじらの博物館に来館したが，捕鯨反対者を本件博物館から排除する目的で，X が外国人であることを理由に本件博物館への入館を拒否された。そこで，X は，このような入館拒否は，憲法 14 条，19 条および 21 条，市民的および政治的権利に関する国際規約 26 条等に反し，上記入館拒否によって精神的苦痛などを受けたと主張して，Y 町に対し，国家賠償法 1 条 1 項に基づき損害賠償を求めた。

　【事例４】は，和歌山地判平成 28 年 3 月 25 日・判時 2322 号 95 頁である。裁判所は，さまざまな意見，知識，情報に接する自由が憲法上保障されるべきことは，思想および良心の自由の不可侵を定めた憲法 19 条の規定や，表現の自由を保障した憲法 21 条の規定の趣旨，目的から，いわばその派生原理として当然に導かれると示した。

　また，公立博物館の職員が，「捕鯨反対の方は博物館には入館できませんのでご注意ください」と英語および日本語で表記されたプラカードを提示した場合において，それが博物館の管理の支障を考慮して行ったものであり，人種による差別および思想良心による差別にも当たらないときは，当該プラカードの呈示は，日本国憲法 14 条，同 19 条および同 21 条に反しないと判示した。さらに，公立博物館の館長が，来訪者の入館を拒否した場合において，その思想や国籍に着目したり，取材の内容を理由としたりして拒否したのではなく，博物館の管理の支障を考慮して行ったと評価できるときは，当該入館拒否は，思想良心に基づく不利益処遇とは認められないと判示した。そのうえで，本館入館拒否は，本件博物館条例の要件を欠く違法なものであり，憲法 19 条および 21 条の趣旨，目的から導かれる X の情報摂取行為を妨げるものである等と判断して，X の請求を一部認容した。

太地町立くじらの博物館条例
第 10 条　次の各号の一に該当するものに対しては入館を拒否し，又は退館を命じることができる。
　1 号　公安又は風俗を乱し，その他，他人の迷惑になるおそれがあるとき。
　2 号　係員の指示に従わないとき。
　3 号　その他管理上支障があると認められるとき。

コラム27　**ノネコ v.s. 希少種，外来種 v.s. 在来種**

　飼い主に捨てられた猫は，人の生活圏に依存しているうちはノラネコ（野良猫）であるが，依存しなくなると「ノネコ」となる。環境省によれば，このノネコにより希少種（生息数が少なく絶滅の危険にさらされている種）の生存が脅かされていることが指摘されている。具体的に問題になっているのは，北海道の天売島，東京都の伊豆・小笠原諸島，鹿児島県の奄美大島・徳之島，沖縄県のやんばる（山原）地域等，複数の地域である。特に，やんばる地域（国頭村，大宜味村，東村）では，ヤンバルクイナという飛べない鳥等の希少種の保護のために，2003年から2年間，環境省による「飼養動物との共生推進総合モデル事業」が実施され，ノネコ等を発生・増加させないための種々の取組がなされた。2005年4月には，3村で同時に「飼いねこの愛護と管理に関する条例」が施行された。この条例の特徴は，地方自治体では初となるマイクロチップによる登録制度の導入である（4条2項）。それにより飼い猫と飼い主不明猫の判別を可能として，野良猫の保護捕獲を実践したことである。放し飼いをしないことは努力義務である（9条）が，終生飼養（10条前段）が義務付けられ，遺棄は禁じられている（10条後段）。

　猫に限らず，飼っていたペットを飼えなくなったため野外に逃がすことから生じる問題も少なくない。ペット業者が倒産したためタイワンザルを野外に逃がした事案もある。タイワンザルは，「外来種」であり，現在では，「在来種」としてそこに生息していた（北限のサルとされる）青森県の下北半島に生息する天然記念物のニホンザル（ホンドザル）との交雑が進んでいる。それゆえ，ニホンザルが絶滅に瀕している。

　人為による余計な（本来の自然な状態であれば起こりえないような）緊張関係を自然界にもたらさないように努めねばならない。

コラム28　**養豚業者の水路使用許可請求は悪臭とは関係ない！**

　新潟地判平成20年11月14日・判自317号49頁は，養豚業者Xが，本件水路の一部を使用することの許可を申請したところ，不許可とする処分がされたため，この不許可処分の取消しを求めるとともに，処分行政庁が本件申請を許可すべき旨を命ずることを求めた事案である。

　本件では，公共用物の使用許可に対する裁量が問題となった。公共用財産としての用途または目的を妨げるという事情の認められない本件では，本件水路の使用の必要性があることは大きな考慮要素になる。また，本件豚舎の悪臭の事実は，重視すべき事情とはいえず，Y市長の判断は，重視すべきでない事項を重視し，当然考慮すべき事項を十分考慮しておらず，社会通念に照らし著しく妥当性を欠いたものということができ，裁量権の範囲を超えまたはその濫用があったものとして違法となるとし，請求は認容された。

　本件における豚舎の臭気は，悪臭防止法（1971（昭和46）年法律91号）に基づく規制基準を常に達成しているわけではなく，周辺住民からの苦情や陳情等があったことをY市長は思料したと思われる。このような事例では，豚舎からの臭気は問題となりがちであるが，水路使用許可処分とは別の問題ということである。

第15章

情報行政―情報公開，個人情報保護

はじめに

「知る権利」は，情報開示請求権として認識されている。これは，憲法21条の表現の自由として捉えられているが，自由権的側面のみではなく，請求権的側面や参政権的側面も有していることをその特徴とする。

つまり，国民の側が自由に思想・信条・政治的な意思を形成し，それを民主的な政治参加過程において表現するためには，そのもと（基）となる「情報」を提供してくれるものに触れる必要がある。つまり，人が思想や意見を形成して表明する前提として，「情報」を自由に得られることが重要となる。

今日では，国民にとって必要な情報は，国家機能の増大とともに政府，または集中化・独占化の進んだマスメディアに集中する傾向が顕著になり，個人が自分で必要な情報を収集することが困難となっている。そこで情報を保持する主体に対して情報の公開を求めることのできる権利を認めることが重要となってきた。こうした権利のことを「知る権利」と呼び，これは典型的な表現の自由を「送り手側の自由」と呼ぶのに対して「受け手側の自由」であると考えられるようになっている。このように解することで，自由権的な側面と請求権的な側面を併せ持つ複合的な性質を有することが説明される。

さらに，参政権的側面に関しては，知る権利で想定されている場面は，主に自己統治の場面とされているように，その権利の社会的機能を理解することで説明が可能となる。すなわち，広く公共的事項についての情報を受け，かつ求めることによって，政治的な意思を形成し，民主的な政治過程への参加を確保しようとの目的を実現するためのものなのである。

このように考えると，自ずと，どのような情報が「知る権利」の対象となりうるのかということも明確になってくると考えられる。

> 日本国憲法
> 第21条　集会，結社及び言論，出版その他一切の表現の自由は，これを保障する。
> 2　検閲は，これをしてはならない。通信の秘密は，これを侵してはならない。

情報公開

【事例 1】　行政文書不開示処分取消請求事件

　X らは，地球温暖化・気候変動問題に取り組む非政府組織（NGO）や市民によって構成される特定非営利活動法人（NPO 法人）である。X らは，行政機関の保有する情報の公開に関する法律（情報公開法，1999（平成 11）年法律 42 号）4 条 1 項に基づき，中部経済産業局長（Y）に対し，開示されるべき行政文書を，エネルギーの使用の合理化に関する法律（省エネ法，1979（昭和 54）年法律 49 号，2005（平成 17）年法律 93 号による改正前のもの）11 条に基づく平成 15 年度の定期報告書等として開示の請求をした。それに対して，Y は，上記定期報告書のうち，「燃料等の使用量，電気の使用量」等の部分に記録されている情報が，情報公開法 5 条 2 号イの「公にすることにより，当該法人等（中略）の権利，競争上の地位その他正当な利益を害するおそれがあるもの」に該当することを理由として，上記部分を不開示とする旨の決定をした。X らはこれを不服としてその取消しを求めるとともに，上記不開示部分の開示決定の義務付けを求めた。

　情報公開制度は，主権者たる国民に行政情報の開示請求権を与える仕組みを中心とするものであり，国民主権および民主主義の実現には不可欠である（情報公開法 1 条）。それを法制化したものが情報公開法である。同法は，行政文書の公開を原則としており（同法 5 条 1 項），不開示とするためにはその開示要求されたものが不開示情報であることが必須である。そこで，裁判においても，行政庁には，公開による支障を立証することが求められる。

情報公開法

第 1 条　この法律は，国民主権の理念にのっとり，行政文書の開示を請求する権利につき定めること等により，行政機関の保有する情報の一層の公開を図り，もって政府の有するその諸活動を国民に説明する責務が全うされるようにするとともに，国民の的確な理解と批判の下にある公正で民主的な行政の推進に資することを目的とする。

第 4 条　前条の規定による開示の請求（略）は，次に掲げる事項を記載した書面（略）を行政機関の長に提出してしなければならない。

　一　開示請求をする者の氏名又は名称及び住所又は居所並びに法人その他の団体にあっては代表者の氏名

　二　行政文書の名称その他の開示請求に係る行政文書を特定するに足りる事項

第 5 条　行政機関の長は，開示請求があったときは，開示請求に係る行政文書に次の各号に掲げる情報（略）のいずれかが記録されている場合を除き，開示請求者に対し，当該行政文書を開示しなければならない。

　一　個人に関する情報（略）であって，当該情報に含まれる氏名，生年月日その他の記述等により特定の個人を識別することができるもの（略）又は特定の個人を識別することはできないが，公にするこ

とにより，なお個人の権利利益を害するおそれがあるもの。ただし，次に掲げる情報を除く。（以下略）

二　法人その他の団体（略）に関する情報又は事業を営む個人の当該事業に関する情報であって，次に掲げるもの。ただし，人の生命，健康，生活又は財産を保護するため，公にすることが必要であると認められる情報を除く。

　イ　公にすることにより，当該法人等又は当該個人の権利，競争上の地位その他正当な利益を害するおそれがあるもの（以下略）

三　公にすることにより，国の安全が害されるおそれ，他国若しくは国際機関との信頼関係が損なわれるおそれ又は他国若しくは国際機関との交渉上不利益を被るおそれがあると行政機関の長が認めることにつき相当の理由がある情報

五　国の機関，独立行政法人等，地方公共団体及び地方独立行政法人の内部又は相互間における審議，検討又は協議に関する情報であって，公にすることにより，率直な意見の交換若しくは意思決定の中立性が不当に損なわれるおそれ，不当に国民の間に混乱を生じさせるおそれ又は特定の者に不当に利益を与え若しくは不利益を及ぼすおそれがあるもの

【事例1】は，名古屋地判平成18年10月5日・判タ1266号207頁である。

裁判所の判断は，以下の内容である。省エネ法11条に基づき第一種特定事業者から提出された定期報告書の記載のうち，同事業者の設置する工場または事業場における燃料等の使用量等および電気使用量等に関する情報につき，行政機関の保有する情報の公開に関する法律5条2号イにいう「正当な利益を害するおそれ」があるとするためには，公にすることにより当該法人の競争上の地位その他正当な利益が害される可能性があるというだけでは足りず，その蓋然性が認められることが必要であるというべきである。さらに，その蓋然性があるかどうかの判断に当たっては，法人やそれが属する業界の多種，多様な種類，業態，性格，商圏その他の諸要素を勘案し，当該法人について問題となる利益の内容，性質をも考慮した上，それに応じて当該法人の権利の保護の必要性の内容，程度等の諸事情を検討して行う必要があるとの判断をした。その上で，裁判所は，①前記情報から工場全体のエネルギーコストの推計，製品当たりのエネルギーコストの推計および製品当たりの製造コストの推計をすることは可能であるが，その精度はさほど高いものではなく限界があるため，前記情報が公にされたとしても製造原価を知られるリスクが生ずる可能性は少なく，②エネルギー効率化の水準および進展状況を知られるリスク，燃料等の調達需要を知られるリスク，他者との契約違反となるリスクならびに製造技術が推知されるリスクについても，その蓋然性があるとは認められず，③前記事業者の個別事情に照らして検討しても，前記情報が開示されることによってその競争上の地位その他正当な利益が害される蓋然性があるとは認められないとし，前記情報は，同法5条2号イ所定の不開示情報（法人等情報）に該当しないとした。

控訴審判決（名古屋高判平成19年11月15日・LEX/DB文献番号28140147）も，Xらの主張を一部認容した。

【事例2】　省エネ数値情報公開請求事件

　Xらが，処分庁（Y）に対し，各事業者が提出した定期報告書の開示を請求したところ，一部不開示決定を受けたため，同決定の取消しを求めるとともに，不開示部分の開示決定の義務付けを求めた事案の上告審で，エネルギーの使用の合理化に関する法律に基づいて事業者が経済産業局長に提出した報告書に記載された情報は，情報公開法5条2号イ所定の不開示情報に当たるとして，原判決を破棄し，第一審判決中Y敗訴部分を取り消した事例である。

　【事例2】は，【事例1】の上告審（最二小判平成23年10月14日・判時2159号53頁）である。最高裁は，本件において開示請求された情報は，次に示す㋐および㋑のようなものであったという事実関係の下では，当該情報は，情報公開法5条2号イ所定の不開示情報に当たると判断した。

　㋐　当該事業者の内部において管理される情報としての性質を有し，製造業者としての事業活動に係る技術上または営業上の事項等と密接に関係する。

　㋑　総合的に分析することによって，当該工場におけるエネルギーコスト，製造原価および省エネルギーの技術水準ならびにこれらの経年的推移等についてより精度の高い推計を行うことが可能となり，当該事業者の競業者は自らの設備や技術の改善計画等に，当該工場の製品の需要者または燃料等の供給者は価格交渉の材料等に，それぞれ有益な情報として用いることができる。

【事例3】　面談強要行為等差止等請求事件

　YがX市に対して情報公開請求を多数回にわたって濫用的な態様で行うなどして，X市の平穏に業務を遂行する権利を侵害しており，今後も同様の権利侵害行為が繰り返されるおそれがあるとして，X市が，Yに対し，損害賠償請求と面談強要行為等の差止めを求めた。こうした差止めは認容されるだろうか。

　【事例3】は，大阪地判平成28年6月15日・判時2324号84頁である。Yの行為は，そのほとんどが情報公開請求や，その権利行使に付随して行われているものであった。とはいえ，その頻度や態様等に照らすと，正当な権利行使として認められる限度を超えるものであって，X市の資産の本来予定された利用を著しく害し，かつ，その業務に従事する者に受忍限度を超える困惑・不快を与え，その業務に及ぼす支障の程度が著しいものであった。よって裁判所は，市は，当該行為を行う者に対し，損害賠償請求だけでなく，平穏にその業務を遂行する権利に基づいて，当該行為の差止めの請求を行うことができると判示した。

　Yの行為がX市の平穏に業務を遂行する権利を侵害したといえるか，また，YのX市に対する侵害行為が継続するおそれがあるといえるかについて，判決は以下のように判断している。まず，平穏に業務を遂行する権利について，「法人の業務に従事する者の使用者である法人は，その業務に従事する者に対し…受忍限度を超える困惑・不快を生じるような事態を避け

るよう配慮する義務を負っていることに加え，業務の妨害が犯罪行為として処罰の対象とされていること（刑法233条，234条）等に鑑みると，当該法人が現に遂行し，又は遂行すべき業務は，当該法人の財産権やその業務に従事する者の人格権をも包含する総体として法的保護に値する利益（被侵害利益）に当たるというべきである。」と示した。そのうえで，「法人の業務が…当該法人の財産権やその業務に従事する者の人格権をも包含する総体としてとらえられることに鑑みると…当該法人の業務を妨害する行為が，当該行為を行う者による権利行使として相当と認められる限度を超えており，当該法人の資産の本来予定された利用を著しく害し，かつ，その業務に従事する者に受忍限度を超える困惑・不快を与えるなど，業務に及ぼす支障の程度が著しく，事後的な損害賠償を認めるのみでは当該法人に回復の困難な重大な損害が発生すると認められるような場合には，当該法人は…妨害行為が，法人において平穏に業務を遂行する権利に対する違法な侵害に当たるものとして…妨害行為を行う者に対して，不法行為に基づく損害賠償を請求することができるのみならず，平穏に業務を遂行する権利に基づいて，上記妨害行為の差止めを請求することができるものと解するのが相当である。」と判示した。

　なお，Yが行った受忍限度を超える困惑・不快を与える行為として裁判所が認定したものには，①Yに対する対応の仕方が悪いと感じた特定の職員に対する，その採用から現在までの経歴・略歴，出退勤状況の分かる文書，採用時に署名した宣誓書の写し等に関するものを開示請求し，Yは，これによって得た情報を基に，Yと対応した職員に対し，侮蔑するような発言をすることがあったこと，②Yが閲覧したときに，対応したX市の職員に対し，暴言を吐き，独自の見解に基づく意見を延々と繰り返し述べるなどして，一回当たり一時間以上の時間を要するのが通常であったこと，③開示された公文書に誤記があった場合には，些細なものであっても，X市の職員に頻繁に電話をかけ，謝罪を要求したり，罵声を浴びせるなどしたこと，④Yは，X市に対する質問およびそれに対する回答に関連して，更なる質問や要請を行ってこれに対する回答を求めたり，○○区役所の活動に対する苦情等を述べる目的で，○○区役所に平成24年4月から同年8月までの間に，合計95回にわたって電話をかけ，その所要時間は合計約23時間に上ったのみならず，その際，特定の職員に対応させるよう執拗に要求したり，対応に当たった職員に対し，その学歴を理由に罵倒したり，容姿等を理由に侮蔑的な発言をしたり，大声で暴言を吐いたり，脅迫的な発言をすることを繰り返していたこと等の事実がある。

　この判決は，クレイマー（正当な権利行使の限度を超える要求を繰り返しする者）に悩まされている自治体には朗報であろう。なお，X市の損害額の認定に関しては，Yの行為が，Yによる権利行使に付随して行われたものであることに鑑みると，Yに係る対応時間および超過勤務時間をもって相当因果関係のある損害とすることはできないと判断された。また，どの程度の侵害が，正当な権利行使として認められる限度を超えるものとされるのかについては明らかではない。今後の研究および裁判例の蓄積などを待ちたい。

個人情報保護

【事例 1】

　X らは，住民基本台帳ネットワークシステム（住基ネット）により，人格権，公権力から監視されない権利，自己情報コントロール権（自己情報管理権）および平穏な生活を営む権利が侵害され，精神的損害を被ったと主張して，X らが居住する Y 市等に対し，国家賠償法 1 条に基づく損害賠償請求権により各 5 万円の慰謝料の支払いを求めた。

　住民基本台帳法（住基法）は，1999（平成 11）年法律 133 号により改正され，この改正法は，平成 14 年 8 月から施行された。住基ネットは，この改正法に基づく仕組みである。住民基本台帳は，市町村の住民に関する記録を統一的に行うことにより，市町村における住民の居住関係の公証，選挙人名簿の登録その他住民に関する種々の事務の基礎となる公簿である。住民基本台帳の情報は，住民基本台帳を保有する各市町村内で利用されてきたが，住基ネットは，地方公共団体の共同のシステムとして，住民基本台帳のネットワーク化を図り，特定の情報の共有により，全国的に特定の個人情報の確認ができる仕組みを構築し，市町村の区域を越えて住民基本台帳に関する事務処理を行うものである。住民基本台帳ネットワークシステムは，行政の高度情報化の推進の基礎となる「全国的な本人確認システム」と説明される。

図 15-1　住民基本台帳のネットワーク化

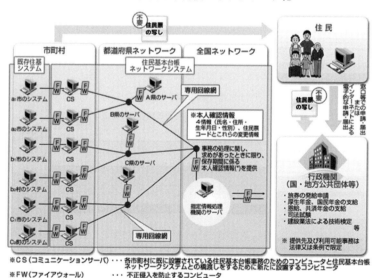

（出所）総務省ホームページ「「住基ネット」って何？」http://www.soumu.go.jp/main_sosiki/jichi_gyousei/c-gyousei/daityo/juuki01.html より抜粋。

　【事例 1】は，最一小判平成 20 年 3 月 6 日・判時 1857 号 92 頁である。第一審判決（大阪地判平成 16 年 2 月 27 日・判時 1857 号 92 頁）は，住民票コード自体は，無作為に作成された数字であるから，住民票コードの数字そのものからは，氏名，住所，男女の別，生年月日等の個人情報が推知されるものではない等，X らが，住民票コードを割り振られたことにより，X らの人格権，あるいは何らかの人格的利益が侵害されたとは認められないとし，請求を棄却した。しかし，控訴審判決（大阪高判平成 18 年 11 月 30 日・判時 1962 号 11 頁）は，住基ネット制度には，個人情報保護対策の点で無視できない欠陥があると言わざるを得ず，住民個々人の多くのプライバシー情報が，本人の予期しない時に予期しない範囲で行政機関に保有され，利用される危険が相当あるものと認められ，行政目的実現手段として合理性を有しないものと言わざるを得ず，X らの人格的自律を著しく脅かすものであり，プライバシー権を著しく侵害するとし，請求を一部認容した。そこで Y 市等が上告したものである。

　最高裁は，控訴審判決を覆し，行政機関が住基ネットにより住民である X らの本人確認情報を管理，利用等する行為は，個人に関する情報をみだりに第三者に開示または公表するものということはできず，当該個人がこれに同意していないとしても，憲法 13 条により保障された自由を侵害するものではないと解するのが相当であるとした。

　プライバシー権は，憲法 13 条の幸福追求権により保障されるが，その内容はどのようなものであろうか。

　プライバシー権は，「一人で放っておいてもらう権利」としてアメリカの判例において発展してきた。日本では，いわゆる「宴のあと」判決（東京地判昭和 39 年 9 月 28 日・判時 385 号 12 頁）が「いわゆるプライバシー権は私生活をみだりに公開されないという法的保障ないし権利として理解される」と定義し，私法上の権利として認められた。

　その後，プラバシー権は，「自己に関する情報をコントロールする権利」（情報プライバシー権）と捉えられ，自由権的側面のみではなく公権力に対して積極的に請求していくという側面が重視されるようになってきた。この情報プライバシー権と住基ネットとの関係が争われた裁判例が大阪地判平成 18 年 2 月 9 日・判時 1952 号 127 頁（住基ネット差止等請求事件）である。裁判所は，国会議員の立法行為が国賠法上違法となるのは，立法の内容が憲法の一義的文言に違反するような場合であるところ，住基ネットには，行政事務を効率化し，行政サービスの利便性を高めるという観点からの必要性が認められる上に，行政機関による情報の統合や本人確認情報の漏えい，改ざん等の具体的危険は認められないこと，また住基ネットの稼働は，住民の自己情報管理権を侵害するものとはいえず，国家賠償の請求が出来ず，住民の本人確認情報の提供等の差止めまたは本人確認情報の抹消請求は認められないとした。

　日本の個人情報保護制度は多層的であるといわれている。それは，いくつかの法律から形成されているからである。

国レベルでは，個人情報の保護に関する法律（個人情報保護法，2003（平成15）年法律57号）があり，これが個人情報保護に関する基本法である。

個人情報保護法

第1条 この法律は，高度情報通信社会の進展に伴い個人情報の利用が著しく拡大していることに鑑み，個人情報の適正な取扱いに関し，基本理念及び政府による基本方針の作成その他の個人情報の保護に関する施策の基本となる事項を定め，国及び地方公共団体の責務等を明らかにするとともに，個人情報を取り扱う事業者の遵守すべき義務等を定めることにより，個人情報の適正かつ効果的な活用が新たな産業の創出並びに活力ある経済社会及び豊かな国民生活の実現に資するものであることその他の個人情報の有用性に配慮しつつ，個人の権利利益を保護することを目的とする。

国の行政機関が保有する個人情報の取扱いについては，行政機関の保有する個人情報の保護に関する法律（行政機関個人情報保護法，2003（平成15）年法律58号）があり，独立行政法人等の保有する個人情報の取扱いについては，独立行政法人等の保有する個人情報の保護に関する法律（独立行政法人個人情報保護法，2003（平成15）年法律59号）がある。

地方公共団体レベルでは，すべての都道府県および多くの市町村が個人情報保護条例を制定している。

2015（平成27）年に成立し2017（平成29）年5月30日に施行された改正個人情報保護法では，「個人情報」の定義が明確にされた（2条1項）。情報通信技術の飛躍的な発展により，多種多様かつ膨大なパーソナルデータ（個人データ）が利活用できるようになった。そのため，個人情報保護法で定義された個人情報に該当するものが増えてきているからである。つまり，個人情報の定義は，「氏名，生年月日，その他の記述等により，特定の個人を識別できるもの（同法2条1項1号）」，および「個人識別符号が含まれるもの（同法2条1項2号）」である。この「個人識別符号」の定義が追加され，①特定の個人の身体の一部の特徴を電子計算機のために変換した符号（同法2条2項1号），②対象者ごとに異なるものとなるように役務の利用，商品の購入または書類に付される符号（同法2条2項2号），が明記された。例として，顔認証データや指紋データ等の「身体的特徴」や個人番号（マイナンバー），運転免許証番号，パスポート番号等といった「個人に関する情報」も含まれる。このように，同改正法では，事業者側がより積極的に個人情報を活用できるよう，何が「個人情報」にあたるかを厳格に定めることで，「本人が特定できないよう加工されれば，個人情報をビッグデータとして利活用できること」を示している。

それとともに，それまでは対象外だった，5,000人分以下の個人情報を取り扱う小規模な事業者も，改正法が適用されるように適用範囲を広げ，個人情報を取得する場合や，個人情報を他企業などに第三者提供する場合は，あらかじめ本人から同意を得る，さらに利用目的を明示する必要があること等が明確に規定された。

2015年改正法附則12条3項に，3年後を目途とする見直しの規定が置かれ，2020（令和2）年改正法においても新たに3年ごとの見直しの規定が置かれている（2020年改正法附則10条）。

【事例2】　学校作文開示請求事件

　いじめにより自殺した中学校生徒（A）の親（X）が，その死の理由等を知りたいとして，Y市個人情報保護条例に基づいて，同女の通学していた中学校の生徒が同女の死について作成した作文の開示を求めたところ，これを開示しない旨の決定を受けた。Xが，同決定の取消しを求めることは可能か。

【事例3】　行政文書不開示決定取消等請求事件

　中学校に通っていたXの孫が自殺したとされる事件に関し，事故調査委員会が全校生徒を対象に実施したアンケート調査について，Xが，本件アンケートの回答用紙等の開示請求をしたところ，全部不開示とする旨の決定を受けた。Xが，本件処分の取消しおよび本件文書の開示決定の義務付けを求めることは可能か。

　2013年9月にいじめ防止対策推進法（2013（平成25）年法律71号）が施行された。施行から2017年6月1日までに47都道府県と20政令市のうち少なくとも7割の45の自治体で，いじめ自殺等が疑われる事件が起きたことが新聞社のアンケート調査により判明している（毎日新聞「いじめアンケート「重大事態」7割　自治体2割が再調査」2017年8月7日20時48分）。
　【事例2】は，東京地判平成9年5月9日・判時1613号97頁である。Xらが「Aの死について説明した後生徒に書かせた作文のうちAにかかわるもの」の非開示決定処分を取り消すことを求めた訴えである。中学校ではこの作文を焼却処理しており，もはや作文からは情報は得られないのであるが，それでも争訟を継続するというXら遺族の中学校への不信感や無念さが汲み取れる事例である。
　裁判所は，Xが中学校に対して不信感を抱くことを相当とするような事情があることは認めたが，このことは，個別的な教育的配慮を排して作文の公開，開示をすべきことの理由とはならないとして，「本件作文の中心的主題は，亡Aの自殺を契機に人間の生死，自己の生命の大切さと他人への配慮を思索させることにあったものということができるのであって…遺族の慰藉のための追悼文として作成されたものでないことは明らかである。」「無記名の作文に関しては，無記名の趣旨が個人として作文の内容に対する責任を負わないことにあるとすれば，事実情報として開示され，その内容が検討，確認の対象とされることも，作成者の意図に反するものというべきである。…かかる無記名作文を開示することは作成者の意図を裏切るものというべきである。」と判示した。控訴審判決も原審の判断を是認した。
　【事例3】は，鹿児島地判平成27年12月15日・判時2298号28頁である。裁判所は，質問内容からすれば本件自死事件に係る出来事として自身の言動や体験等が記載されていたとしても，反省や謝罪にわたる内容まで含まれているとは認められないから，回答者自身の人格と密接に関連するものであるとまで認めることはできず，出水市情報公開条例7条1号後段の不開示情報（個人情報）が含まれていると認めることはできないとし，一部を認容した。

コラム29　遺失物法における個人情報の取扱い

　遺失物法（2006（平成 18）年法律 73 号）は，明治にできた法律であり，その 11 条は制定時から改められていない。その 11 条 2 項によれば，拾得者の個人情報を開示する場合には本人の同意が求められるが，3 項によれば，遺失者の個人情報に関しては本人の同意がなく開示されることになっている。2 項の立法趣旨は，お礼等をもらう必要はないと思う遺失者に配慮してのことであろう。3 項に関しては，その立法趣旨がわかりづらいことに加え，このままの運用を現場してしていたため，トラブルとなった事例もある。早期の改正が求められる。

　ただし，改正により改善された点もある。2006（平成 18）年改正では，情報に関する改正点の主なものは以下の二点である。

　①　落とし物や忘れ物の情報がインターネットで公表され，探しやすくなった（8 条 2 項）。

　②　携帯番号やカード類等個人情報が入った物件については，拾った人が所有権を取得できないこととなった（35 条）。

遺失物法
第 8 条　2　警察本部長は，国家公安委員会規則で定めるところにより，当該都道府県警察の警察署長が公告をした物件及び他の警察本部長から前項の規定による通報を受けた物件に関する情報を，インターネットの利用その他の方法により公表するものとする。
第 11 条　2　警察署長は，拾得者の同意があるときに限り，遺失者の求めに応じ，拾得者の氏名又は名称及び住所又は所在地（以下「氏名等」という。）を告知することができる。
3　警察署長は，前項の同意をした拾得者の求めに応じ，遺失者の氏名等を告知することができる。

コラム30　制裁的公表の及ぼす効果

　行政による制裁的公表に関しては，天本哲史准教授（桃山学院大学，『行政による制裁的公表の法理論』等）が詳しい。天本准教授によれば，「公表」とは，不特定多数に一定の事項を発表する行為のことであり，なかでもいわゆる「制裁的公表」の性質は「①名誉・信用を害するおそれのある事実を公表するという形での制裁を予定することによって法的義務の遵守や行政指導への協力を確保しようとするものであること」，また，「②不利益な公表によって名誉・信用を害するだけではなく，行政による公表が持つ社会的効果を利用し，世論に訴えることによって行政目的に反する者に不利益を与えるもの」と指摘されている。

　今や情報はまたたく間に伝わるようになった。「レピュテーション（評判）リスク」という言葉があるように，②の「公表が持つ社会的効果」は，ときとして甚大となる。さらに，間違った情報が拡散されることによるリスクもあるが，正しい情報であっても不明確な部分に関してプライバシー情報が付与され流布される，または，パブリックエネミーと認定され多くの不特定多数の人からの非難の対象になる等のおそれ（虞）もはらんでいる。

第16章

警察行政・消防行政

はじめに

　刑事ドラマでは警視庁捜査一課がよくでてくるが，警視庁というのは行政組織法上どのような位置づけなのだろうか（コラム31，160頁）。

　警視庁は，警察法（1954（昭和29）年法律162号）により，以下のように規定されている。道府県警察に対して都警察のことを指し（47条1項），その庁舎は特別区内に置かれ（同条3項），その長は道府県警察が警察本部長であるのに対して警視総監である（48条）。

　都道府県には，都道府県公安委員会が置かれ，都道府県警察を管理している（38条1項，3項）。都道府県警察には，警察本部（東京都は警視庁）のほか，警察署が置かれている（47条1項，53条1項）。また，警察署の下部組織として，交番や駐在所がある（53条5項）。

> 警察法
> 第36条　都道府県に，都道府県警察を置く。
> 第38条　都道府県知事の所轄の下に，都道府県公安委員会を置く。
> 3　都道府県公安委員会は，都道府県警察を管理する。
> 第47条　都警察の本部として警視庁を，道府県警察の本部として道府県警察本部を置く。
> 3　警視庁は特別区の区域内に，道府県警察本部は道府県庁所在地に置く。
> 第48条　都警察に警視総監を，道府県警察に道府県警察本部長を置く。
> 第53条　都道府県の区域を分ち，各地域を管轄する警察署を置く。
> 5　警察署の下部機構として，交番その他の派出所又は駐在所を置くことができる。

　一方，東京消防庁が，東京都の行政機関である（東京消防庁の設置等に関する条例2条）。間違えられやすいのが総務省消防庁であるが，これは国の行政機関である（消防組織法（1947（昭和22）年法律226号）2条）。

> 東京消防庁の設置などに関する条例（1963（昭和38）年条例52号）
> 第2条　法（消防組織法）第9条第1号の規定に基き，消防本部を設置する。

警察行政

【事例 1】　道路交通法違反被告事件

　X は，酒気を帯び，呼気 1 リットルにつき 0.25 ミリグラム以上のアルコールを身体に保有する状態で，昭和 52 年 7 月 8 日午前 3 時ころ，宮崎市内の路上において，普通貨物自動車を運転した。

　X の運転する車両は，その走行の外見的状況からは格別不審の点はなかった。だが，道路端に立って検問を実施していた警察官が，X の車両を認めて赤色燈を回し停止の合図をすると，X は，車両を道路左端に寄せ停止したので，同警察官は，X の車両の運転席のところに行き，運転席の窓を開けてもらい，窓越しに X に運転免許証の呈示を求めた。すると，酒臭がするので，酒気帯び運転の疑いを持ち，降車を求めた。X が，これに応じ，格別拒否することもなく素直に降車したので，X の酒臭の有無を確認したところ，酒臭がしたので，X に警察官派出所までの同行を求めた。X はそれを承諾し，警察官は X の了解を得て X の車を運転し，一緒に同派出所に赴いた。同所において飲酒検知したところ，アルコールが検出されたため，X にもその旨確認させたうえ，警察官において鑑識カードを作成するとともにいわゆる交通切符を作成し，X の署名押印欄に署名を求め，X もこれに応じて署名押印した。

　このような一斉検問による飲酒運転の摘発は適法であろうか。

　警察官は警察法 2 条 1 項により挙動不審者に対して職務質問をする権限を有している。要件は，警察官職務執行法（警職法，1948（昭和 23）年法律 136 号）2 条 1 項に規定されている。

　しかし，交通検問は，挙動不審者か否かを問わずに一斉に行われるため，一斉検問を授権する警職法 2 条 1 項の要件を満たしておらず，警察官の被告人 X に対する行為は侵害行為法定原則に違反するのではないかが問題となる。

警察法

第 2 条　警察は，個人の生命，身体及び財産の保護に任じ，犯罪の予防，鎮圧及び捜査，被疑者の逮捕，交通の取締その他公共の安全と秩序の維持に当ることをもつてその責務とする。

2　警察の活動は，厳格に前項の責務の範囲に限られるべきものであつて，その責務の遂行に当つては，不偏不党且つ公平中正を旨とし，いやしくも日本国憲法の保障する個人の権利及び自由の干渉にわたる等その権限を濫用することがあつてはならない。

警職法

第 1 条　この法律は，警察官が警察法（略）に規定する個人の生命，身体及び財産の保護，犯罪の予防，公安の維持並びに他の法令の執行等の職権職務を忠実に遂行するために，必要な手段を定めることを目的とする。

> 2　この法律に規定する手段は，前項の目的のため必要な最小の限度において用いるべきものであつて，いやしくもその濫用にわたるようなことがあつてはならない。
>
> 第2条　警察官は，異常な挙動その他周囲の事情から合理的に判断して何らかの犯罪を犯し，若しくは犯そうとしていると疑うに足りる相当な理由のある者又は既に行われた犯罪について，若しくは犯罪が行われようとしていることについて知つていると認められる者を停止させて質問することができる。

　【事例1】は，最三小判昭和55年9月22日・判時977号40頁である。最高裁の判断は，以下である。警察法2条1項が「交通の取締」を警察の責務として定めていることに照らすと，交通の安全及び交通秩序の維持などに必要な警察の諸活動は，任意手段による限り，一般的に許容されるべきものであるとする。だが，それが国民の権利，自由の干渉にわたるおそれのある事項にかかわる場合には，任意手段によるからといって無制限に許されるべきものでないことも同条2項及び警察官職務執行法1条などの趣旨にかんがみ明らかであるとする。

　しかし，自動車の運転は本来危険な行為であり，社会的必要性ないし有用性から危険回避を施すことを前提に許容されているのであるから，酒類摂取による危険回避のために酒気帯び運転を一般に禁止した道路交通法（1960（昭和35）年法律105号）には合理性があり，運転者に不当な制限を加えるものではないので憲法違反とはいえない。また，無差別の交通検問において走行の外観情況等から不審な点が客観的に認められない車両に停止を求める行為は，警察法2条1項が交通取締を警察の責務として掲げ，交通の安全と交通秩序の維持をその職責と規定していることから許容されるとして，被告人Xの主張を退け，有罪判決を言い渡した。

　つまり，警察法2条2項と警職法1条のいわゆる「警察比例の原則」に従い，権限行使の具体的必要性と相手方の受ける不利益とを比較考慮して具体的状況のもとで相当と認められる限度で，警察官は任意手段による限り特別の根拠規定なく走行中の車両に停止を求めることができるとした原判断は正当であるとして，上告を棄却した。

【事例2】　国家賠償法請求事件

　Xは，駐車場にいるときに一人の警察官に呼び止められた。その警察官から所持品検査の協力を求められたが，Xはかばんの中身の検査を拒否した。すると警察官は，その駐車場に応援の警察官を2名呼び，彼らが到着した。3名の警察官らによりXに対する説得がなされ，Xはしぶしぶ応じたため，最終的に，本件かばんの検査がされた。結果として，不審物等が発見されなかったため，警察官らは，所持品検査を終えて本件駐車場を去った。

　Xは不愉快な気持ちになった。友人に話すと，この所持品検査の行為は警職法2条で認められる範囲を超える違法なものといえそうである。Xは，精神的苦痛を被ったとして，国家賠償を求めることは可能だろうか。

　【事例2】は，神戸地判平成29年1月12日・LEX/DB文献番号25448405である。裁判所

は，本件所持品検査は，職務質問を続行する必要性，緊急性を欠いた状況で行われたものであって，また，その態様も，警察官らにおいて本件かばんを開披したものではないものの，Xの真意による承諾があったものとは認められず，プライバシー侵害の高い行為であり，本件の具体的状況の下では，相当と認められる限度を逸脱したものであるから，国家賠償法2条1項で認められる範囲を超えた違法なものであり，国家賠償法上の違法を構成すると判示した。

　職務質問に関しては，最三小判昭和53年6月20日・判時896号14頁爆発物取締罰則違反，殺人未遂，強盗被告事件がリーディングケースの一つである。最高裁は，職務質問に附随して行う所持品検査は，所持人の承諾を得て，その限度においてこれを行うのが原則であるが，捜索に至らない程度の行為は，強制でない限り，所持品検査の必要性，緊急性，これによって侵害される個人の法益と保護されるべき公共の利益との権衡などを考慮し，具体的状況のもとで相当と認められる限度で許容される場合があると判断した。本件では，警察官が，猟銃および登山用ナイフを使用しての銀行強盗の容疑が濃厚な者を深夜に検問の現場から警察署に同行して職務質問中，職務質問に対し黙秘し再三にわたる所持品の開披要求を拒否するなどの不審な挙動をとり続けたため，容疑を確かめる緊急の必要上，承諾がないままその者の所持品であるバッグの施錠されていないチャックを開披し内部を一べつしたにすぎない行為は，職務質問に附随して行う所持品検査において許容される限度内の行為であると判示した。

　「黙秘し再三にわたる所持品の開披要求を拒否する」という行為は，ふてくされていればとってしまいがちな行為といえるが，これをもって「挙動不審」と捉えられるのであれば，【事例2】のXも，再三の説得に応じようとしなかった点において，挙動不審と捉えられるのであろう。客観的な判断をなしづらい問題ではある。

【事例3】　損害賠償請求事件（明石市花火大会歩道橋事故事件）

　第32回A市民夏まつりの2日目に海岸で開催された花火大会の終了後，歩道橋内において，多数の参集者が折り重なって転倒するなどして，11名の死者および247名の負傷者を生じる雑踏事故が発生した。うち10名の死者の遺族であるXらは，夏まつりの主催者であるA市，雑踏警備計画の策定・実施に当たったB民間警備会社および警察（被告となっているのはH県である。）に対し，損害賠償金の連帯支払いを求めた。

　【事例3】は，神戸地判平成17年6月28日・判時1906号73頁である。争点は，① 被告らの事前準備段階における過失の有無および内容，② 被告らの本件花火大会当日における過失の有無および内容，③ 損害額の3点である。
　上記争点に関し，B民間警備会社は，Xらの主張する過失をほぼ全面的に認め，損害額のみを争った。A市は，事前準備段階および本件花火大会当日において，過失があったこと自体は認めており，H県（警察）も，花火大会当日の午後7時26分ころ以降の段階における過失の

みを認め，いずれもそれ以前の段階における具体的な過失の内容については全面的に争い，損害額についても争った。ここでは，H県（警察，特にA署）について中心的に検討していく。

　裁判所は，H県（警察）の注意義務の発生根拠について以下のように述べている。「警察は，警察法2条，警備実施要則，『雑踏警備実施要領について（例規）』等により，個人の生命，身体等を保護することをその責務とする者として，参集者の生命，身体等の安全を確保すべき注意義務を負う。」

　さらに，被告らの注意義務相互の関係は，「警察の実施する雑踏警備は，主催者側の自主警備を補完するものにすぎないと解すべきではなく，主催者側が自主警備を実施することにより，警察の雑踏警備に関する責任が軽減・免除されることはない。」「他方，A市も，本件夏まつりの主催者として，本来的に，参集者の生命，身体等の安全を確保すべき注意義務を負う以上，警察が雑踏警備を実施することにより，自主警備を実施する責任が軽減・免除されることはない。」「また，A市が，警察との関係において，自主警備を実施すべき責任が軽減・免除される関係にない以上，B民間警備会社も，警察との関係において，自主警備を実施すべき責任が軽減・免除されることはない。」「主催者側であるA市とB民間警備会社との間にも，責任の軽重関係はない。」との判断に基づき，被告らが負う雑踏警備に関する責任は，少なくとも，対参集者との関係においては，すべての者が，第一次的かつ全面的にその責任を負い，被告らそれぞれの責任について軽重関係はないと断じている。

　さらに，裁判所は，①については，「警察には，主催者側の自主警備について，参集者の安全の確保という観点から，積極的かつ具体的に指導・助言を行うとともに，雑踏警備を主催者側の自主警備のみに委ねることなく，自らも適正な雑踏警備計画を策定すべき注意義務があった」にもかかわらず，「A署は，自らの策定する警備計画について，暴走族対策には細心の注意を払い，万全の対策を講じながらも，雑踏警備に関しては，極めてお粗末な対策しか講じなかった」のであるから，「A署の警察官には，上記注意義務に違反した過失があることは明らかであり，H県は，Xらに対する国家賠償法1条1項に基づく損害賠償責任を免れない。」と判示した。

　加えて，②については，「警察には，警察官をして，本件歩道橋付近に混雑を発生させないようにし，混雑が発生した場合には，迂回路への誘導や分断規制などの規制措置を執ることにより，これを解消させるべき注意義務があった」にもかかわらず，事態を放置した，または，分断規制等の混雑解消措置を何ら指示しなかったのであるから，「A署の警察官には，上記注意義務に違反した過失があることは明らかであり，H県は，Xらに対する国家賠償法1条1項に基づく損害賠償責任を免れない。」と判示した。

　判決の結論にも記された言葉のとおり，自己の責務を果たすべく万全の準備および現場における適切な対処が，なお一層求められる。

消防行政

【事例1】　損害賠償請求上告事件

　A旅館から火災が発生し，その後間もなく地域の村のY町の消防団が消火活動を開始した。そして火災が拡大した際，Y町の消防団は，近辺に点在するXらが所有する建物および建物内の家財道具商品等の動産を，ブルトーザー2台をもって順々に破壊した。Y町の消防団による消防活動によって，Xら所有の建物および動産が破壊されたことについて，Xらが，Y町に対し，国家賠償法1条により損害賠償を請求することは可能であろうか。

　【事例1】は，最三小判昭和47年5月30日・判時678号33頁である。消防法（1948（昭和23）年法律186号）29条は，火災の際に，消防機関が物または人に対してとり得る強制措置（行政警察作用に属する）として四種の措置を各項に分けて定め，それぞれの措置について，行使権限者，権限行使の対象物，措置の内容，権限行使の要件および損失補償の要否を明確に区別して規定している。また，消防組織法9条，18条等は，市町村における消防団の設置等について規定している。

消防法
第29条　消防吏員又は消防団員は，消火若しくは延焼の防止又は人命の救助のために必要があるときは，火災が発生せんとし，又は発生した消防対象物及びこれらのものの在る土地を使用し，処分し又はその使用を制限することができる。
2　消防長若しくは消防署長又は消防本部を置かない市町村においては消防団の長は，火勢，気象の状況その他周囲の事情から合理的に判断して延焼防止のためやむを得ないと認めるときは，延焼の虞がある消防対象物及びこれらのものの在る土地を使用し，処分し又はその使用を制限することができる。
3　消防長若しくは消防署長又は消防本部を置かない市町村においては消防団の長は，消火若しくは延焼の防止又は人命の救助のために緊急の必要があるときは，前二項に規定する消防対象物及び土地以外の消防対象物及び土地を使用し，処分し又はその使用を制限することができる。この場合においては，そのために損害を受けた者からその損失の補償の要求があるときは，時価により，その損失を補償するものとする。
4　前項の規定による補償に要する費用は，当該市町村の負担とする。
5　消防吏員又は消防団員は緊急の必要があるときは，火災の現場附近に在る者を消火若しくは延焼の防止又は人命の救助その他の消防作業に従事させることができる。

消防組織法
第9条　市町村は，その消防事務を処理するため，次に掲げる機関の全部又は一部を設けなければならない。
　一　消防本部
　二　消防署

> 三　消防団
> 第18条　消防団の設置，名称及び区域は，条例で定める。
> 2　消防団の組織は，市町村の規則で定める。
> 3　消防本部を置く市町村においては，消防団は，消防長又は消防署長の所轄の下に行動するものとし，消防長又は消防署長の命令があるときは，その区域外においても行動することができる。

　第一審（岐阜地判昭和40年4月12日・LEX/DB 文献番号27201087）は，Xらの請求を棄却した。

　控訴審（名古屋高判昭和44年3月25日・判時560号40頁）は，損失補償の下に許される破壊消防は，火災における延焼防止のための緊急性をもって足るが，無補償による破壊消防は延焼防止のための唯一の手段たる意味における不可避性を必要とし，しかもそれが火勢その他あらゆる周囲の事情を加味した事後の冷静にして厳密な「合理的判断」からも是認される場合に限られるものと解しなければならないとして，原判決を取り消し，Xらの請求を一部認容した。

　その理由の詳細については，以下に控訴審判決を引用する。「憲法第29条は，財産権の不可侵の原則を宣明するとともに財産権の内容については，公共の福祉に適合するよう法律で定めることとし，正当な補償の下にのみこれを公共のために用いることができるものとしている。消防法第29条は，まさに憲法の右規定をうけて，火災における消防活動については，延焼の防止等のために緊急の必要があるときは，いわゆる火元以外の家屋でもその破壊等の処分が許されるが，これによる損失は補償されねばならぬ旨定め（同条第3項），ただ火勢その他の周囲の事情から合理的に判断して延焼防止のため家屋の破壊等がやむをえない場合に限り，損失補償を要しないものとしている（同条第2項）。すなわち，損失補償の下に許される破壊消防は，火災における延焼防止のための緊急性をもつて足るが，無補償による破壊消防は延焼防止のための唯一の手段たる意味における不可避性を必要とし，しかもそれが火勢その他あらゆる周囲の事情を加味した事後の冷静にして厳密な『合理的判断』からも是認される場合に限られるものと解しなければならない。かく解することによつてのみ始めて右規定の適憲性を肯定しうるであろう。」「本件について考察するに…前記認定のような火勢などあらゆる周囲の事情から考えてみると…本件，○，□，△の各建物の破壊は，合理的に判断して右延焼を防止するための前記のような意味における不可避性に欠くるものがあり，消防法第29条第2項の『延焼防止のためやむを得ない』場合に該当しないものといわなければならない。」「前記によれば，○，□，△の各建物の破壊については，消防団長…が延焼の防止のため緊急の必要からなしたものであり，右のような破壊消防活動によつて…蒙つた損害については，Y町において消防法第29条第3，第4項によりXらに補償すべき義務があるものといわなければならない。」と判示した。

　最高裁は，控訴審の結論を正当とし，上告を棄却した。控訴審と結論は同じであるが，最高裁は，火災の際の消防活動により破壊された建物は，それ自体としては延焼のおそれがない

が，地形や風向等の関係から当該建物を破壊する必要がある等の事情があり，当該建物を破壊することは，消防法29条3項にいう延焼の防止のために緊急の必要があったものというべきであるということを強調した。「本件破壊消防活動の行なわれた当時右図面表示の○，□，△の建物自体は必ずしも延焼のおそれがあつたとはいえないが，B建物から北に連なる建物への延焼を防止するために右○，□，△の建物を破壊する緊急の必要があつたものであることは明らかである。してみれば…消防団長が右建物を破壊したことは消防法29条3項による適法な行為ではあるが，そのために損害を受けたXらは右法条によりその損失の補償を請求することができるものといわなければならない。」と判示した。

【事例2】　危険物除去命令取消等請求事件（東京都）

　Xは，建物の5階にある居室を賃借した上，本件建物の5階通路部分に木製本棚等を，7階塔屋部分にスチール製ロッカー等を設置していたところ，消防署が，平成26年1月15日付けで，Xに対し，消防法5条の3第1項に基づき，上記本棚等およびロッカー等の設置物を除去することを命ずる処分（本件処分）をした。Xは，それを不服として，消防署に対し，本件処分は，火災予防上の危険や消防活動上の支障がないにもかかわらず発せられた違法な処分であるなどと主張して，本件処分の取消しを求めるとともに，本件処分がXに対して発せられたことを公示する標識（本件標識）によってXの信用が毀損されたとして，国家賠償法1条1項に基づき慰謝料相当の損害金支払いを求めた。

　【事例2】は，東京地判平成27年1月16日・判自403号70頁である。本件建物の周囲は，事務所や飲食店などがある建物が混在する商業地域であり，Xは法律事務所を経営する弁護士であった。なお，事件タイトルに「危険物」とあるが，これは消防上の「危険物」のことであり，本件では書籍および冊子のことである。

　消防署は，消防法8条の2の4および火災予防条例54条1号に基づき，消防法5条の3第1項に基づく除去命令処分を発出した。そのうえで，消防法5条の3第5項の規定により準用される同法5条3項および4項に基づき，本件建物の1階入口壁面に本件処分をした旨の公示標識（本件標識）を貼付した。

消防法

第5条　3　消防長又は消防署長は，第一項の規定による命令をした場合においては，標識の設置その他総務省令で定める方法により，その旨を公示しなければならない。

4　前項の標識は，第1項の規定による命令に係る防火対象物又は当該防火対象物のある場所に設置することができる。この場合においては，同項の規定による命令に係る防火対象物又は当該防火対象物のある場所の所有者，管理者又は占有者は，当該標識の設置を拒み，又は妨げてはならない。

第5条の3　消防長，消防署長その他の消防吏員は，防火対象物において火災の予防に危険であると認める行為者又は火災の予防に危険であると認める物件若しくは消火，避難その他の消防の活動に支障になると認める物件の所有者，管理者若しくは占有者で権原を有する者（略）に対して，第3条第1項各号

に掲げる必要な措置をとるべきことを命ずることができる。

　5　第3条第4項の規定は第1項の規定により必要な措置を命じた場合について，第5条第3項及び第4項の規定は第1項の規定による命令について，それぞれ準用する。

第8条の2の4　学校，病院，工場，事業場，興行場，百貨店，旅館，飲食店，地下街，複合用途防火対象物その他の防火対象物で政令で定めるものの管理について権原を有する者は，当該防火対象物の廊下，階段，避難口その他の避難上必要な施設について避難の支障になる物件が放置され，又はみだりに存置されないように管理し，かつ，防火戸についてその閉鎖の支障になる物件が放置され，又はみだりに存置されないように管理しなければならない。

東京都火災予防条例

第54条　令別表第一に掲げる防火対象物の関係者は，避難施設を次に定めるところにより，有効に管理しなければならない。

　一　避難施設には，火災の予防又は避難に支障となる施設を設け，又は物件を置かないこと。

　【事例2】の第一審は，本件処分のうち，上記ロッカーおよびこれに収納されている冊子の除去を命じる部分は，消防法5条の3第1項所定の要件を欠き違法であるとして，原告の請求をいずれも一部認容した。

　争点は，本件処分が消防法5条の3第1項の要件を満たすか否かであった。裁判所は，「本件処分のうち南東側ロッカー及び本件冊子の除去を命じる部分は，消防法5条の3第1項所定の要件を欠き違法であるというべきである」として，違法部分を認定するとともに，以下のように本件処分のうちの違法ではない部分については，是正措置についても言及した。「南東側ロッカー及び本件冊子については，消防法5条の3第1項所定の物件に当たらないとしても，火災の予防上の危険性や避難に支障となる可能性が一般的・抽象的に認められないとまではいえないから，『避難上必要な施設』について『避難の支障になる物件』をみだりに存置されないように管理している状態にあるとはいえず，また，『避難施設』に『火災の予防又は避難に支障となる…物件』を置かないように有効に管理しているとはいえず，消防法8条の2の4及び条例54条1号違反の状態にあるというべきである。したがって，Xは，この違反状態の解消をするため，是正措置を採るべき立場にある」。そのうえで，国家賠償法上の違法を認め，10万円の慰謝料を相当とした。

　しかし，控訴審（東京高判平成27年6月10日・LEX/DB文献番号25447595）の判断は，第一審のものとは異なった。上記標識の貼付は，国家賠償法上も過失があり違法な部分を含むが，本件標識のうち，適法な処分に関する公示はいずれにせよ行われざるを得ず，したがって，第一審原告が消防法上の命令を遵守しない者であるとの印象を与えることは避けられない。とすれば，上記標識に，違法な処分に関する公示が含まれているからといって，適法な処分のみが公示された場合と比較して社会的評価が低下したとは認められず，損害賠償をもって慰謝しなければならないほどの損害が生じたとは認められないとして，国家賠償法上の違法に関する請求を棄却した。

> **コラム31**　警察庁は全国の都道府県警察の統一的中枢官庁

　皆さんは，朝日テレビのドラマ「相棒」シリーズをご存知だろうか。警視庁特命係の警部である杉下右京氏（水谷豊）が，その名推理で事件の謎を解き明かす話である。主人公の経歴は，キャリアとして警察庁に入庁後，警視庁に出向となり，経済事件などを扱う捜査二課で辣腕を振るう。しかし，切れモノ過ぎるゆえに上層部ににらまれ，特命係という閑職に追いやられてしまう。それでも好奇心から度々事件に首を突っ込み，歴代の個性豊かな「相棒」とともに，事件解決に挑む，というものである。

　この警察庁は警察法15条により設置される。

警察法
第15条　国家公安委員会に，警察庁を置く。

　警察庁のウェブサイトによれば，戦後の警察は，1947（昭和22）年に警察法が制定され，1948（昭和23）年から国家地方警察と市町村自治体警察の二本立ての制度となった。1954（昭和29）年に警察法が全面的に改正され，警察運営の単位が都道府県警察に一元化された。

　国の警察行政機関として，内閣総理大臣の所轄の下に国家公安委員会が置かれ，さらに，国家公安委員会の管理の下に警察庁が設けられている。警察庁は，広域組織犯罪に対処するための警察の態勢，犯罪鑑識，犯罪統計等警察庁の所掌事務について都道府県警察を指揮監督している。全国約29万人のマンパワーを擁する警察組織の中枢官庁である。

> **コラム32**　救急車有料化の議論

　「119」に電話して救急搬送を依頼する料金はいくらだろうか。答えは「無料」である。消防法によって，救急業務の実施基準は各都道府県で定めるように規定されている（35条の5第1項）が，各都道府県では救急車の利用料金について定めていない。ゆえに無料とされている。

消防法
第35条の5　都道府県は，消防機関による救急業務としての傷病者（略）の搬送（略）及び医療機
　関による当該傷病者の受入れ（略）の迅速かつ適切な実施を図るため，傷病者の搬送及び傷病者
　の受入れの実施に関する基準（略）を定めなければならない。

　2015（平成27）年5月11日に開かれた財政制度等審議会（財務相の諮問機関）で財務省が示した案の中に，「軽症の場合の有料化などを検討すべきではないか」との明記があった。そのため，救急車の有料化をめぐる議論が始まっている。

　2006（平成18）年3月に消防庁が発表した「救急需要対策に関する検討会」報告書では，①119番通報を受けた時点で緊急度・重症度を選別する「トリアージ」を行う，②軽症者に民間の移送サービスや受診可能な病院の情報を紹介する，といった対応を行っても効果が十分ない場合は，有料化を視野に入れるべきだと提言している。

第17章

原子力発電および放射能汚染等に係る行政

はじめに

　東日本大震災は，2011年（平成23年）3月11日に発生した東北地方太平洋沖地震とそれに伴う津波，およびその後の余震により引き起こされた大規模地震災害である。この震災に伴って福島第一原子力発電所事故が発生した。発生した日付から3.11（さんてんいちいち），311（さんいちいち）と称することもある。数年前のことにはなるものの，未だ記憶にも新しい。

　東日本大震災の復興を担当するために，復興庁設置法（2011（平成23）年法律125号）に基づき，内閣に復興庁が設置された。

　復興関連法規の一つに，東日本大震災復興基本法（2011（平成23）年法律76号）がある。その3条には国の責務を，5条には国民の努力を明記している。

復興庁設置法

第1条　この法律は，復興庁の設置並びに任務及びこれを達成するため必要となる明確な範囲の所掌事務を定めるとともに，その所掌する行政事務を能率的に遂行するため必要な組織に関する事項を定めることを目的とする。

第2条　内閣に，復興庁を置く。

第3条　復興庁は，次に掲げることを任務とする。

　一　東日本大震災復興基本法（略）第2条の基本理念にのっとり，東日本大震災（略）からの復興に関する内閣の事務を内閣官房とともに助けること。

　二　東日本大震災復興基本法第2条の基本理念にのっとり，主体的かつ一体的に行うべき東日本大震災からの復興に関する行政事務の円滑かつ迅速な遂行を図ること。

東日本大震災復興基本法

第3条　国は，前条の基本理念にのっとり，二十一世紀半ばにおける日本のあるべき姿を示すとともに，東日本大震災からの復興のための施策に関する基本的な方針（以下「東日本大震災復興基本方針」という。）を定め，これに基づき，東日本大震災からの復興に必要な別に法律で定める措置その他の措置を講ずる責務を有する。

第5条　国民は，第二条の基本理念にのっとり，相互扶助と連帯の精神に基づいて，被災者への支援その他の助け合いに努めるものとする。

原子力発電

　原発訴訟には，主として，原子炉設置許可処分の取消しを求める行政訴訟と，人格権侵害を理由として運転差止めを求める民事訴訟がある。本節では前者を扱い，次節にて後者について扱うこととする。

【事例1】　伊方原子力発電所訴訟第一審判決
　核原料物質，核燃料物質及び原子炉の規制に関する法律（原子炉等規制法，1957（昭和32）年法律166号，1977（昭和52）年法律80号改正前のもの）23条に基づき被告内閣総理大臣のした原子炉設置許可処分が違法であるとして，原子炉施設の周辺に居住するXらが，同設置許可処分の取消しを求めた。

　【事例1】は，松山地判昭和53年4月25日・判時891号38頁である。裁判所は，住民Xらの訴えの利益および原告適格を認めた上で，① 本件許可処分の根拠となった原子力基本法（1955（昭和30年法律186号）および原子炉等規制法の規定が憲法31条に反するとはいえず，② 安全審査の過程に瑕疵はない等，本件原子炉設置許可処分手続にはこれを取り消すべき違法はなく，また，③ 本件原子炉の基本設計を対象とする本件安全審査において，安全設計審査指針，立地審査指針その他の原子力発電所設置における審査の基準に適合するとした判断は相当であり，ひいては ④ 本件原子炉施設は原子炉等規制法24条1項4号に適合するものとした被告の判断は相当であるとして，本件許可処分を適法とし，原告Xらの請求を棄却した。
　【事例1】での争点の一つは，原子炉設置許可処分は内閣総理大臣の裁量処分かどうかであった。というのも，裁量処分であれば，行政事件訴訟法30条に基づき，原則として裁判所のコントロールは及ばないからである。裁量処分ではない場合は，その取消訴訟において，被告である行政庁が立証責任を負うが，裁量処分であれば，原告住民らがその処分に裁量権の逸脱または濫用があることについての立証責任を負う。
　しかし，【事例1】では，原子炉設置許可処分は，原子炉等規制法24条の趣旨にかんがみ，内閣総理大臣の裁量処分であると解すべきであるとしつつも，公平の観点から被告に立証責任を課した。判決文で，「なお，付言するに…被告は当該原子炉の安全審査資料をすべて保持しており，かつ，安全審査に関わった多数の専門家を擁しているが，右許可処分の違法性を主張する原告らは，安全審査資料のすべてを入手できることの保証はなく，また，その専門的知識においても，被告側に比べてはるかに劣る場合が普通である。したがって，公平の見地から，当該原子炉が安全であると判断したことに相当性のあることは，原則として，被告の立証すべき事項であると考える。」と付したとおりである。なお，続いての福島地判昭和59年7月

23 日・判時 1124 号 34 頁福島第二原子力発電所原子炉設置許可処分取消請求事件および【事例1】の控訴審判決（高松高判昭和 59 年 12 月 14 日・判時 1136 号 3 頁）も同様の判断を下した。

行政事件訴訟法
第 30 条　行政庁の裁量処分については，裁量権の範囲をこえ又はその濫用があつた場合に限り，裁判所は，その処分を取り消すことができる。

原子炉等規制法
第 23 条　発電用原子炉以外の原子炉（略）を設置しようとする者は，政令で定めるところにより，原子力規制委員会の許可を受けなければならない。

【事例2】　伊方原発訴訟上告審判決

　原子炉等規制法（1977（昭和 52）年法律 80 号改正前のもの）23 条に基づき内閣総理大臣（法改正により通商産業大臣が承継）Ｙのした原子炉設置許可処分が違法であるとして，Ｘらが，同設置許可処分の取消しを求めた。

　裁量処分としつつも立証責任を被告に負担させるという流れは，水戸地判昭和 60 年 6 月 25 日・判時 1164 号 3 頁東海第二発電所原子炉設置許可処分取消請求事件において変わった。裁判所は，「本件訴訟においては，内閣総理大臣ないし安全審査会の行つた本件原子炉施設の安全性の審査，判断の手続が適正なものであつたかどうかを検討するほか，Ｙの主張，立証したところに従つてその審査，判断の過程及び根拠を明らかにした上で，その内容が裁量の範囲を逸脱し又は裁量権を濫用したものでないといいうる程度に合理的な根拠を有するものかどうか，更に，これが一応合理的なものと認められるときには，右の審査，判断につきＸらが具体的に指摘した違法事由があるかどうかについて検討するものとする。なお，このような検討の結果，最終的にＸらの指適した違法事由の有無がいずれとも確定し難い場合には，裁量権の逸脱等を主張すべき立場にあるＸらにおいてその不利益を負担すべきものと解するのが相当である。」として，違法事由の有無がいずれとも確定しがたい場合には，最終的な立証責任はＸにあると判示した。

　これを受けて【事例2】である最一小判平成 4 年 10 月 29 日・判時 1441 号 37 頁において，裁判所は，原子力基本法（1978（昭和 53）年法律 86 号改正前のもの）および原子炉等規制法の不合理，不明確な各規定に基づき，また，Ｘらに告知，聴聞の機会を与えずにした本件許可処分は憲法 31 条に違反する旨のＸらの主張を斥けた。それとともに，原子炉設置許可処分の取消訴訟における裁判所の審理，判断は，原子力委員会または原子炉安全専門審査会の専門技術的な判断を基にしてされた被告行政庁の判断に不合理な点があるか否かという観点から行われるべきであり，ただ，その主張立証責任については，まず被告行政庁の側でその判断に不合

理な点がないことを主張，立証する必要があると判示した。判決文を引用すると，「原子炉設置許可処分についての右取消訴訟においては…被告行政庁がした右判断に不合理な点があることの主張，立証責任は，本来，原告が負うべきものと解されるが，当該原子炉施設の安全審査に関する資料をすべて被告行政庁の側が保持していることなどの点を考慮すると，被告行政庁の側において，まず，その依拠した前記の具体的審査基準並びに調査審議及び判断の過程等，被告行政庁の判断に不合理な点のないことを相当の根拠，資料に基づき主張，立証する必要があり，被告行政庁が右主張，立証を尽くさない場合には，被告行政庁がした右判断に不合理な点があることが事実上推認されるものというべきである。」と示した。

　なお，【事例2】においては「裁量」という表現は用いていないが，「審査においては，原子力工学はもとより，多方面にわたる極めて高度な最新の科学的，専門技術的知見に基づく総合的判断が必要とされるものであることが明らかである。そして，原子炉等規制法24条2項が，内閣総理大臣は，原子炉設置の許可をする場合においては，同条1項3号（略）及び4号所定の基準の適用について，あらかじめ原子力委員会の意見を聴き，これを尊重してしなければならないと定めているのは，右のような原子炉施設の安全性に関する審査の特質を考慮し，右各号所定の基準の適合性については，各専門分野の学識経験者等を擁する原子力委員会の科学的，専門技術的知見に基づく意見を尊重して行う内閣総理大臣の合理的な判断にゆだねる趣旨と解するのが相当である。」と示していることから，実質的には裁量処分として扱っていると判断できる。

　さらに，「原子炉施設の安全性に関する判断の適否が争われる原子炉設置許可処分の取消訴訟における裁判所の審理，判断は，原子力委員会若しくは原子炉安全専門審査会の専門技術的な調査審議及び判断を基にしてされた被告行政庁の判断に不合理な点があるか否かという観点から行われるべきであって，現在の科学技術水準に照らし，右調査審議において用いられた具体的審査基準に不合理な点があり，あるいは当該原子炉施設が右の具体的審査基準に適合するとした原子力委員会若しくは原子炉安全専門審査会の調査審議及び判断の過程に看過し難い過誤，欠落があり，被告行政庁の判断がこれに依拠してされたと認められる場合には，被告行政庁の右判断に不合理な点があるものとして，右判断に基づく原子炉設置許可処分は違法と解すべきである。」と示しているように，① 具体的審査基準の合理性，および ② 当該原子炉施設が右の具体的審査基準に適合するとした原子力委員会または原子炉安全専門審査会の調査審議及び判断の過程という二つの側面から裁判所の審査は行われるべきであるとしている。専門技術的および政策的の決定を尊重しつつも，その判断過程を審査することによって安全性審査の適法性を判断するとしたのである。

原子炉等規制法（1977（昭和52）年法律80号改正前のもの）
第24条　原子力規制委員会は，第23条第1項の許可の申請があつた場合においては，その申請が次の各号のいずれにも適合していると認めるときでなければ，同項の許可をしてはならない。
一　試験研究用等原子炉が平和の目的以外に利用されるおそれがないこと。

二　その者（略）に試験研究用等原子炉を設置するために必要な技術的能力及び経理的基礎があり，かつ，試験研究用等原子炉の運転を適確に遂行するに足りる技術的能力があること。

三　試験研究用等原子炉施設の位置，構造及び設備が核燃料物質（略）若しくは核燃料物質によつて汚染された物（略）又は試験研究用等原子炉による災害の防止上支障がないものとして原子力規制委員会規則で定める基準に適合するものであること。

四　災害の防止上支障がないものであること。

2　原子力規制委員会は，第23条第1項の許可をする場合においては，あらかじめ，前項各号に規定する基準の適用について，原子力委員会の意見を聴かなければならない。

【事例3】　「もんじゅ」行政訴訟差戻後第二審判決

　内閣総理大臣が，動力炉・核燃料開発事業団に対してした，高速増殖炉「もんじゅ」に係る原子炉設置許可処分について，本件原子炉施設の周辺に居住する住民Xらが，本件許可処分が法令に違反すると主張して，本件許可処分の無効確認を求めた。

　【事例3】は，名古屋高金沢支部判平成15年1月27日・判時1818号3頁（差戻控訴審）である。差戻後の第一審が請求を棄却したため，Xらが控訴した。差戻控訴審は，原子力設置許可処分について，安全審査に瑕疵（不備，誤認）があり，その結果として，放射性物質の環境への放散の事態発生の具体的危険性が否定できないとした。なかでも，瑕疵の明白性を不要としており，「原子炉にひとたび本格的な重大事故が起これば…チェルノブイリ事故の例を見るまでもなく，それが付近住民と環境に与える影響及び被害は，その内容，態様，程度，範囲において，深刻かつ甚大であって，その悲惨さが言語に絶するものとなることは，容易に推測できることである。原子炉がかかる潜在的危険性を有するものであることからすると，その設置許可の段階における安全審査において，その調査審議及び判断の過程に重大な過誤，欠落があるとすれば…付近住民にとって重大な脅威とならざるを得ない。（中略）かかる何事にも代え難い権利，利益の侵害の危険性を前にすれば，原子炉設置許可処分の法的安定性並びに同処分に対する当事者及び第三者の信頼保護の要請などは，同処分の判断の基礎となる安全審査に重大な瑕疵ある限り，比較の対象にもならない，取るに足りないものというべきである。…原子炉設置許可処分については，原子炉の潜在的危険性の重大さの故に特段の事情があるものとして，その無効要件は，違法（瑕疵）の重大性をもって足り，明白性の要件は不要と解するのが相当である。」と判示した。

　ただし，【事例3】は，差戻上告審（最一小判平成17年5月30日・判時1909号8頁）において，最高裁により，安全審査の調査審議および判断の過程に看過し難い過誤，欠落があるということはできないと判断され，破棄された。

津波被災・放射能汚染等

【事例1】大川小学校事件

　2011（平成23）年3月11日に発生した東日本大震災の津波により，Y1市が設置運営するY1市立大川小学校で，70名以上の児童が教職員10名とともに死亡した。この事故に関して，死亡した児童のうち23名の父母であるXらが，Y1市の公務員であり，Y2県がその給与等の費用を負担していた大川小学校の教員等に児童の死亡に関する過失があるなどと主張して，被告Yらに対し，国家賠償法1条1項，3条1項または民法709条，715条1項に基づき，損害賠償を求めるとともに，Y1市に対しては，公法上の在学契約関係に基づく安全配慮義務違反等があったと主張して，債務不履行に基づき同内容の損害賠償を求めた。

　【事例1】は，仙台地判平成28年10月26日・消費者法ニュース110号273頁である。

　第一審は，次のように判示した。地震後，広報車の呼び掛けを聞いた時点においても，裏山に避難させるに足りる時間的余裕はあり，大規模な津波が小学校周辺に迫りつつあり，速やかに避難すべきことを認識した小学校の教員らは，児童の生命身体に対する具体的な危険が生じることを予見しており，自らの判断で自主的に避難することのできない校庭で避難中であった児童らを，可能な限り津波による被災を回避し得ると合理的に予想される場所に避難させるべき裏山に避難させるべき注意義務を負っていたにもかかわらず，不適切な避難場所というべき三角地帯に移動しようとした。このことが原因で，教員の管理下にあった児童らが，移動中，釜谷地区に襲来した津波に呑まれて死亡したものであるから，Xらの子である被災児童の死亡の結果に関して，Y1市は損害賠償責任を負い，教員の給与等の負担者であるY2県も，Y1市と連帯して損害賠償責任を負うものとし，請求を一部認容した。

　他方，津波による被災後の行為につき，Yらが，Xらに対し，国家賠償法1条1項，3条1項，民法709条，715条あるいは安全配慮義務違反による損害賠償義務を負うものとは認められないと判断した。

　裁判所による判断内容を，以下に順に，①本件地震発生前における教員等の注意義務違反の有無，②本件地震後の避難に関する注意義務違反の有無，③事後的不法行為に関する注意義務違反の有無に分けて示す。

　①本件地震発生前における教員等の注意義務違反の有無については，「平成21年4月の改正学校保健安全法施行後にあっても，大川小学校の実情として，同法29条に基づき作成すべき危険等発生時対処要領に，津波発生時の具体的な避難場所や避難方法，避難手順等を明記しなければならなかったとまでいうことはできず，したがって，同法を根拠に，教員が，そのような内容に危機管理マニュアルを改訂すべき注意義務があったともいえない。・・・前記認定事

実によれば，大川小学校の教員において，本件地震発生前の段階で，地震津波が襲来して児童が被災する危険が迫っていることを具体的に予見することが可能であったとはいえず，Xらの危機管理マニュアルに関する注意義務違反の主張は，予見可能性の観点からも，採用し得ない。」と判示した。

　次に，②本件地震後の避難に関する注意義務違反の有無については，「遅くとも午後3時30分頃までには，教員は，津波が大川小学校に襲来し，児童の生命身体が害される具体的な危険が迫っていることを予見したものであるところ，Z4教諭以外の教員が，児童を校庭から避難させるに当たり，裏山ではなく，三角地帯を目指して移動を行った行為には，結果を回避すべき注意義務を怠った過失が認められる。」と判示した。

　最後に，③事後的不法行為に関する注意義務違反の有無については，当時，Z4教諭は裏山に逃げており，校長はY1市外にいたため，翌日以降には彼らに自ら救助活動をすべき注意義務があったのではないかが問われた。しかし，それらは認められなかった。さらに，Y1市教育委員会による調査，資料収集，資料保存，真実解明，報告の各義務および原告らの心情に対する配慮義務違反についても，「聞き取り調査における記録方法いかんや，清書後の手書きメモの処理処分に関して，Y1市又はその公務員が，Xらに対して何らかの注意義務を負っていたとまではいえない」，また，本件証拠上，説明会等における説明の内容や態様に関しても，Y1市またはその職員が，個々のXらとの関係で法的な義務を負っていたとはいえない等と判示した。

　そのため，Xらが上記各敗訴部分を不服として控訴したところ，控訴審（仙台高判平成30年4月26日・判時2387号31頁）は，①本件地震発生前における教員等の注意義務違反の有無について，次のようにYらの違法を認めた。市教委はY1市が処理する教育に関する事務を管理・執行する者として，校長等は大川小の運営に当たっていたY1市の公務員として，その当時の想定地震により発生する津波の危険から，大川小に在籍していた108名の在籍児童の生命・身体の安全を確保すべき義務を負っていたものであり，その安全確保義務は，本件危機管理マニュアルを含む大川小の平成22年度教育計画の送付を受けた平成22年4月末の時点においては，個々の在籍児童およびその保護者に対する具体的な職務上の義務（本件安全確保義務）を構成するに至っていた。にもかかわらず，大川小に対し，その不備を指摘して是正させる指導をせず，大川小においては，市教委から派遣された指導主事から，本件危機管理マニュアルの内容について，何らの指導，助言も受けなかったものであり，これは，市教委による本件安全確保義務の懈怠に当たるというべきである。さらに，校長等が本件安全確保義務を履行していれば，被災児童が本件津波による被災で死亡するという本件結果を回避することができたと認められるから，本件安全確保義務の懈怠と本件結果との間に因果関係を認めることができる。よって，校長等は，本件安全確保義務を過失によって懈怠したものであって，国賠法1条1項にいう違法の評価を免れないから，Yらは，Xらの損害を賠償する責任がある。

　そのため，本件は，Y1市とY2県に約14億3,600万円の支払いを命じるという遺族側勝訴

で決着した（最一小判令和元年10月10日・LEX/DB 文献番号 25564818 は，Y1 市と Y2 県の上告を棄却）。

【事例2】伊方原発3号機運転差止仮処分命令申立却下決定に対する即時抗告事件

　住民である抗告人 X らが，相手方四国電力の設置・運用する発電用原子炉施設である伊方発電所3号機の原子炉およびその附属施設は，地震，火山の噴火等に対する安全性に欠けるところがあるため，その運転により重大な事故が発生し，これにより大量の放射性物質が放出されて，X らの生命，身体等の重大な法益に対する侵害が生ずる具体的な危険性があるとして，人格権に基づく妨害予防請求権を被保全権利として，本件原子炉の運転の差止めを命ずる仮処分命令を申し立てた。

　原審（山口地岩国支部決平成31年3月15日・LEX/DB 文献番号 25562705）は，地震，火山の噴火等 X らの主張する事象により，本件原子炉施設から大量の放射性物質が放出されて X らの生命，身体等の重大な法益に対する侵害が生ずる具体的危険性があるとはいえないとして，X らの本件仮処分命令の申立てをいずれも却下した。そこで，X らが本件抗告をした事案（広島高決令和2年1月17日・LEX/DB 文献番号 25565335）である。

　抗告審は，Y による原子力発電所への「地震」や「火山事象」の影響評価は過小であって，これを前提とした相手方による本件原子炉に係る原子炉設置変更許可，工事計画認可および保安規定変更認可の各申請も合理性を欠くというべきであるから，規制委員会がこれを問題ないとして行った判断は不合理であったといわざるを得ないと判断した。

　より具体的には，「地震」については，本件発電所敷地から 2km 以内の距離にあると考えられる地質境界としての中央構造線が活断層である可能性をうかがわせる事情が認められるのに，活断層が敷地に極めて近い場合の地震動評価を行わず，それ以上の調査を行わずに活断層はないと判断したにも拘わらず，規制委員会はこれを問題ないと判断したものであるから，上記規制委員会の判断には，その過程に過誤ないし欠落があったといわざるを得ない。また，「火山事象」の影響については，阿蘇カルデラの破局的噴火に至らない程度の最大規模の噴火（噴出量数十㎦）の可能性は考慮すべきであり，そうすると，Y による降下火砕物の想定は過小であり，これを前提として算定された大気中濃度の想定も過小であって，このような過小な想定を前提としてなされた本件原子炉に係る原子炉設置変更許可等の申請およびこれを前提とした規制委員会の判断も不合理であって，Y は，上記の点につき具体的危険の不存在についての主張・疎明を尽くしたとはいえないと判断した。

　抗告審は，X らの申立ては，原子力発電所への地震および火山事象の影響について，被保全権利の疎明がなされたというべきであるとしたうえで，本件原子炉は，現在稼働中であり，その運用によって抗告人らの生命，身体等に直接的かつ重大な被害を受ける具体的危険があるから，保全の必要性が認められるとして，原決定を取り消し，Y は，本案訴訟の第一審判決の言渡しまで，伊方発電所3号機の原子炉を運転してはならない，と命じた。

【事例3】行政文書一部不開示決定処分取消等請求事件

　Ｘは，環境省が災害廃棄物（いわゆる震災がれき）受入処理のために，地方公共団体に調査票を送付し地方公共団体から提出された回答の結果を取りまとめ公表した（当該地方公共団体名を含む。）雑誌記事を読んだ。株式会社朝日新聞出版刊の週刊誌「AERA」の平成23年8月8日号（24巻36号）『汚染がれき』が拡散する」と題した記事であった。その内容は，「国が主導する放射性物質の『2次拡散』」，「環境省の前提は，『汚染はない』だが，稲わら，腐葉土のようなことはないのか。不安が広がっている。」との見出しが付され，がれき処理（焼却・破砕・埋め立て）を担うと表明した自治体・一部事務組合として，第1回「東日本大震災により生じた災害廃棄物の広域処理体制の構築に関する調査について（依頼）」に対して廃棄物の受入れが可能である旨回答した地方公共団体名ならびに廃棄物の処理能力（1日処理可能量及び年間最大受入可能量）のうち，公表されたものの一覧が掲載された。

　環境省は，東日本大震災により生じた災害廃棄物の処理に関する特別措置法（特別措置法，2011（平成23）年法律99号）6条1項に基づき，平成23年10月7日，関係都道府県廃棄物行政主管部（局）宛に，同日付け環境省大臣官房廃棄物・リサイクル対策部廃棄物対策課事務連絡「東日本大震災により生じた災害廃棄物の受入検討状況調査について」を発出して第2回調査を実施した。しかし，第1回調査結果が公表されたことを端緒として脅迫等の行為が多数生じ，かつそのため受入れ可能とする自治体数もかなり減ったという事情もあり，第2回調査結果は公表しなかった。

　そのため，Ｘは，情報公開法3条および4条1項に基づき，平成24年3月1日付けで，処分行政庁Ｙに対し，開示を請求する行政文書の名称等を「平成23年10月に環境省が実施した東日本大震災により生じた災害廃棄物の受入検討状況調査に係る起案及び結果文書一切。」として，第2回調査に係る行政文書の開示請求（本件開示請求）をしたところ，Ｙから，同開示請求に係る行政文書のうち一部を開示しない旨の一部不開示決定を受けた。そこで，同決定のうち一部不開示とした部分は違法であるとして同部分の取消しを求めるとともに，一部不開示部分の開示決定の義務付けを求めた。

　【事例3】は，大阪地判平成26年12月11日・LEX/DB文献番号25505548である。結論として，裁判所はＸの請求を全部認容した。

　判決文には，認定事実として各自治体における「災害廃棄物の受入れに対する反応等」が記されている。自治体および職員等への脅迫をも含む抗議のメール，はがき，インターネットの書き込み等である。Ｙは，これら事実を基に意思形成過程にある未成熟な情報を開示することで，国民に誤解を与える旨主張した。本件不開示部分の情報公開法5条5号該当性（率直な意見の交換または意思決定の中立性が不当に損なわれるおそれ，または不当に国民の間に混乱を生じさせるおそれの有無）を懸念したのであり，その主張もうなずける。

> **コラム33**　復興資金の流用問題

　東日本大震災の復興予算が地方自治体等の「基金」を通して，被災地の復興とは関係が薄い事業に使われていた問題（いわゆる復興資金の流用問題）が 2013（平成 25 年）年初句頃に話題になり批判が集まった。2011-12 年度の復興予算は約 17 兆円であった。財源は，税金等である。当時のニュースによれば，政府は被災地が被災者以外にも使えるお金として，16 の基金に計 1 兆 1,570 億円を配分していた。財務省や復興庁の調べによれば，2013 年 5 月末までに 1 兆 142 億円が既に使われたり業者と契約済であったりして，返還できなくなっていた。残りの 1,400 億円については，基金を運営する自治体や公益法人に返還を求めたところ，約 1,000 億円は戻ってくる見通しになった。なお，400 億円については，「被災地や被災者のため」に該当すると財務省が判断したため返還を求めない。（朝日新聞デジタル「流用の復興予算，返還 1 千億円どまり　大半は執行済み」2013/06/22 16:14 より）

　国は，住宅再建等の個人への保障よりも，インフラ整備に復興予算を投じた。これが嵩上げも区画整理もされ整然としているが，肝心の居住者がいない街並みを生み出したとの指摘もある（福場ひとみ「税金が驚くほどムダに…大震災から 9 年，『復興予算流用問題』を問う」）。

> **コラム34**　復興資金流用問題に一石を投じる訴訟

　富山地判平成 28 年 12 月 14 日・LEX/DB 文献番号 25544990 は，富山県高岡地区広域圏事務組合（高岡市，小矢部市，氷見市のごみを処理する一部事務組合）に対して，同組合の焼却炉（高岡広域エコ・クリーンセンター）の建設費補助のために復興資金が使われたことに関して，その返還を求めるために提訴された住民訴訟である。

　住民 X らは，① 本件組合が，平成 24 年度，25 年度の循環型社会形成推進交付金の復興枠として合計 23 億 3,905 万 1,000 円の現金を受領したこと，および ② これを原資として，本件事業の建設請負代金の支払いとして合計 23 億 3,905 万 1,000 円を支出したことは補助金適正化法（補助金等に係る予算の執行の適正化に関する法律，1955（昭和 30）年法律 179 号）3 条 1 項に違反する旨主張して，地方自治法 292 条により準用される同法 242 条の 2 第 1 項 4 号本文に基づき，上記交付金の受領およびその支出当時の本件組合の理事長に対し，上記交付金の受領および支出金相当額である 23 億 3,905 万 1,000 円の損害賠償を請求するよう求めた。

　これは，上記交付金を受領した側の住民から，それを返還するために提訴された稀有なものである。住民 X らは，「違法な財産の取得」であり，「堺市（86 億円）に次ぐ全国二番目に多額の復興資金の流用にかかわることであり，被災地からはもとより，このことを知る一般市民からも，復興資金を横取りした自治体という汚名を蒙ることとなり，不名誉だけでなく，観光や商工業などにもマイナスになると思われる。」と主張した。

　裁判所は，住民 X らが本件の監査請求において対象としたのは本件受領であり，本件支出やその対象となる本件事業そのものは本件監査請求の対象とはしていなかったと言わざるを得ず，本件支出に係る本件住民訴訟は監査請求前置の要件を満たしていないとし，訴えを却下した。

第18章

表現の自由

はじめに

　表現の自由は，憲法19条に規定される思想・信仰等の内心の自由における精神作用を外部に公表する精神活動の自由のことである。この表現の自由は，内心を外部に表現し伝達することで，①自己実現を行う（言論活動を通じて自己の人格を発展させる），および②自己統治（国民主権・民主主義のもとで，政治に参加し民主的な政治を実現する）という二つの価値を実現しうることから，精神的自由権のなかでも非常に重要な権利と位置付けられている。

　この表現の自由は，ソーシャルメディア（SNS，ウェブログ，掲示板等）におけるいわゆる「（実名やプライバシー情報，顔写真，その他誹謗中傷などの）書き込み」に関しても，たびたび議論になる。ここでは多くの論点があるが，例えば，以下のような論点が指摘可能である。

　マスメディアにはその社会的役割に応じて「報道の自由」というものがあるとすれば，いわゆるウェブログにおいて執筆する「ブロガー」にはそうした特権に準じたものが，認められるのであろうか。また，2010（平成22）年国勢調査において東京都限定でインターネット回答が試行的に実施され，2015（平成27）年調査においては全国で実施された。統計局によれば，インターネット回答率合計は36.9％で，さらに，インターネット回答のうち34.4％がスマートフォンからの回答である。インターネットによる選挙運動も，改正公職選挙法（1950（昭和25）年法律100号）施行日（2013（平成25）年5月26日）以降に，可能とされている。いずれは，インターネットによる選挙の投票も可能となるかもしれない。

　このように，インターネットを利用する主体や活動は多様化しており，それを前提として，「表現の自由」の保障が想定している価値秩序との関連において，どのような表現であれば重要性や公共性が認められるのかということを検討しておく必要がある。

日本国憲法
第19条　思想及び良心の自由は，これを侵してはならない。
第21条　集会，結社及び言論，出版その他一切の表現の自由は，これを保障する。
2　検閲は，これをしてはならない。通信の秘密は，これを侵してはならない。

ヘイトスピーチ，スラップ訴訟

　ヘイトスピーチ（差別的表現）とは，辻村みよ子によれば，「人種，出身国，民族，性別，性的指向，宗教，障害など，自ら主体的に変更することが困難な事柄に基づいて，個人または集団を攻撃，脅迫，侮辱し，もしくは他人を扇動する言論等」を指すとされる（『憲法　第6版』日本評論社，216頁）。それに付随するものとして，ヘイトクライム（憎悪犯罪）と呼ばれるものも，海外では散見されるようになった。

　犯罪の抑制は当然に求められるとしても，差別的表現の規制には，どのような基準の策定がふさわしいのかについて慎重な議論が必要になる。

【事例1】京都朝鮮学校襲撃事件

　本件は，2009年12月4日に，「在日特権を許さない市民の会（在特会）」メンバーら（第一審被告ら）が，京都朝鮮第一初級学校（京都市南区，現・京都朝鮮初級学校））を襲撃した事件である。第一審被告らは，隣接する勧進橋自動公園を違法に校庭として占拠していたことへの抗議という名目で，校門の外で日章旗を掲げ暴れ，そばの勧進橋児童公園から運び出した朝礼台を門扉に打ち当て，引き取りを迫った。「朝鮮学校を日本からたたき出せ」「ゴキブリ，ウジ虫，朝鮮半島へ帰れ」「スパイの子ども」等と拡声器を用いて罵詈（ばり）雑言を浴びせた。さらに，3日にわたって威圧的な態様で侮蔑的な発言を多く伴う示威活動を繰り返し，その映像をインターネットを通じて公開した。

　襲撃されたこの京都朝鮮第一初級学校には，事件を境に無言電話が続き，周囲でヘイトスピーチ（憎悪表現）を放つデモが相次いだ。児童にはさまざまな反応が出た（京都新聞「朝鮮学校ヘイト，傷つけられた子どもたち」2019年12月18日19:00）。

　背景には，勧進橋児童公園は京都市が管理する公園だが，2011年までは隣接する京都朝鮮第一初級学校が，50年以上にわたりグラウンド不法占用を行い使用していたこと（京都朝鮮第一初級学校には自前の校庭がなかったこともあり，京都朝鮮第一初等学校は，公園内に朝礼台，サッカーゴールさらに放送用スピーカーも設置していた。），そして2009年2月には阪神高速道路の延伸工事に伴って，勧進橋児童公園の面積が大幅に縮小されたこと，およびそれ以降は公園の使用に関するトラブルが多発し，京都市への苦情も増していたこと等がある。

　京都地判平成25年10月7日・判時2208号74頁は，当該事件の被害者である学校法人京都朝鮮学園（京都市）が原告となり，3日にわたって被告らが行った街頭での示威活動，およびその映像をインターネットを通じて公開したことが不法行為に該当し，これにより原告が損害を被ったと主張した。そのうえで，被告らに対し，その損害の賠償金の連帯支払を求めるとと

もに, 被告らに対し, 法人の人格権に基づき, 同様の活動の差止めを求めた事案 (ヘイトスピーチ) である。

　地裁判決は, 本件活動に伴う業務妨害と名誉毀損は, いずれも, 在日朝鮮人に対する差別意識を世間に訴える意図の下, 在日朝鮮人に対する差別的発言を織り交ぜてされたものであり, 在日朝鮮人という民族的出身に基づく排除であって, 在日朝鮮人の平等の立場での人権および基本的自由の享有を妨げる目的を有するものといえるから, 全体として人種差別撤廃条約1条1項 (1969年に発効, 日本は1995年に加入。) 所定の人種差別に該当するとして, 原告の請求を一部認容, 一部棄却した。

　より具体的には, 地裁判決は, 在特会のメンバーらが, 在日朝鮮人の子供たちに浴びせ続けた, 聞くに堪えない罵詈雑言の数々を, 著しく侮辱的, 差別的で人種差別に該当し, 名誉を毀損すると認定した。そのため, 計約1,200万円という高額賠償を命じるとともに, 事件後に移転した同校の新校舎周辺での, 新たな街宣活動も差し止めるという異例の判断を示した。

　この訴訟は, 在特会らレイシスト (民族差別主義者) によるヘイトスピーチ, およびヘイトクライムに対し, 初めて司法判断が下されるという点で注目を集めた。

　地裁判決は, 大阪高判平成26年7月8日・判時2232号34頁においても維持された。第一審被告は上告したが, 最三小判決平成26年12月9日・LEX/DB文献番号25505638において当該上告を退ける決定がなされたことで, 第一審原告の学校の半径200メートル以内での街宣活動の禁止と, 約1,200万円の損害賠償を命じた第一審, 第二審判決が確定した。

人権差別撤廃条約

第1条　1　この条約において,「人種差別」とは, 人種, 皮膚の色, 世系又は民族的若しくは種族的出身に基づくあらゆる区別, 排除, 制限又は優先であって, 政治的, 経済的, 社会的, 文化的その他のあらゆる公的生活の分野における平等の立場での人権及び基本的自由を認識し, 享有し又は行使することを妨げ又は害する目的又は効果を有するものをいう。

第4条　締約国は, 一の人種の優越性若しくは一の皮膚の色若しくは種族的出身の人の集団の優越性の思想若しくは理論に基づくあらゆる宣伝及び団体又は人種的憎悪及び人種差別 (形態のいかんを問わない。) を正当化し若しくは助長することを企てるあらゆる宣伝及び団体を非難し, また, このような差別のあらゆる扇動又は行為を根絶することを目的とする迅速かつ積極的な措置をとることを約束する。このため, 締約国は, 世界人権宣言に具現された原則及び次条に明示的に定める権利に十分な考慮を払って, 特に次のことを行う。

(a)　人種的優越又は憎悪に基づく思想のあらゆる流布, 人種差別の扇動, いかなる人種若しくは皮膚の色若しくは種族的出身を異にする人の集団に対するものであるかを問わずすべての暴力行為又はその行為の扇動及び人種主義に基づく活動に対する資金援助を含むいかなる援助の提供も, 法律で処罰すべき犯罪であることを宣言すること。

(b)　人種差別を助長し及び扇動する団体及び組織的宣伝活動その他のすべての宣伝活動を違法であるとして禁止するものとし, このような団体又は活動への参加が法律で処罰すべき犯罪であることを認めること。

(c)　国又は地方の公の当局又は機関が人種差別を助長し又は扇動することを認めないこと。

　人権差別撤廃条約4条は，締約国に，「人種的優越又は憎悪に基づく思想のあらゆる流布，人種差別の扇動」等を，法律で処罰すべき犯罪であることを宣言すること，および「人種差別を助長し及び扇動する団体及び組織的宣伝活動その他のすべての宣伝活動」を違法であるとして禁止し，法律で処罰すべき犯罪であることを認めることを求めている。

　日本でも，いわゆるヘイトスピーチ解消法（本邦外出身者に対する不当な差別的言動の解消に向けた取組の推進に関する法律，2016（平成28）年法律68号）が制定された。同法律は，本邦外出身者に対する不当な差別的言動の解消に向けた取り組みを推進するため，その解消に向けた取組について，基本理念を定め，国等の責務を明らかにし，これを推進する。国や地方公共団体が相談体制の整備・教育の充実・普及活動等を行うことを規定しているが，罰則等はおいていない。ここには，デモや集会等を規制することが表現の自由の規制になることから，理論的ジレンマを抱えていると指摘される。

ヘイトスピーチ解消法
前文
　我が国においては，近年，本邦の域外にある国又は地域の出身であることを理由として，適法に居住するその出身者又はその子孫を，我が国の地域社会から排除することを煽（せん）動する不当な差別的言動が行われ，その出身者又はその子孫が多大な苦痛を強いられるとともに，当該地域社会に深刻な亀裂を生じさせている。

　もとより，このような不当な差別的言動はあってはならず，こうした事態をこのまま看過することは，国際社会において我が国の占める地位に照らしても，ふさわしいものではない。

　ここに，このような不当な差別的言動は許されないことを宣言するとともに，更なる人権教育と人権啓発などを通じて，国民に周知を図り，その理解と協力を得つつ，不当な差別的言動の解消に向けた取組を推進すべく，この法律を制定する。

　表現の自由に関して，スラップ訴訟という問題もある。スラップ訴訟とは，威圧訴訟，恫喝訴訟とも呼ばれ，その定義は明確ではないが，輪郭としては澤藤統一郎氏（弁護士）により，次のように特徴づけられている。①すべからく民事訴訟の形式をもつ，②被告に心理的な打撃を与える巨額請求である，③被告の正当な言論・業務，正当な市民運動を抑制し萎縮せしめる目的をもつ，④権力者ないしは社会的強者が原告となって比較弱者を被告とする，⑤嫌がらせ効果をもつ，である（「スラップ訴訟とは何か」法学セミナー No. 741, 17-18頁）。

　2000年ころから企業による個人（マス・メディア関係者やジャーナリスト）への高額請求訴訟が繰り広げられていた。顕著な例として，武富士問題（東京地判平成17年3月30日・判時1896号49頁）が挙げられる。企業の闇の部分とされるところを暴いた書籍の出版をした弁護士3名および出版社に対して，企業が威嚇のための訴訟を提起した事案である。このように，企業への批判に対して，企業がその告発者に，当該告発行為が名誉棄損や信用棄損である等として，民事損害賠償訴訟を提起するというのが一つのパターンである。

　インターネット法に詳しい高田寛教授（明治学院大学）によると，商品・サービスそのもの

や販売行為に対する批判は，企業に対する名誉棄損や侮辱のほかに，信用毀損や業務妨害の問題になる可能性もはらんでいるという指摘がある（『Web2.0 インターネット法―新時代の法規制』28-29 頁）。そのうえで，正当な発言として認められるのは，①その事実が公共の利害に関することであり（公共性），②公共の利益を図る目的があり（公益性），③その事実が真実であること（真実性）という三つの要件が挙げられている。思うに，インターネットの世界で許されないことが，現実の社会で許されるわけもなく，その反対も当然に言いえるであろう。とすれば，これらはそのまま，企業等の事業活動等に対する住民運動の要件とも考えられる。

【事例２】スラップ訴訟であるかどうかの判断基準

スラップ訴訟であるかどうかについての判断には，明確な定義がないため，現在のところでは，訴えの提起が不法行為に当たる場合（最三小判昭和 63 年 1 月 26 日・民集 42 巻 1 号 1 頁）という基準が用いられている。具体的には，「訴えの提起が違法な行為となる場合については，提訴者が当該訴訟において主張した権利又は法律関係が事実的，法律的根拠を欠くものである上，同人がそのことを知りながら又は通常人であれば容易にそのことを知り得たのにあえて提起したなど，裁判制度の趣旨目的に照らして著しく相当性を欠く場合に限り，相手方に対する違法な行為になるものというべき」である。ゆえに，提訴自体が不法行為になるのは，訴えが事実的・法律的根拠を欠き（客観的要件），提訴者がそのことを知りまたは容易に知り得たにもかかわらずあえて提訴した場合（主観的要件）である。

住民らが生活環境の保全を求めた事案【事例３】にも，この判断基準が用いられた。

【事例３】損害賠償等請求事件（本訴），損害賠償反訴請求事件（反訴）

原告（反訴被告。建設会社）が，被告（本訴原告）に対し，太陽光発電設備設置に関する住民説明会における被告の発言が原告の名誉および信用を毀損する違法なものであり，かつ，被告がこれらの発言や反対運動により原告に太陽光発電設備の設置を断念させたと主張して，不法行為に基づき，損害賠償の請求（本訴）をした。これに対し，被告が，本訴請求の訴え提起が違法であると主張して，不法行為に基づき，慰謝料の支払いを求めた（反訴）事案である。

本件は，長野地裁伊奈支部判平成 27 年 10 月 28 日判時 2291 号 84 頁である。裁判所は，設置会社の主張する名誉・信用毀損が認められず，かえって設置会社は，通常人であれば容易にその主張に根拠のないことを知り得たといえるのにあえて訴えを提起したものといえる場合には，本件訴えの提起は裁判制度の趣旨目的に照らして著しく相当性を欠くものであって，住民に対する違法な行為であるとの判断を示した。その上で，被告の言動は，いずれも平穏な言論行為であって，何ら違法と評価すべきものはないとして，本訴請求を棄却し，反訴請求については，訴えの提起は裁判制度の趣旨目的に照らし著しく相当性を欠くとして，一部認容した。

思想・信条，および政治的言論の自由

【事例1】戒告処分取消請求事件

　Xは，都内A市立A第一小学校の音楽専科の教諭として勤務していた。A第一小学校はその校長（Y）が都の教育に関する事務を行っており，Xに対する処分権を有している。

　Xは，平成11年4月6日，A第一小学校の入学式において，国歌斉唱の際，ピアノ伴奏をしなかった。このため，同入学式では，テープ伴奏により国歌斉唱が行われた。そのため，Yは，同年6月11日付けで，Xに対し地方公務員法（1950（昭和25）年法律261号）29条1項1号および3号により，戒告処分を行った。本件処分の理由は，「平成11年4月6日（火）午前10時5分ころ，Y校長からA第一小学校入学式において，国歌斉唱の際，ピアノ伴奏を行うよう，5日の職員会議及び6日の朝に職務命令が出されたにもかかわらず，その命令に従わなかった。このことは，地方公務員法32条および33条に違反する。」というものであった。

　【事例1】は，最三小判平成19年2月27日・判時1962号3頁を素材としたものである。市立学校教員は地方公務員であり，その職務には地方公務員法の規定が適用される。Xは，地方公務員法32条および33条の職務命令に従わなかったため，29条1項1号および3号により懲戒処分を受けた。Xは何をすべきか。

地方公務員法

第29条　職員が次の各号の一に該当する場合においては，これに対し懲戒処分として戒告，減給，停職又は免職の処分をすることができる。

一　この法律若しくは第57条に規定する特例を定めた法律又はこれに基く条例，地方公共団体の規則若しくは地方公共団体の機関の定める規程に違反した場合

二　職務上の義務に違反し，又は職務を怠つた場合

三　全体の奉仕者たるにふさわしくない非行のあつた場合

第32条　職員は，その職務を遂行するに当つて，法令，条例，地方公共団体の規則及び地方公共団体の機関の定める規程に従い，且つ，上司の職務上の命令に忠実に従わなければならない。

第33条　職員は，その職の信用を傷つけ，又は職員の職全体の不名誉となるような行為をしてはならない。

第51条の2　第49条第1項に規定する処分であつて人事委員会又は公平委員会に対して審査請求をすることができるものの取消しの訴えは，審査請求に対する人事委員会又は公平委員会の裁決を経た後でなければ，提起することができない。

　そこで，Xは，同年7月21日，地方公務員法51条の2に基づいて，本件処分を不服として，都の人事委員会に審査請求を申し立てたが，同委員会は，平成13年10月26日，Xの請求を棄却する旨の裁決をした。

　なお，国家公務員が懲戒処分を受けその内容等に不服があり提訴を試みる場合にも，以下のように国家公務員法（1947（昭和22）年法律120号）に人事院に対する審査請求前置の仕組みが規定されている。

国家公務員法
第92条の2　第89条第1項に規定する処分であつて人事院に対して審査請求をすることができるものの取消しの訴えは，審査請求に対する人事院の裁決を経た後でなければ，提起することができない。

　続いて，Xは，処分の取消訴訟を提起した。最高裁の判断は，憲法19条の「思想及び良心の自由は，これを侵してはならない」との関係において，以下のように判断された。

　A市立小学校の校長Yが職務命令として音楽専科の教諭に対し入学式における国歌斉唱の際に「君が代」のピアノ伴奏を行うよう命じた場合において，①同職務命令は「君が代」が過去の我が国において果たした役割に係わるXの歴史観ないし世界観自体を直ちに否定するものとは認められないこと，②入学式の国歌斉唱の際に「君が代」のピアノ伴奏をする行為は，音楽専科の教諭等にとって通常想定され期待されるものであり，X等が特定の思想を有するということを外部に表明する行為であると評価することは困難であって，同職務命令はXに対し特定の思想を持つことを強制したりこれを禁止したりするものではないこと，③Xは地方公務員として法令等や上司の職務上の命令に従わなければならない立場にあり，同職務命令は，小学校教育の目標や入学式等の意義，在り方を定めた関係諸規定の趣旨にかなうものであるなど，その目的および内容が不合理であるとはいえないことなど判示の事情の下では，同職務命令は，Xの思想および良心の自由を侵すものとして憲法19条に違反するということはできない。

　なお，この判決には，次のような裁判官藤田宙靖の反対意見がある。「本件において本来問題とされるべき上告人の『思想及び良心』とは正確にどのような内容のものであるのかについて，更に詳細な検討を加える必要があり，また，そうして確定された内容の『思想及び良心』自由とその制約要因としての公共の福祉ないし公共の利益との間での考量については，本件事案の内容に即した，より詳細かつ具体的な検討がなされるべきである」。

【事例2】

　東京都教育長Yは，「入学式，卒業式等における国旗掲揚及び国歌斉唱の実施について」という通達（平成15年10月23日15教指企第569号）を，都立高等学校長および都立盲・ろう・養護学校に対して発した。都立高校教員Xは国歌斉唱をしたくはないが，懲戒処分を受けることも避けたいと思っている。Xが，同通達の取消しを提訴することは可能であろうか。

　また，都立高校に子どもを通わせている保護者Zは，教員たち中でも意見が分かれるこの国歌斉唱を生徒にまで無理強いすることはやめてほしいと思っており，同通達の取消訴訟を提起しようとしている。提訴は可能であろうか。

【事例2】のXが取消訴訟を提起しても，通説的には同通達には行政処分性が認めらないから，この訴えは却下されることになるであろう。では，Xはその思想信条に反した行いを職務命令という形で強制的にとらされることになってしまうのが，他にすべはないのであろうか。Xは，同通達が違憲ではないかと考えているため，同通達に従う義務の不存在確認の訴え，または同通達違反をした場合の懲戒処分の差止めの訴えを提起することが考えられるが，上告審（最一小判平成24年2月9日・判時2152号24頁）では否定された。

　一方，保護者Zは，その子女に対する教育権者であるとはいえ，同通達には行政処分性が認められず，なおかつZは同通達の名宛人でもないため，Zによる取消訴訟は認められない。

【事例3】駅前自由通路利用に係る命令の取消等請求事件（海老名市）

　海老名市は，地方自治法244条所定の公の施設であり，海老名駅自由通路を設置し，「歩行者の安全で快適な往来の利用に資すること」を目的として，海老名市海老名自由通路設置条例（平成27年海老名市条例21号）を制定している。同条例3条には，指定管理者にその管理を行わせることが規定されている。

　自由通路とは，歩行に供する通路（階段，エスカレーターおよびエレベーターを含む。）ならびに通路を構成する柱，基礎，天井および壁面その他附帯する施設部分である。駅周辺の東口地区および西口地区に存在する各大型商業施設に接続されており，動く歩道，ミストシャワー等の設備も設置されている。

　同条例19条には，利用の指定管理者の承認の規定があり，同24条に従いその使用料が決定される。また，同条例30条1項本文において，「自由通路において，次に掲げる行為をしてはならない。」と定め，その3号として「集会，デモ，座込み，寝泊り，仮眠，横臥その他これらに類する行為」を掲げ，同上2項において，「市長は，前項各号の行為をしたと認められる者に対し，当該行為の中止その他必要な措置を講ずるよう命ずることができる。」と定める。そして，同条例41条には過料の規定があり，その1号として「第19条第5号に規定する市長の命令に従わない者」を，その2号として「第30条第2項に規定する市長の命令に従わない者」を掲げる。

　原告X1を含む10名の者は，指定管理者の承認を受けずに，平成28年2月28日午後2時頃から同日3時29分頃までの間，自由通路上を移動しながら，各自，「○○政治を許さない」，「○○ IS OVER」，「自由なうちに声を上げよう」等と当時の政権を批判する内容を記載されたプラカードを持って制止する行為（ポージング）を行う等した（以下，「本件行動」という。）。

　海老名市長は，①原告X1が，プラカードを掲げた本件行為は，指定管理やの承認を得ずに同条例19条1項1号所定の「広報活動」に該当するとして，また，②原告X1が，他の参加者らと立ち並びや座込み，プラカードを掲げて本件行進を行った行為は，同条例30条1項3号所定の禁止行為である「集会，デモ，座込み」に該当するとして，平成28年3月28日付けで，原告X1に対し，同条例19条5項および30条2項に基づき，今後，①同条例19条1項

各号に掲げる行為を行う場合，あらかじめ指定管理者の承認を受けること，②同条例30条1項各号に掲げる行為を行わないことを命令した。

　そこで，原告X1は被告（海老名市）に対して，本件命令が違法であると主張してその取消を求め，X1らは被告に対して，市長が本件行動につき原告らに本件命令と同様の命令をすることの差し止め（行政事件訴訟法3条7項）を求めた。

　本件（横浜地判平成29年3月8日・判自431号31頁）では，「フラッシュモブ」という新しいパフォーマンスの表現の自由と，それに対する規制のあり方が問われている。裁判所は，同命令のうち，原告X1が，同条例30条1項3号所定の禁止行為である「集会，デモ，座込み」をしたことを理由として，同条例30条2項に基づき命令された部分は，同条例の解釈適用を誤った違法であるとし，原告X1の取消請求の部分について一部認容し，その余の原告らの訴えを却下した。つまり，駅前自由通路においてプラカードを持って制止する行為等をしたことが，設置条例上の「広報活動」や「集会，デモ，座込み」に該当しないと判断された。

　なお，本件判決後の平成30年条例改正により，同条例19条1項後段には，「ただし，当該行為が歩行者の往来に相当の影響を与えるおそれがない場合で，かつ，営利を目的とした行為と認められない場合は，承認を要しない。」というフレーズが加えられている。（「承認を受けた事項を変更しようとする場合も同様とする。」の部分は，平成30年条例改正により29条6項に改められている。）

海老名市海老名自由通路設置条例（平成30年条例改正前：事件当時のもの）
第19条　自由通路を利用しようとする者は，次に掲げる行為を行う場合には，あらかじめ指定管理者の承認を受けなければならない。承認を受けた事項を変更しようとする場合も同様とする。
(1) 募金，署名活動，広報活動その他これらに類する行為
(2) 催事，興行その他これらに類する行為
(3) 音楽活動その他これらに類する行為
(4) 業として行う写真又は映画等の撮影
2　指定管理者は，自由通路の管理上必要があると認めるときは，前項の承認に条件を付すことができる。
3　指定管理者は，第1項の利用が次の各号のいずれかに該当すると認められるときは，利用の承認をしないものとする。
(1) 公の秩序を乱し，又は善良な風俗を害するおそれがあるとき。
(2) 自由通路に損害を与えるおそれがあるとき。
(3) 自由通路その他周囲の景観及び美観を損ねるおそれがあるとき。
(4) 集団的又は常習的に暴力的不法行為を行うおそれがある組織の利益になるとき。
(5) その他自由通路の通行上又は管理上支障が生じるおそれがあるとき。
5　市長は，第1項に規定する指定管理者の承認を受けずに同項各号の利用をしたと認められる者に対し，当該利用の中止その他必要な措置を講ずるよう命ずることができる。

コラム35　あいちトリエンナーレ「表現の不自由展」

　あいちトリエンナーレは，2010 年から 3 年ごとに開催されている国内最大規模の国際芸術祭である。4 回目となる 2019 年は，国内外から 90 組以上のアーティストを迎え，国際現代美術展のほか，映像プログラム，パフォーミングアーツ，音楽プログラムなど，様々な表現を横断する，最先端の芸術作品を紹介した。

　2019（令和元）年 8 月 1 日，あいちトリエンナーレ 2019 が開幕した。同年 8 月 3 日，その中の展示の一つ「表現の不自由展・その後」が，中止となった。問題となったのは，その展示物の一つである「平和の少女像」である。

　名古屋市長は，8 月 1 日，「行政がお金を出したイベントに展示するのは，おかしい」と取材に答え，翌 2 日，会場を訪れ作品を視察し，その後のぶら下がりの取材の中で，「平和の少女像」の展示を中止するよう愛知県知事に求めることを表明した。

　また並行して政府閣僚なども次々とこの問題に言及し，2 日午前の記者会見では菅官房長官が「補助金交付の決定にあたっては，事実関係を確認，精査して適切に対応したい」と発言。また文部科学大臣も補助金の問題に言及したほか，自民党の保守系議員でつくる「日本の尊厳と国益を護る会」も，少女像について「公金を投じるべきでなく，国や関係自治体に適切な対応を求める」との声明を出した。

　そして，8 月 3 日夕方，あいちトリエンナーレ実行委員長である愛知県知事が臨時の記者会見を開き，「表現の不自由展・その後」全体の中止を発表した。「ガソリン携行缶を持ってお邪魔する」とした脅迫 FAX が来たことなどに触れ，主に安全面の理由で中止を決めたと説明した。

　本件に関しては，極めて露骨な「表現の自由」の侵害であるとも捉えられてもいるが，他方，補助金の使途という側面からは，「金を出す以上口も出すのは当然」なのかという論点も提示されている。（明戸隆浩「あいちトリエンナーレ『表現の不自由展・その後』をめぐって起きたこと——事実関係と論点の整理」Yahoo！ニュース 2019 年 8 月 5 日 7:48）

コラム36　ネット中傷を規制する立法への動き

　フジテレビの「テラスハウス」という恋愛リアリティー番組（恋愛をテーマにしたバラエティ番組）に出演していた木村花さん（22 歳，プロレスラー）は，2020 年 3 月末の放送での言動をきっかけにツイッターによる誹謗中傷を受けていた。この木村さんが自殺により亡くなったことを契機に，官民でネットでの攻撃的な書き込みを規制する動きが出ている。政府・与野党は悪意のある投稿を抑制する制度づくりに動きだし，業界団体も自主ルールの強化を模索する。一方，規制が行き過ぎたり乱発されたりすれば，表現の自由を脅かしかねない虞も指摘されている。

　なお，木村さんのツイッターのアカウントに，「性格悪い」，「いつ死ぬの？」等と書き込んだ男性に対して，東京区検は 2021（令和 3）年 3 月 30 日，木村さんをオンラインで中傷したとして侮辱罪で略式起訴したと発表した。東京簡裁は同日，男性に科料 9,000 円の略式命令を出し，即日納付された（BBC NEWS JAPAN，2021 年 3 月 31 日）。

主な参考文献

テキスト

櫻井敬子・橋本博之『行政法　第6版』（弘文堂，2019）

高木光・常岡孝好・橋本博之・櫻井敬子『行政救済法　第2版』（弘文堂，2015）

曽和俊文『行政法総論を学ぶ』（有斐閣，2014）

辻村みよ子　『憲法　第6版』（日本評論社，2018）

曽和俊文・山田　洋・亘理　格『現代行政法入門　第4版』（有斐閣，2019）

個別行政法

原田大樹『例解行政法』（東京大学出版会，2013）

亘理格・北村喜宣（編著）『重要判例とともに読み解く個別行政法』（有斐閣，2013）

安本典夫『都市法概説』（法律文化社，2008）

宇佐美方宏・鈴木庸夫・田中良弘［編著］『行政法規がわかる企業法務担当者のための行政法ガイド』（第一法規，2017）

その他

芦部信喜（高橋和之補訂）『憲法　第6版』（岩波書店，2015）

松井茂記『LAW IN CONTEXT　憲法』（有斐閣，2010）

北村喜宣『環境法　第5版』（弘文堂，2020）

森英樹・白藤博行・愛敬浩二編著『3・11と憲法』（日本評論社，2012）

出石稔監修『自治体職員のための政策法務入門』シリーズ（第一法規，2009～）

特別区人事・厚生事務組合法務部『自治体訴訟事件事例ハンドブック』（第一法規，2013）

引用裁判例・判例

第1章　福祉行政─児童福祉，子育て支援

最一小判昭和 39 年 10 月 29 日・判時 395 号 20 頁ごみ焼場設置条例無効確認等請求上告事件

さいたま地判平成 14 年 12 月 4 日・判自 246 号 99 頁保育園入園不承諾処分取消請求事件

最三小判平成 23 年 6 月 7 日・判時 2121 号 38 頁一級建築士免許取消処分等取消請求事件

東京地判平成 27 年 3 月 11 日・判時 2281 号 80 頁一時保護継続措置損害賠償請求事件

東京地判平成 27 年 10 月 29 日・LEX/DB 文献番号 25532102 不法行為等による請求事件

第2章　福祉行政─介護，高齢者福祉

和歌山地判平成 24 年 5 月 15 日・LEX/DB 文献番号 25481779 県審査会裁決取消請求事件

宮崎地判平成 26 年 12 月 3 日・LEX/DB 文献番号 25540937

　　高齢者虐待防止法処分取消請求事件および国家賠償請求控訴事件

福岡高判平成 27 年 6 月 17 日・LEX/DB 文献番号 25540938

　　高齢者虐待防止法処分取消請求，国家賠償請求控訴事件および訴えの追加的併合申立事件

第三小判平成 28 年 3 月 1 日・判時 2299 号 32 頁 JR 東海認知症損害賠償請求上告事件

第3章　社会保障行政─健康保険，生活保護

最大判昭和 42 年 5 月 24 日・判時 481 号 9 頁朝日訴訟上告審判決

最大判昭和 57 年 7 月 7 日・判時 1051 号 29 頁堀木訴訟上告審判決

東京地判平成 25 年 6 月 25 日・賃金と社会保障 1638 号 43 頁地位保全仮処分命令申立事件

東京高判平成 25 年 8 月 15 日・賃金と社会保障 1638 号 48 頁地位保全仮処分命令申立事件

東京地判平成 7 年 9 月 27 日・判時 1562 号 41 頁国民健康保険被保険者証不交付取消請求事件

大分地判平成 22 年 10 月 18 日・判自 386 号 83 頁大分外国人生活保護訴訟

福岡高判決平成 23 年 11 月 15 日・判自 386 号 88 頁大分外国人生活保護訴訟

最二小判平成 26 年 7 月 18 日・判自 386 号 78 頁生活保護国籍要件事件

さいたま地判平成 27 年 10 月 28 日・判時 2304 号 31 頁居住用不動産買換・保護停止事件

東京高判平成 28 年 3 月 16 日・賃金と社会保障 1662 号 62 頁居住用不動産買換保護停止事件

東京地判昭和 57 年 9 月 22 日・判時 1055 号 7 頁国民年金被保険者資格取消処分取消請求事件

東京高判昭和 58 年 10 月 20 日・判時 1092 号 31 頁在日韓国人の国民年金誤用訴訟控訴審判決

第4章　公衆衛生行政─保健医療・公衆衛生

東京地判昭和 59 年 5 月 18 日・判時 1118 号 28 頁予防接種ワクチン禍事件第一審判決

大阪地判昭和 62 年 9 月 30 日・判時 1255 号 45 頁予防接種ワクチン禍大阪訴訟第一審判決

東京地判令和 2 年 7 月 1 日・LEX/DB 文献番号 25585481 新型コロナ特措法の違法確認請求事件

名古屋地一宮支部判平成 19 年 9 月 26 日・判時 1997 号 98 頁損害賠償請求事件

札幌地判昭和 57 年 10 月 26 日・判時 1060 号 22 頁小樽種痘禍事件第一審判決

札幌高判昭和 61 年 7 月 31 日・判時 1208 号 49 頁小樽種痘損害賠償請求事件控訴審判決

最二小判平成 3 年 4 月 19 日・判時 1386 号 35 頁小樽種痘禍事件
札幌高判平成 6 年 12 月 6 日・判時 1526 号 61 頁小樽種痘禍差戻後控訴審判決（差戻控訴審）

第 5 章　都市行政―喫煙問題，景観問題

横浜地判平成 26 年 1 月 22 日・判時 2223 号 20 頁条例に基づく過料処分の取消請求事件
東京高判平成 26 年 6 月 26 日・判時 2233 号 103 頁条例に基づく過料処分の取消請求控訴事件
東京地判平成 14 年 12 月 18 日・判時 1829 号 36 頁国立高層マンション訴訟
東京高判平成 16 年 10 月 27 日・判時 1877 号 40 頁国立の高層マンション訴訟控訴審判決
最一小判平成 18 年 3 月 30 日・判時 1931 号 3 頁国立高層マンション訴訟上告事件
東京地判平成 14 年 2 月 14 日・判時 1808 号 31 頁国立市高さ制限条例無効確認等請求事件
東京高判平成 17 年 12 月 19 日・判時 1927 号 27 頁国立市高さ制限条例無効確認等請求事件
東京地判平成 22 年 12 月 22 日・判時 2104 号 19 頁損害賠償（住民訴訟）請求事件
東京地判平成 26 年 9 月 25 日・判自 399 号 19 頁元市長に対する求償権行使事件（国立市）
東京高判平成 27 年 12 月 22 日・判自 405 号 18 頁元市長に対する求償金請求控訴事件
最三小判平成 28 年 12 月 13 日・LEX/DB 文献番号 25545328 元市長に対する求償金請求事件

第 6 章　廃棄物処理行政―産業廃棄物，一般廃棄物

札幌地判平成 9 年 2 月 13 日・判タ 936 号 257 頁産業廃棄物処理施設設置不許可取消請求事件
千葉地判平成 19 年 8 月 21 日・判時 2004 号 62 頁産業廃棄物処理施設設置許可処分取消事件
東京高判平成 21 年 5 月 20 日・LEX/DB 文献番号 25441484 設置許可処分取消請求控訴事件
福島地判平成 24 年 4 月 24 日・判時 2148 号 45 頁設置許可処分取消しの義務付け請求事件
東京簡判平成 19 年 3 月 26 日・判タ 1258 号 89 頁世田谷区清掃条例違反被告事件
東京高判平成 19 年 12 月 10 日・判時 1996 号 25 頁世田谷区清掃条例違反被告事件
最一小判平成 20 年 7 月 23 日・LEX/DB 文献番号 25450802 世田谷区清掃条例違反被告事件
大阪地判昭和 60 年 4 月 30 日・判時 1168 号 91 頁損害賠償請求事件
最二小決平成 11 年 3 月 10 日・判時 1672 号 156 頁おから事件
水戸地判平成 16 年 1 月 26 日・LEX/DB 文献番号 28095210
　　各廃棄物の処理及び清掃に関する法律違反被告事件

第 7 章　租税行政―公平・平等原則と信頼保護原則，租税争訟

東京地判昭和 40 年 5 月 26 日・判時 411 号 29 頁固定資産税の非課税確認等請求事件
東京高判昭和 41 年 6 月 6 日・判時 461 号 31 頁固定資産税の非課税確認等請求控訴事件
国税不服審判所平成 14 年 12 月 19 日裁決・裁決事例集 64 集 367 頁
国税不服審判所平成 27 年 3 月 30 日裁決・裁決事例集 98 集 30 頁
国税不服審判所平成 21 年 4 月 3 日裁決・裁決事例集 77 集 150 頁
最三小判令和 2 年 6 月 30 日・判タ 1479 号 5 頁ふるさと納税不指定取消請求事件（泉佐野市）

第 8 章　市民生活行政―性的マイノリティ，身分

札幌地判令和 3 年 3 月 17 日・LEX/DB 文献番号 25568979 損害賠償請求事件
東京地判平成 31 年 2 月 27 日・LEX/DB 文献番号 25559454 同性愛暴露損害賠償請求事件
東京高判令和 2 年 11 月 25 日・判例集未搭載同性愛暴露損害賠償請求控訴事件

東京地判平成 25 年 5 月 29 日・判時 2196 号 67 頁損害賠償請求事件

東京高判平成 26 年 3 月 28 日・家庭の法と裁判 5 号 62 頁損害賠償請求控訴事件

最大判平成 27 年 12 月 16 日・判時 2284 号 38 頁夫婦別姓（氏）訴訟大法廷判決

最大決令和 3 年 6 月 23 日・LEX/DB 文献番号 25571588

　　市町村長処分不服申立て却下審判に対する抗告棄却決定に対する特別抗告事件（第二次夫婦別姓（氏）訴訟）

神戸地判平成 4 年 3 月 13 日・判時 1414 号 26 頁

　　筋ジストロフィー疾患を理由とする高校入学不許可処分取消訴訟判決

大阪高判昭和 29 年 2 月 9 日・高刑集 7 巻 1 号 64 頁強盗殺人未遂事件・少年法上の年令計算

第 9 章　市民生活行政，労働行政―居住等，ハラスメント

熊本地判平成 13 年 5 月 11 日・判時 1748 号 30 頁ハンセン病訴訟熊本地裁判決

東京家裁八王子支部審判平成 6 年 1 月 31 日・判時 1486 号 56 頁「『悪魔』ちゃん審判」

東京簡裁平成 29 年 10 月 6 日・NBL1116 号 19 頁労働基準法違反被告事件

最一小判平成 26 年 10 月 23 日・判時 2252 号 101 頁広島中央保健協同組合上告事件

最小一判平成 15 年 6 月 26 日・判時 1831 号 94 頁旧オウム真理教（アレフに改称）信者転入届不受理事件

第 10 章　公による賠償―公の営造物の管理責任，自然公物の管理

さいたま地熊谷支部判平成 16 年 3 月 1 日・LEX/DB 文献番号 28091901 損害賠償請求事件

東京地判平成 3 年 4 月 23 日・判タ 767 号 96 頁損害賠償請求事件

名古屋地判昭和 62 年 11 月 13 日・判時 1267 号 111 頁損害賠償請求事件

東京地判昭和 62 年 8 月 25 日・交通事故民事裁判例集 20 巻 4 号 1069 頁損害賠償請求事件

さいたま地判平成 27 年 9 月 30 日・判自 411 号 83 頁損害賠償請求事件

最一小判昭和 50 年 6 月 26 日・判時 785 号 49 頁奈良県道工事中車両転落事件

最三小判昭和 50 年 7 月 25 日・判時 791 号 21 頁損害賠償請求上告事件

最一小判昭和 59 年 1 月 26 日・判時 1104 号 26 頁大東水害訴訟上告審判決

大阪高判昭和 62 年 4 月 10 日・判時 1229 号 27 頁大東水害訴訟差戻控訴審判決

東京地判平成 18 年 4 月 7 日・判時 1931 号 83 頁損害賠償請求事件

東京高判平成 19 年 1 月 17 日・判自 288 号 41 頁奥入瀬落枝損害賠償事件

秋田地判平成 23 年 4 月 15 日・訟月 58 巻 1 号 113 頁損害賠償請求事件

第 11 章　土地利用行政―空家管理，土地収用

最三小法判平成 17 年 11 月 1 日・判時 1928 号 25 頁昭和 13 年の都市計画損失補償事件

東京高判平成 27 年 11 月 19 日・LEX/DB 文献番号 25447951 損失補償価額変更等請求事件

第 12 章　産業振興行政―許認可等

最二小判平成 25 年 1 月 11 日・判時 2177 号 35 頁医薬品ネット販売の権利確認等請求事件

最大判昭和 50 年 4 月 30 日・判時 777 号 8 頁薬局距離制限事件（行政処分取消請求事件）

最三小判平成 26 年 1 月 28 日・判時 2215 号 67 頁一般廃棄物処理業（原告適格）事件

最二小判平成 17 年 7 月 15 日・判時 1905 号 49 頁病院開設中止勧告取消訴訟事件

最二小判平成 19 年 10 月 19 日・判時 1993 号 3 頁病院開設許可処分取消請求事件

最三小判事例平成 4 年 12 月 15 日・判時 1464 号 3 頁酒類販売免許制違憲訴訟上告審判決

最二小判昭和 63 年 6 月 17 日・判時 1289 号 39 頁優生保護法指定医指定取消取消等請求事件

大阪地判平成 9 年 2 月 13 日・判自 166 号 101 頁営業許可取消処分取消請求事件

大阪高判決平成 9 年 10 月 1 日・判タ 962 号 108 頁営業許可取消処分取消請求控訴事件

最三小判平成 12 年 3 月 21 日・判時 1707 号 112 頁パチンコ店営業許可取消処分取消請求事件

静岡地判平成 13 年 11 月 30 日・判自 228 号 63 頁排水設備設置義務免除不許可取消請求事件

最大判昭和 47 年 11 月 22 日・判時 687 号 23 頁小売商業調整特別措置法違反被告事件

第 13 章　産業行政と環境保全・資源管理

大津地判平成 17 年 2 月 7 日・判時 1921 号 45 頁オオクチバス再放流禁止義務不存在確認等請求事件

札幌地判令和 2 年 11 月 27 日・LEX/DB 文献番号 25568415

　　　TAC による太平洋くろまぐろ漁業の漁獲枠が制限されることに関する国家賠償請求事件

東京地判平成 16 年 12 月 24 日・判タ 1211 号 69 頁公文書非開示決定取消請求事件

東京高判平成 17 年 8 月 9 日・LEX/DB 文献番号 25410448 公文書非開示決定取消請求控訴事件

最二小判平成 19 年 7 月 6 日・LEX/DB 文献番号 25480611 公文書非開示決定取消請求上告事件

第 14 章　動物行政—愛玩動物，野生動物

公害等調整委員会平成 28 年 6 月 28 日裁定・LEX/DB 文献番号 25544274

　　　鎌倉市における騒音等による健康被害等責任裁定申請事件

最一小判決平成 6 年 3 月 24 日・判時 1501 号 96 頁工事禁止請求事件

大阪地判平成 14 年 8 月 30 日・判時 1804 号 85 頁損害賠償請求事件

最三小判平成 22 年 3 月 2 日・判時 2076 号 44 頁損害賠償請求事件

札幌高判平成 20 年 4 月 18 日・EX/DB 文献番号 28141135 損害賠償請求事件

名古屋地判平成 15 年 3 月 7 日・判タ 1147 号 195 頁費用支出差止請求事件（住民訴訟）

和歌山地判平成 28 年 3 月 25 日・判時 2322 号 95 頁国家賠償請求事件

新潟地判平成 20 年 11 月 14 日・判自 317 号 49 頁水路使用許可申請不許可処分取消請求事件

第 15 章　情報行政—情報公開，個人情報保護

名古屋地判平成 18 年 10 月 5 日・判タ 1266 号 207 頁行政文書不開示処分取消請求事件

名古屋高判平成 19 年 11 月 15 日・LEX/DB 文献番号 28140147 行政文書不開示取消請求事件

最二小判平成 23 年 10 月 14 日・判時 2159 号 53 頁省エネ数値情報公開請求事件

大阪地判平成 28 年 6 月 15 日・判時 2324 号 84 頁面談強要行為等差止等請求事件

大阪地判平成 16 年 2 月 27 日・判時 1857 号 92 頁損害賠償請求事件

大阪高判平成 18 年 11 月 30 日・判時 1962 号 11 頁損害賠償請求控訴事件

最一小判平成 20 年 3 月 6 日・判時 1857 号 92 頁損害賠償請求上告事件

東京地判昭和 39 年 9 月 28 日・判時 385 号 12 頁小説「宴のあと」事件

大阪地判平成 18 年 2 月 9 日・判時 1952 号 127 頁住基ネット差止等請求事件

東京地判平成 9 年 5 月 9 日・判時 1613 号 97 頁学校作文開示請求事件

鹿児島地判平成 27 年 12 月 15 日・判時 2298 号 28 頁行政文書不開示決定取消等請求事件

第 16 章　警察行政・消防行政

最三小判昭和 55 年 9 月 22 日・判時 977 号 40 頁道路交通法違反被告事件

神戸地判平成 29 年 1 月 12 日・LEX/DB 文献番号 25448405 国家賠償法請求事件

最三小判昭和 53 年 6 月 20 日・判時 896 号 14 頁爆発物取締罰則違反，殺人未遂，強盗事件

神戸地判平成 17 年 6 月 28 日・判時 1906 号 73 頁明石市花火大会歩道橋事故事件

最三小判昭和 47 年 5 月 30 日・判時 678 号 33 頁損害賠償請求上告事件

岐阜地判昭和 40 年 4 月 12 日・LEX/DB 文献番号 27201087 損害賠償請求事件

名古屋高判昭和 44 年 3 月 25 日・判時 560 号 40 頁損害賠償請求控訴事件

東京地判平成 27 年 1 月 16 日・判自 403 号 70 頁危険物除去命令取消等請求事件（東京都）

東京高判平成 27 年 6 月 10 日・LEX/DB 文献番号 25447595 除去命令処分取消等請求控訴事件

第 17 章　原子力発電および放射能汚染等に係る行政

松山地判決昭和 53 年 4 月 25 日・判時 891 号 38 頁伊方原子力発電所訴訟第一審判決

福島地判昭和 59 年 7 月 23 日・判時 1124 号 34 頁福島第二原子力発電所許可取消事件

高松高判昭和 59 年 12 月 14 日・判時 1136 号 3 頁伊方原子力発電所訴訟控訴審判決

水戸地判昭和 60 年 6 月 25 日・判時 1164 号 3 頁東海第二発電所原子炉設置許可取消請求事件

最一小判平成 4 年 10 月 29 日・判時 1441 号 37 頁伊方原発訴訟上告審判決

名古屋高金沢支部判平成 15 年 1 月 27 日・判時 1818 号 3 頁「もんじゅ」差戻後第二審判決

最一小判平成 17 年 5 月 30 日・判時 1909 号 8 頁「もんじゅ」差戻後上告審判決

仙台地判平成 28 年 10 月 26 日・消費者法ニュース 110 号 273 頁大川小学校事件

仙台高判平成 30 年 4 月 26 日・判時 2387 号 31 頁大川小学校国家賠償等請求控訴事件

最一小判令和元年 10 月 10 日・LEX/DB 文献番号 25564818 大川小学校国家賠償等請求上告事件

山口地岩国支部決定平成 31 年 3 月 15 日・LEX/DB 文献番号 25562705

　　伊方原発 3 号機運転差止仮処分命令申立事件

広島高決令和 2 年 1 月 17 日・LEX/DB 文献番号 25565335

　　伊方原発 3 号機運転差止仮処分命令申立却下決定に対する即時抗告事件

大阪地判平成 26 年 12 月 11 日・LEX/DB 文献番号 25505548 行政文書不開示決定取消等事件

富山地判平成 28 年 12 月 14 日・LEX/DB 文献番号 25544990 損害賠償（住民訴訟）請求事件

第 18 章　表現の自由

京都地判平成 25 年 10 月 7 日・判時 2208 号 74 頁街頭宣伝差止め等請求事件

大阪高判平成 26 年 7 月 8 日・判時 2232 号 34 頁街頭宣伝差止め等請求控訴事件

最三小判決平成 26 年 12 月 9 日・LEX/DB 文献番号 25505638 街頭宣伝差止め等請求上告事件

東京地判平成 17 年 3 月 30 日・判時 1896 号 49 頁武富士問題

最三小判昭和 63 年 1 月 26 日・民集 42 巻 1 号 1 頁損害賠償請求上告事件

長野地裁伊奈支部判平成 27 年 10 月 28 日・判時 2291 号 84 頁

　　損害賠償等請求事件（本訴），損害賠償反訴請求事件（反訴）

最三小判平成 19 年 2 月 27 日・判時 1962 号 3 頁戒告処分取消請求事件

最一小判平成 24 年 2 月 9 日・判時 2152 号 24 頁教職員国旗国歌訴訟（予防訴訟）上告審判決

横浜地判平成 29 年 3 月 8 日・判自 431 号 31 頁駅前自由通路利用に係る命令の取消等請求事件（海老名市）

【著者紹介】

神山 智美（こうやま・さとみ）

博士（法学）

大学卒業後，企業勤務を経て大学院に進学
2012 年 09 月　名古屋大学大学院環境学研究科博士課程満了
2011 年 04 月〜 2014 年 03 月　九州国際大学法学部准教授
2015 年 04 月〜現在　富山大学経済学部准教授

専攻　環境法学・行政法学

行政争訟入門
──事例で学ぶ個別行政法──
【第 2 版】

2018 年 3 月 10 日　第 1 版第 1 刷発行	検印省略
2021 年 9 月 10 日　第 2 版第 1 刷発行	

著　者　神　山　智　美

発行者　前　野　　　隆

発行所　株式会社　文　眞　堂
東京都新宿区早稲田鶴巻町 533
電　話　03（3202）8480
ＦＡＸ　03（3203）2638
http://www.bunshin-do.co.jp/
〒162-0041 振替00120-2-96437

製作・モリモト印刷
© 2021
定価はカバー裏に表示してあります
ISBN978-4-8309-5139-8　C3032